U0521164

Barbara Ehrenreich

Nickel and Dimed

当专栏作家化身女服务生

[美] 芭芭拉·艾伦瑞克 — 著 林家瑄 — 译

On (Not) Getting By in America

我在底层的生活

九州出版社
JIUZHOUPRESS

目录

序　言　　　　　　　　　　　　　　i
致　谢　　　　　　　　　　　　　　viii

引　子　　准备开工　　　　　　　　1

第一章　　在佛罗里达州当服务员　　11

第二章　　在缅因州擦擦抹抹　　　　53

第三章　　在明尼苏达州卖东西　　　127

第四章　　成果评估　　　　　　　　205

2008 年版后记　　　　　　　　　　234
2011 年版后记　　　　　　　　　　247
出版后记　　　　　　　　　　　　258

序　言

不同于电视情景喜剧和好莱坞电影中的美国，另一个美国是一个被其自身忽视的隐秘大陆。很少见诸报道的关于美国梦的真相就是，这个国家也存在着分布广泛、不断增长和不可避免的贫穷。在这个国家中，那些做着基础工作的人们，只能拿到低于生存标准的薪资。

芭芭拉·艾伦瑞克潜入最低收入人群的生活，那里的人们整日工作，挣扎着想要在社会上获取一个立足之地。她先后当过服务生、保洁员、养老院助手和沃尔玛售货员，为我们展现了一个任劳任怨、需要付出艰辛劳动、没有晋升阶梯的底层世界。从佛罗里达到缅因，再到明尼苏达，她在贫富领域的发现是十分令人震惊的。对一个健康的单身女性来说，她所得到的报酬并不足以养活她自己。甚至，对于那些住在廉租房、汽车旅馆、房车公园的人来说，他们做着一份累得自己腰酸背痛却只有最低报酬可拿的工作，所赚的钱还不够支付房租、交通费和食物费。低收入者们是如何生存的？答案是他们根本生存不下去。只有那些身体强壮得足以做两份工作，或是能与别人合租房子的人，才能够生活得下去。

艾伦瑞克对那些丑陋可恶的雇主的描述，会给读者们留下深刻的印象。她曾在一家名叫"女佣"的清洁公司工作，依照严格的规定，清扫工作必须快速完成，而且一整个房间只能使用小半桶脏水，还要背着像机关枪一样重的真空吸尘器，在各个工作场所之间冲刺。这些房屋清洁公司，雇用了大量穿着光鲜工作服、领着微薄工资的员工，来为那些因为过于富有和忙碌而没时间自己打扫的人清扫他们的家。这些构成了美国高级住宅的生命维持系统，也严重损害了那些清洁女工的身体健康。

雇主们付给员工的薪资越少，就会越急着去榨干他们的每一滴汗水，每分每秒都以一种侮辱性的方式监管着他们，而这种侮辱性的方式若再进一步，恐怕没有哪一位工人可以忍受。当没有客人时，一个服务员可以坐下来休息吗？不可以，想都别想！雇主们总可以找到些事让她保持忙碌的。有一回，艾伦瑞克独自一人被留在养老院，去应对一大群神志不清的老年人。又有一回，她试图分担一位受伤的（而且是怀孕的）女同事的工作，而这位女同事则担心一旦暴露了自己的体弱，就会丢掉这份工作。艾伦瑞克还有一位同事非常贫穷，以至于每天的午饭都只吃一包"多力多滋"[1]。

艾伦瑞克不仅仅是一个聪明的记者，她也能对其所揭露的社

1　Doritos，百事公司旗下零食品牌，是一款调味玉米脆片。——编者注

会经济的怪异之处做出犀利的评论。她预设，若一个富裕地区存在劳力短缺的状况，当地薪资一定会上涨。当然，在单纯的资本主义模式下，一个紧俏的劳动力市场会倾向于开出最低薪资？所以，她前往到处被招工广告覆盖的明尼苏达州，最后在沃尔玛找到了一份低于生存标准的时薪7美元的工作。她发现，她的一些同事可能正住在慈善收容所中。当劳工在供需关系中占据主导地位时，怎么可能会有这样的事情发生？这是因为穷人并不是理想的市场模型，他们太贫穷了，以至于只能在一份份工作中仔细挑选。这些勉强维持生计的人，不敢冒着失去一周薪资的危险去换工作，担心会被人从所租房屋中赶出去或是挨饿。想要仔细挑选更好的工作机会，就意味着会有冗长的申请、面试、羞辱人的药物测试和等待——所有这些都要花费时间，这些不是他们能负担得起的。雇主们谋算着要降低工资，却不把工资标准张贴出来，这就使得雇员没办法知道还有哪些地方是可去的——当然也没有工会。在几乎没有公共交通设施的城市，人们出行依靠自行车或是搭朋友的顺风车。他们不可能对整个城市的劳动力市场构成冲击，所以在这个不平等的市场中，劳动力并不会像资本一样随着机会的起伏而发生移动。

美国的经济学家和政客们，就近年来生产效率的增长而自我称贺：《纽约时报》报道说，"在全国的工资数据统计中，通货膨胀引起的工资涨幅是不明显的"，并引此作为经济健康的一个信号。美国在20世纪30年代开始有最低工资标准，而90年代的经济繁荣已经受到了最低工资标准实际水平下降的刺激；现在的低收入者所挣的钱实际上只有30年前的91%。在美国福利制度的新规定下，一个人最多只能接受5年的国家供养，大量的家庭将被驱逐出福利系统名册，艾伦瑞克记录下了在他们身上将会发生些什么。即便他们找到工作，甚至工作一辈子，从来不被撤回社会保障金，他们中的许多人也不会有足够的钱买食物。他们没办法勉强过活。

英国的情况会有怎样的不同呢？如同美国一样，这里的贫富差距也在持续增长。1/3的劳动力所挣的薪资，低于欧盟的"体面"工资指数平均值的60%；而且对于居于社会经济最底层的20%的人来说，很少会有晋升或离开的机会。拿着低薪资、做着不稳定工作的人们，会在绝对的贫穷线边缘挣扎，但几乎没人能够远远地甩开它。

英国与美国的一个很大不同在于，它是一个欧洲体系的福利国家，想要努力救助处于最边缘的贫困人群。艾伦瑞克发现，对美国的穷人们来说，正是房租让他们的生活难以为继。当某地的土地价值增长，开发商们就会用出得起的价钱买下所有的土地和房屋，把它们变成高档公寓，穷人们就被赶到边缘地区，甚至房车公园的租金也会受住房短缺的影响而上涨。在英国，社会住房可能会把穷人限制在那些通常条件很差的贫民区，但是在所有城市的中心也仍有一些靠近工作地、可以支付得起的住房。最为重要的是，英国政府有《住房补助法案》，为低收入人群提供私人出租房或是地方政府出租房的租金补助。保守主义者经常审视这个庞大的《住房补助法案》，但是正是这个法案，而不是其他任何东西，让英国的穷人和低收入者们避免沦为美国式的境遇凄惨的乞丐。现在，尽管那些无子的家庭还在依靠 4.1 英镑最低时薪挣扎求生，只有一个挣钱者的低收入家庭还可以接受"工作家庭税收津贴"。英国的国家福利制度可能并不是那么慷慨大方，但它使得这种英美不同政治文化之间的对比很微妙。

然而，芭芭拉·艾伦瑞克所报道的深层真相，不仅适用于美国，也同样适用于英国。两个国家的社会基础服务都依赖于那些赚着养不活自己薪资的人。他们从事的不是一些边缘性的工作，而是一些必须要有人做的工作——在养老院照顾老人，清洁住房和办公室，在餐厅工作，在商店服务。这些行业已经把它们的员工人数裁减到最低，压榨尽他们最后一点生产力。一个简单的事实就是，报酬越高，这些服务也就越少。如果最低工资被设在一个体面的标准上，挣得更多的人就不得不按照正常的市场价格进行支付。"啊，"经济学家们就会说，"那样低收入者们就会漫天要价而无人问津，只会单纯导致他们失业而已。"但是，当艾伦瑞克寻找可从事的服务性工作时，显然这些工作还是需要有人去做的。对第三世界的劳工来说，照顾老人就不是一个会消失的工作。

30 年前，我曾经去过伦敦旅行，做过那些不需要任何技巧的工作，看到大部分工作都是在浪费人们的才能，而且还是艰辛、劳累、无趣和低薪资的。我曾写过一本名为《一种工作人生》(*A Working Life*)的书，讲述了我先后一系列的工作经历，从一家位于阳光港口的肥皂厂、一家莱昂斯蛋糕[1]厂、一家位于

---

[1] 莱昂斯公司（J. Lyons & Co.）是英国餐饮连锁集团和大型食品制造商，蛋糕是其主要产品之一。——编者注

伯明翰的汽车配件厂、一家医院，再到其他地方。自此以后，英国爆发了一场如大地震般的社会变革，见证了一个庞大的占工薪阶层总数2/3的人群上升到了白领阶层，过上了拥有自己住房的中产阶级生活，他们的子女也随之拥有了更好的教育与机会。举例来说，在1971年，7个人当中有1个人上过大学，现在是3个人当中就有1个。但是仍有30%的人被抛下了，他们中的大多数成了从事服务行业的低收入劳工，而且境遇比起以前还更糟。在传统制造业向服务业转变的过程中，他们已经丢掉了传统的工会成员的身份，而这个身份在过去可以保证蓝领们拿到体面的工资。

工会成员的身份仍可以将较好与较坏的工作场所区分开来。现在只有19%的工会成员在私营部门工作（国营部门则是一个更好的雇主），而且服务业的员工们比以前更加无助。伴随着"工作家庭税收津贴"，国家开始介入到最低薪金的问题上——但是市场依据商品真实耗费而进行标价的失败，为什么要由纳税人来买单呢？

以上所有这些都是干巴巴的材料，但是芭芭拉·艾伦瑞克的书却是一个令人兴奋不已的读本。现在的新闻几乎不再涉及贫困的问题，而且工会也不再成为新闻题材。所有西方社会的自我形象，都被设定成有消费热点、可以向上层流动、经济持续增长和前景不断上升。在英国，平均生活标准在过去10年中上升了30%，而且可能在未来10年里也会上升相同的幅度。在繁荣时代里，大众沉浸在愉悦中，没有人想要知道社会底层的事，而且社会其他阶层看到的和知道的越少，就越会以为从事这些没有出路的工作的人只是一些不可救药的个例，甚至会以为他们是一些心智半缺陷者。又或者，他们舒适地以为财富在向下流动，而且穷人们正缓慢地向上层行进，加入其他每一个人。但是事实上并非如此：穷人们是被遗忘的人，发现即便伴随着国家财富的每次增长，自己却远处在社会之外。在一个疯狂增长的房地产市场中，他们永远不可能一下子从廉租房跳到拥有自己的、更贵一点的住房，而且他们被永远地限制在贫民区中，那里有着糟糕的学校和自己孩子可悲的未来。

由于我们对早前时代怀有自以为是的优越感，维多利亚时代的人都比我们更加了解和关心贫穷问题。芭芭拉·艾伦瑞克的书，是一本引人注目的书，引领着我们去关注那些被遗忘的地方。她以一个非常准确的视角记录了那些我们看到却从未注意的生活，那些虽然近在身边却被我们忽视的人，那些我们在每件事上都要依赖却选择不去了解的同伴们。犯罪抓人眼球，但这些未获报答、坚忍不拔的劳工们却不受人关注。芭芭拉的著作邀请所有中产阶级的人们和她一起踏上旅程，去探访那另一个不文明的世界，不是第三世界，而是一个在这里被掩盖起来的世界——在21世纪，事物并没有变得越来越美好。

波莉·汤因比
英国《卫报》专栏作家

致　谢

感谢以下各位在种种方面对我提供协助：Michael Berman、Sara Bershtel、Chauna Brocht、Kristine Dahl、Frank Herd、Sarah Bourassa、Kristine Jacobs、Clara Jeffery、Tom Engelhardt、Deb Konechne、Marc Linder、John Newton、Frances Fox Piven、Peter Rachleff、Bill Sokal、David Wagner、Jennifer Wheeler，以及 Patti。

引子 准备开工

这本书最初发想的地点，是在一个颇为奢华的场所。一天，《哈泼》杂志的编辑路易斯·拉方（Lewis Lapham）带我到一家法式乡村风餐厅，讨论我未来可以替他们写些什么文章。那里光一顿午餐就要价 30 美元，印象中我吃了鲑鱼和田园沙拉。当我们的对话转到贫穷问题上时，我对这个比较熟悉的议题发表了一些意见，认为我们可以做一些跟大众文化有关的题材。譬如说，那些缺乏专业能力的人，到底是怎么靠微薄的薪水来生活的？尤其是将近 400 万名女性，她们因为福利制度修改而被迫进入劳动市场，又该如何靠着一小时 6 或 7 美元的薪资生存下去？接着，我就说了一句后来有很多机会感到后悔的话："实在应该有人去做一些老式的新闻调查工作，你知道，就是自己实际到那些地方亲身体验看看。"我指的是某些比我年轻的人，某些求知若渴、有时间做这些工作的新进记者。但这时拉方脸上露出有点疯狂、要笑不笑的表情，我知道这是他下定决心时的样子。过了长长的几秒后，他吐出三个字："你来做。"

上一次有人劝诱我舍弃正常生活去从事工时长而低薪的劳动工作，已经是 70 年代的事了。当时有数十名（也许数百名）60 年代的激进分子开始进入工厂，想让自己"无产阶级化"，并在过程中组织起工人阶级。但那可不是我。我同情那些父母，他们付钱让这些想成为蓝领阶级的孩子上大学，也同情这些激进分子试图加以"提升"的对象。在我自己的家庭里，低薪生活离我从来就不遥远。在许多时候，它其实让我很珍惜自己现在的写作生活，即便收入不高。我姐姐做过一份又一份低薪工作，包括电话公司客服人员、工厂工人和接待员。她必须一面工作，一面不断跟她所谓的"薪水奴隶的绝望感"对抗。我和已结婚 17 年的先生坠入情网时，他还是一名时薪 4.5 美元的仓库工人。当他最后终于逃离那里，成为卡车司机工会的组织者之一时，他才大大松了一口气。我父亲是一名铜矿工人，祖父和叔叔不是在矿场就是在为联合太平洋公司工作。所以对我来说，整天坐在书桌前不只是一项特权，更是一项责任，我想替在我生命中占有一席之地的人们发声，即便他们有些已不在人世。他们有许多话想说，但愿意听的人却少之又少。

除了我自己的疑虑不安，有些家族成员还于事无补地不断以各种方式提醒我，其实我可以在不影响自己研究工作的情况下进行这项计划。例如我可以按每天 8 小时给自己发典型的底层时薪，收自己食宿钱和一些合理开销如燃气费等，然后在一个月后用这些数字算个总账。若以我们镇上一般平均 6 至 7 美元时薪的薪水，租一间月租大约400美元的房子住，最后加总出来的薪水和支出也许可以勉强平衡。但若我们谈的是一名离开福利救济的单亲妈妈，她是否可以在失去政府协助，如食物券、医疗补助、住房和儿童照护津贴等的情况下生存，那么答案不用我出门到外头去体会就已经知道了。全国无家可归者联盟（National Coalition for the Homeless）在1998年（也就是这项计划进行的那年）指出，取全美境内的平均数来计算，一个人需要赚到8.89美元的时薪，才能租得起一间附一个卧房的公寓。另外，公共政策前导中心（Preamble Center for Public Policy）则估计，在符合福利政策补助资格的人之中，每97人中只有1人能取得这种工作，赚得一份"生存工资"（living wage）。我干吗还费事去证实这些令人难过的事实呢？等到我再也无法逃避这项逐渐逼近的工作时，我开始感觉自己有点像以前认识的一名老人，他会用计算器算好账本上的收支结果，然后再回头用笔把每一笔账目的数字算一遍，只为了确认先前的结果没错。

到头来，克服我内心犹豫的唯一方法就是把自己当成一名科学家，而事实上，我受的教育也正是如此。我拥有生物学博士学位，而且它并不是靠着坐在书桌前摆弄数据得来的。在这个领域里，你是可以天马行空地思考，但到最后，你还是必须实地下去做，投身到每天发生在自然界的混沌不明中。在自然界里，连最平凡的小地方都会冒出惊喜。也许，等我真正着手进行这项计划，就会在低薪劳工的世界里发现某些隐藏的经济原则。毕竟，如果真像以华盛顿为总部的经济政策研究所（Economic Policy

Institute）在1998年所指出的那样，有30%的劳动人口都靠着8美元或更少的时薪挣扎度日，那么他们大概找到了某些我还不晓得的秘诀，使他们能够存活下来。或许，我甚至还能像修改福利政策的那些家伙信誓旦旦讲的那样，在自己身上发掘到所谓"走出家庭所带来的令人振奋的心理效应"。又或者在另一方面，会有出乎意料的（身体上、财务上和情感上的）代价等着我去付，推翻这一切事先的算计。无论如何，得到答案的唯一方式，就是不要怕弄脏手，走出去实际做。

秉持着科学精神，我首先确定了一些原则和参数。很显然，第一项原则就是在找工作的时候，任何单靠我受的教育或平时工作经验就能做的工作都不能选（倒不是说有多少诚聘专栏作家的广告）。第二项原则是，我必须接受提供给我的薪水最高的工作，并且尽最大努力保住它。意思就是，我不能大骂雇主一番，或溜号躲在女厕所里读书。第三项原则是，我必须在安全性和隐私性尚可的前提下，尽可能找到最低等级的住宿环境。虽然我对这方面的概念有些模糊，而且后来也证明，我的标准随着时间的推移也越降越低。

我努力坚持这些原则，但随着计划实际进行，我会在某些时刻稍微做调整，或甚至把它们丢在一边。例如在1998年春末，当我刚开始在佛罗里达州的基韦斯特（Key West）进行这项计划时，我曾跟面试者说，我能用正确的法文或德文跟欧洲客人讲"您好"，想借此得到服务员的工作，但这是我唯——次求诸自己实际的教育背景。2000年初夏，在这项计划的最后一站明尼阿波利斯，我又违背了另一条原则，没有去做当时薪水最高的那份工作。我做这个决定的原因是否有理，留待各位读者来判断。而计划进行到最后，我更是再也忍受不住怒气，放胆痛斥雇主一顿（虽然是在私下的场合，也从来没被管理层听到）。

除此之外还有一个问题，就是我该怎么向未来的雇主推销自己，特别是该怎么解释我为何这么缺乏相关工作经验。诚实是最好的策略，讲实话但保留一些细节不谈，似乎是最容易的方式。于是我跟面试者说自己是一名离婚妇女，在当了许多年家庭主妇之后决定重回职场。这些话确实并非谎言。有时候（虽然不是每次）我会掺进一点保洁的工作经验。我住在基韦斯特的时候，经常会在晚餐后帮我室友做一点清理工作，所以我就请室友帮我写了介绍信，作为面试时的履历文件。此外，一般应聘表格也会要求填写教育程度，在这点上，我想博士学位不会有任何加分的效果，甚至反而可能让雇主怀疑我有酗酒或更糟的问题才沦落至此。因此我把自己的教育程度定为只念了三年大学，但列出我真正读过的母校名称。结果，没人对我的背景有疑问，而在几十个雇主中，只有一个费事去确认我的介绍信。有一次，一个特别爱聊天的面试者问到我的嗜好，我回答："写作。"而她似乎完全不觉得这有什么奇怪，即便她面试我的工作就算目不识丁也能做得非常好。

最后，为求安心，我设下一些底线，以免遇到的考验超乎我的承受能力。第一，我一定要有车子。在基韦斯特我是开自己的车，在其他城市则利用租车服务，我用信用卡而不是工作收入付这笔费用。没错，我是可以多走些路，或把可能的工作机会限制在公共交通工具能抵达的地点。但我只是觉得，一个老是在写等巴士的故事，对读者来说大概没什么吸引力。第二，我摒除了流浪街头这项选择，因为这个计划的主要用意在于：看我能否在几个城市找到工作，并在当下赚得足以支付下个月房租的薪水。若我付完某一周的房租之后就完全没钱了，我会当场叫停这个计划，不会去住无家可归者收容所或睡在车上。此外，我也无意让自己饿肚子。我在这项"实验"开始的前夕就向自己保证，若事情真的发展到我钱包空空，连吃下一餐饭都成问题，我会去挖出我的提款卡，然后偷偷大吃一顿。

所以，这本书讲的并不是什么出生入死的"卧底"冒险经验。我做的事几乎任何人都做得来：找到工作，把这些工作做好，努力量入为出，使收支平衡。事实上，这正是几百万名美国人每天都在做的事情，只是他们既没有伴着号角声出征，也没有像我一样怕得发抖。

当然，我和从事这些全美国最无吸引力的工作的人非常不同。这些不同之处一方面对我有帮助，一方面也限制了我。最明显的不同就是，我只是去造访一下这个世界，但这些人往往一辈子大部分时间都得待在里面。此外，我还有至今所累积的实际资产当靠山，比如银行存款、退休储蓄、医疗保险和一个有好几个房间的家，因此根本不可能做到什么"亲身体验贫穷"，或了解身为一个长期低收入劳工的"感觉"到底是什么。我做这件事的目标是更直接而客观的：看看我可不可以把收入和支出打平，就像真正的穷人每天都必须做的事情一样。此外，我一生中已经跟贫穷不期而遇过太多次，足以知道那不是一种你会想体验的生活，那里充满太多恐惧的滋味了。

我比许多低收入劳工更有优势的一点是：我是白人，而且会说地道英语。我不认为这会影响到我被录用的概率，因为劳工市场在 1998 年到 2000 年间极度紧缩，雇主几乎是有人就用，但这点几乎肯定影响到我被雇去做"什么样"的工作。在基韦斯特的时候，我原本以为酒店客房清洁人员会是我比较容易找到的工作，所以最初是朝这个方向找的，但后来我却不断发现自己被雇去当服务生，原因无疑就在于我的种族和英语能力。正如后来事情的发展一样，当服务生的收入并不比打扫酒店客房来得多，至少我在基韦斯特工作的淡季期间小费其实很少。但这次经验确实对我选择其他的居住与工作地点有帮助。举例来说，我会排除掉纽约和洛杉矶这样的地方，因为那里的劳工阶级主要由有色人种构成，若一个满口地道英语的白人女子在那里找底层工作，很可能只会显得饥不择食或启人疑窦。

我还有其他优势（例如车子），使我跟当时许多同事截然不同。理想上，若我想完全重现一名被迫脱离福利制度的女性如何重新进入职场，我必定还会拖着几个小孩要养，但我自己的小孩都早已长大，而且他们没有一个愿意把自己的孩子借我来度一个月的贫穷假。除了有移动能力和没有家累，跟大部分长期处于低收入状态的劳工相比,我的健康状况也很可能比她们好。我拥有的优势实在太多了。

除了以上这些,若我和其他劳工还有什么更细微的差别,也没人向我指出过。当然,我完全没有刻意扮演某种角色,或去迎合一般人想象中低收入女性劳工的样子。在任何能穿便服的场合里,我都穿着平常自己就会穿的衣服,保持我平常的发型和妆容。跟同事聊天的时候,我会谈到自己真正的孩子、婚姻状况以及人际关系,我没有理由去捏造一个全然虚构的生活。不过我确实有修饰自己的语言:在我刚开始做一份新工作的时候,因为担心可能显得傲慢或不敬,我会藏住原本说话时会夹带的一些脏话(这主要还拜卡车队所赐)。除了这点,我依旧会开玩笑,讲些挖苦话,提供我的看法跟意见,以及一大堆健康建议,就跟我在其他任何场合会做的事情一样。

进行完这项计划之后,好几次有人问我:跟你一起工作的人难道都没发觉真相?因为问的人大都假设,受过高等教育的人平常讲话一定不太一样,也就是层次比较高。我也希望我可以跟各位说,真的曾经有一些雇主或同事觉得我很特别,例如我比较有智慧或比大多数人受过更多教育,但这种情况从来没发生过。我猜那是因为,唯一真正使我显得"特别"的地方,就是我竟然如此缺乏工作经验。换个方式来说,跟我们这些靠写作维生的人比起来,低收入劳工们也有多样的人格特质或能力,也能展现出风趣和聪颖。若有任何受过高等教育的人不认为如此,那么此人该去拓展一下自己的朋友圈。

当然，自始至终一直有个只有我知道的差别存在：我不是为钱工作，而是为了一篇文章和后来变成的书。我每天下班回家不是去面对普通的居家生活，而是面对一台笔记本电脑，花一两个小时记录当天发生的事。而且我得说，我是非常勤奋地做这件事的，因为显然不可能在白天工作时还记笔记。这台让我可以连接到自己过去和未来的笔记本电脑，象征着其中的欺瞒。这种欺瞒一定程度地困扰着我，至少在面对我关心的、想进一步认识的人时，让我很不好受（在这里我想提一下，本书中所有名字和个人细节都经过更改，包括所有同事和出现在计划中的其他人士，以便保护他们的隐私。我也更改了大多数的工作场所名称及其确切地点，以便更切实保证我所遇到的人们身份不会曝光）。

在每个地方的工作快要结束时，我都会煎熬不已地向几名选择好的同事揭露"真实身份"。结果她们的反应总是惊人地很不戏剧化，我最喜欢的是："你的意思是，下星期你不会来上晚班了？"我想了很久，为什么她们没有更多惊讶的情绪乃至被骗的愤慨，部分答案也许就在于一般人对写作的看法。好多年前，当我嫁给第二任丈夫时，他骄傲地告诉当泊车员的叔叔说我是个作家。那位叔叔回答："谁不是啊？"每个有读写能力的人都能"写作"，在我通过这项计划结识或遇到的低收入劳工之中，有一些会写日记和诗，甚至还有一个在写长篇科幻小说。

不过，计划进行到后期我才发现，也可能是我在内心夸大了自己的"欺瞒"。举例来说，当服务生这件事情根本无法作假，只看你有没有把食物送到餐桌上。别人认识到的我是服务生、保洁员、养老院助手或售货员，这不是因为我假装成那样的人，而是因为我就是那样的人，至少在我跟他们相处的时候是如此。在做每份工作、居住在每个地方的时候，工作都耗掉我所有精力和大部分思考能力。这点我并没有夸大。即便我从一开始就有预感，要把薪水和房租打平是件非常困难的事，我还是非常努力试图做到。

我并不想宣称自己的经验可以代表任何人，因为我的情况根本一点也不具代表性。我只想请各位读者记得，每当我在这条路上蹒跚颠踬的时候，都反映着以下这项事实：在社会如此富足丰裕的时刻，即便有着种族、教育、健康及动机所带来的一切优势，一个人在经济的最底层仍然必须挣扎求生。

第一章 在佛罗里达州当服务员

多半是由于懒惰，我决定在离自己家最近的地方开启低收入生活：佛罗里达州的基韦斯特。这个人口约 2.5 万人的地方，正奋力朝一座真正城市的样子进发。我很快发现，熟悉感所带来的一项坏处，就是角色转换的困难。我原本是轻松付钱购买日常杂货、看电影和加油的消费者，如今一下子要转变成这些场所里的员工，还真不容易。特别是在一开始，我非常害怕会被某些友善的雇主或以前的邻居认出来，结果不得不掰出一些理由解释我正在做的调查研究。不过令我开心的是，其实根本就不需要担这个心，因为经过一个月的贫穷生活和辛苦工作，没人认得出我的脸或名字。根本没人注意我长什么样，也几乎没有人会叫我的名字。在这边的世界里，我父亲始终没能脱离矿工生涯，我也从未能自大学毕业。我被叫作"宝贝""亲爱的""金发妞"，以及最常见的"小姐"。

我的第一项任务是找到地方住。算一算，若我能赚到每小时

7美元的薪资（从招聘广告上来看似乎挺有可能），就能以500美元的预算租房，在其他地方多省一点的话，甚至能提高到600美元，然后还剩400或500美元来买食物和汽油。在基韦斯特地区，这个预算差不多只能租到廉价旅馆或拖车屋。比如我看到有这么一间屋子，它距市区只要15分钟车程，只不过没有空调、没有纱窗、没有电扇、没有电视，要想消遣，可以挑战躲避房东养的猛犬。但是这个屋子有一个大问题，就是租金。它月租要675美元，显然我完全负担不起。好吧，我承认基韦斯特房价很贵，它就跟纽约市、旧金山湾区、怀俄明州、杰克逊、特柳赖德（Telluride）或波士顿这些地方没两样。观光客和有钱人跟帮他们清理厕所、煎炸薯饼的人争夺居住空间，结果房价就是这么贵。不过，当我发现自己竟然渴望成为"拖车屋废物"的一员时，还是非常震惊的。

所以我跟一般人的选择方式一样，为了便宜房租而牺牲便利性，结果找到一个月租500美元、跟基韦斯特工作区相距"仅"48.3千米远的住处，往来交通只靠一条双车道的公路。意思是，若道路没在施工，我也没被某些晒昏头的加拿大观光客挡到的话，开车通勤一趟要45分钟。我很讨厌开这段路，因为沿路都矗立着一些白色十字架，代表这里曾发生过的交通事故。但我的住处是个可爱的小地方，它勉强算得上是间小木屋，坐落在一栋改装过的移动式屋子的后院。我的房东是位和蔼的电视维修工，他和当酒吧服务生的女友一起住在那间屋子里。若从人类学角度来说，住在拖车公园会更好，但在这里我有干净发亮的地板及结实的床垫，少数常驻在此的虫子也很容易击退。

接下来要做的就是翻遍招聘广告，找到一份工作。我会因为一些理由排除某些类型的工作，例如酒店前台。我很惊讶地发现，这项工作被认为技术含量低，所以时薪只有6或7美元。不过我排除这项工作的原因在于，它要求必须每天站在一个定点8小时。服务生也是我想避免的工种，因为我记得18岁时曾做过这种工作，那时我就已经每天都累到骨子里，如今我更是早过了能承受静脉曲张和背痛的年纪了。电话营销也是突然陷入贫困的人首先会找的工作之一，但我的个性根本不适合这类工作。如此筛选之后，只剩下一些超市里的工作，例如熟食区贩卖员，不然就是酒店、旅馆的客房服务员。这些工作的时薪约7美元，而且在我的想象里，工作内容跟我在家做了一辈子的家务似乎差不多。

所以我穿上自认为看起来算体面的服装——烫过的百慕大短裤及V领T恤，然后出发巡回当地的酒店及超市。贝斯特韦斯特（Best Western）、平民旅店（Econo Lodge）以及豪生（Howard Johnson）这三家旅馆都让我填应聘表格，而且让我安心的是，他们的最大关切都在于我是不是合法美国居民，是否曾犯过任何重罪。我的下一站是温迪克西（Winn-Dixie）超市，结果在那里遇上特别烦琐的应聘程序，包括电脑主考的20分钟"面试"。显然他们认为，在这方面没有人类足以代表该公司的观点。我被带到一个大房间里，墙上装饰的海报向我展示怎样看起来才"专业"（最好是白人，女性的话最好烫头发），以及工会成员可能试图用哪些滑头保证来诱惑我。这场面试由许多题目组成:"是否有一些状况会让我难以准时上班,例如有孩子要照顾?""是否认为工作安全是管理者的责任?"接着,故意令人措手不及地冒出一题:"去年买过价值多少钱的被窃品?""若发现一名同事在偷东西,你会告发他吗?"最后一个问题:"你是个诚实的人吗?"

显然我在面试过程中表现优秀,他们随即告知我明天去某医生的办公室做个尿液检验就行了。在对化学药物采取法西斯态度的美国,这似乎是个相当普遍的规则:若你想去堆放晶磨(Cheerios)早餐麦片盒或是打扫酒店客房,就必须愿意在一名医疗人员面前蹲下来尿尿(而这名医疗人员想必也曾被迫做过同样的事)。[1]温迪克西提供的薪水是新人每小时6美元再加几分钱,而我决定,这些钱不足以让我去受这种侮辱。

我在温蒂汉堡吃午餐,因为花4.99美元就能在墨西哥吧区吃到饱。我大吃热过的豆子和奶酪酱,感到颇为满足。一名年轻员工看到我在研究招聘广告,好心给我一张应聘表格,虽然这里的时薪也是每小时6美元再加几分钱,但我还是把它填好,接着就去绕一绕基韦斯特旧街区的小旅馆和民宿。观光和暴饮暴食活动全集中在旧街区,这里离岛屿的行政中心好几千米远,到处都是平价旅馆。在一家叫作"棕榈"的旅馆,一名活蹦乱跳的经

---

[1] 现今有81%的大型企业雇主要求应聘者进行药物检测,而1987年为21%。南方雇主要求进行检测的比例最高。最容易被检测出的药物(大麻,使用后数周还检测得出来)其实是最无害的,因为海洛因和可卡因只要经过三天就几乎测不出来。只需几个小时就能被身体代谢掉的酒精,则根本不在检测之列。

理带我去看各个房间,并跟现任客房服务员见面。我满意地注意到,这些客房服务员看起来就跟我差不多:穿着短裤、年华不再的前嬉皮,长发绑成辫子垂在背后。不过,她们除了给我空白应聘表格,大多都没跟我说话,甚至没看我。最后一站是一间富丽堂皇的附早餐旅馆,我等了20分钟要见一个叫麦克斯的人,但他老兄出现后只告诉我现在没有职缺,但应该很快就会有,因为"每个人都撑不了几周"。

三天就这样过去了。令我颓丧不已的是,我应聘了大约20个地方,但没有一个打电话来要我去面试。我曾经还自以为是地担心,我会不会给人感觉太有文化了,不匹配我申请的工作,但似乎没人有兴趣了解我是否高学低就。后来我才知道,无论什么时候,招聘广告都不是了解实际工作职缺的可靠方式。我应该从麦克斯的话里就猜到,这些广告是雇主的策略,想借此在高流动率的低薪劳工市场有个保障。许多大酒店几乎一直都在刊登招聘广告,目的是在现任雇员离职或被开除时,有足够的后备人选可以递补。所以到头来,找工作的诀窍只是在对的时间出现在对的地点,以及灵活到能接受当天出现的任何工作机会。这种情况最后终于发生在我身上。当我继续到某家大型连锁平价旅馆应聘客房服务员时,却被派去在附属的"家庭餐厅"当服务生。这家餐厅在35摄氏度的天气里,提供的当日特餐是波兰香肠配烤肉酱。餐厅经理菲利普是一名短小精悍的年轻西印度群岛人,他面试我时的热情程度,大概就跟处理我医疗保险表格的办事员差不多。他例行公事地问我能轮哪几班,何时可以开始工作。我咕哝着说自己已经很久没有从事服务生工作,但他已经在告诉我制服该穿什么了:"明天来上班,要穿黑裤子和黑鞋子。"他会提供那种颜色像生了锈一样的马球衫给我,上面绣着餐厅名称"炉边"(Hearthside),最后还补一句:"虽然你可能会想穿自己的衣服来上班,哈!"随着"明天"这两个字从他口中吐出,我心中涌起某种介于害怕跟愤慨之间的情绪。我想要说:"谢谢你花费这些时间,先生。但这只是项实验,并不是我的真实生活。"

我在炉边的工作就这么开始了。整整两周时间,我从下午2:00工作到晚上10:00,薪水是时薪2.43美元再加小费。[1] 员工不能从前门进出,所以我第一天上班是从厨房进去的,当场看见一名金发披肩的男子满脸通红地把结冰的牛排往墙上丢,一面大吼:"这该死的臭东西!""噢,那是比利。"被指派来带我的瘦高中年女服务员盖儿向我解释道。"他又在发飙了。"这一次他生气的原因是:早班的厨师忘了把牛排拿出来解冻。接下来的8小时,我紧跟在机敏的盖儿身后,东一点西一点地吸收知识,外带一些她个人的悲惨遭遇。所有食物都必须装在托盘上。她今天之所以精神这么差,是因为梦到她男友,结果一身冷汗地惊醒。她

---

[1] 根据《公平劳动标准法案》(Fair Labor Standards Act)规定,对于有小费可领的员工如餐厅服务生,雇主可以只付每小时2.13美元的基本底薪。然而,若小费再加上2.13美元的基本底薪之后,总额并未达到最低基本工资,或每小时5.15美元,雇主就必须补足差额给员工。在我工作过的所有餐厅里,经理都没有提到后面这项事实,也并未公开告知员工。

男友原本在一座偏远的监狱服刑，但几个月前在一场监狱暴动中被杀身亡。柠檬汁不能续杯。他之所以会进监狱，是因为几次酒醉驾车，不过如此，这种事在谁身上都可能发生。鲜奶油钵一定要先放进造型托盆再端到桌上，不能直接用手拿过去。他死了以后，接下来好几个月她就住在自己的卡车上，尿在一个专门装尿液的塑料罐里，晚上点蜡烛看书。但夏天她没办法住在卡车里，因为必须把车窗摇下来，而这意味着从蚊子到其他更可怕的东西都有可能跑进来。

至少盖儿让我不再担心自己会不会显得学历过高。打从第一天开始我就发现，在所有必须抛下的东西之中，例如原有的家和身份认同等，我最想念的是那种确实能胜任工作的感觉。并不是说我当作家的时候就百分之百觉得胜任有余，身为自由作家，某一天接到很多案子，不表示隔一天还会如此。然而我以作家身份过活的时候，起码对"工作程序"还有些概念，例如要先搜集资料，拟大纲，再写一份草稿出来，等等。然而当服务生的时候，我会因为各种要求而忙得团团转，宛如被蜜蜂缠住一样："这边要多一点冰茶，那边要多点番茄酱，14号桌要一个外带盒，还有，高椅子都到哪儿去了？"餐厅里一共27张桌子，我通常要负责其中6桌，在客人较少的下午或盖儿休假时，有时候甚至得一个人负责全场。餐厅里还有一个触控屏幕式的点餐系统，我猜这个系统原本意在使服务生和厨师之间的必要沟通降至最低，但实际上，却导致彼此必须不断以口头确认，例如："那是指肉汁要淋在马铃薯泥上，不要淋在肉块上面，了解吗？"诸如此类。

此外还有一件我打从18岁后就忘记的事：服务生的工作内容有三分之一是在客人看不到的杂项上，包括扫地、擦洗器具、将食材切片、补满饮料桶，以及补货。若这些工作有任何一点没做好，那么你就准备在毫无后援的情况下，面对晚上6:00的晚餐尖峰时刻吧！下场可想而知。一开始我搞砸了好几次，羞愧地完全靠盖儿的支持才撑过去，她对我说："没关系的，宝贝，每个人都会有这种时候。"因为，完全出乎我意料的是，无论多么极力保持科学上的距离，我确实在乎这份工作。

如果我能像扮演女服务生的莉莉·汤姆琳[1]一样，蜻蜓点水地度过这段时间，整件事情会变得容易许多。然而我却是在布克·T.华盛顿[2]那种严格训诫中长大的："如果你决定做什么事情，就要把它做好。"事实上，做得好还根本不到及格的一半，应该要"做得比任何曾做过这件事的人都好"。至少我父亲是这么说的，而且他一定知道自己在讲什么，因为他努力把自己和我们拉出了比尤特那些1.6千米深的铜矿坑，抵达东北部郊区的林荫大道，从啤酒混威士忌一路攀升到高级马丁尼，赶在酒精打败梦想之前。虽然人生经验告诉我，"做得比任何人都好"往往不是个合理的目标，不过当我早上4:00从噩梦中惊醒时，心里想的并不是我装作没看见的截稿日，而是点餐内容被我搞砸的那桌客人，其中一个孩子直到他的家人都已经吃到饭后甜点的时候，他

---

1 Lily Tomlin，出生于20世纪30年代的美国著名女演员，以扮演轻松、愉悦的角色闻名，集喜剧演员、剧作家及制作人角色于一身。——译者注
2 布克·T.华盛顿（Booker T. Washington, 1856—1915），是美国著名黑人政治家、教育家及作家。——译者注

点的儿童餐才上桌。让我辛勤工作的另一个动力是,这些客人（或者该说病人）有种神秘的脆弱感,仿佛他们一下子失去了靠自己吃饭的能力。在炉边工作几天之后,我感觉到工作伦理就像一针催产素一样注入我心中。来用餐的客人大多是辛勤工作的当地人,包括卡车司机、建筑工人,甚至还有餐厅所在旅馆里的清洁人员等。我希望尽可能让他们在一整天面对肮脏的环境之余,还是能拥有最接近精致餐饮的用餐体验。我绝对不会用"嘿,你们"这种说法来叫他们,每个超过12岁的人,我都会称呼其为先生或小姐。我不断重新添满他们杯子里的冰茶和咖啡,在他们用餐时询问是否还有任何需要,并在他们的沙拉上多撒一些切碎的蘑菇、南瓜片,或任何待过冷藏室而还没发霉的食物。

比如有一位名叫班尼的客人,他是个矮壮的下水道修理工,他起码得先吹空调和喝冰水半个小时之后,才能想到自己得吃东西。我们会一面聊聊中暑和电解质,一面等他点出精挑细选的食物组合,例如每日例汤加田园沙拉配燕麦粉。还有一些德国观光客因为我的破德语而大受感动,竟然还真的给小费（欧洲人想必被他们饱经工会教训、薪资老高的福利国家给宠坏了,一般都不晓得要给小费。于是包括炉边在内的一些餐厅,会允许服务生多刮外国客人一点油水,或者将小费加到账单上。这个金额是在客人有机会选择给或不给小费之前就加了,等于是自动惩罚那些讲不出标准英语的人）。另外还有两位全身满是污泥、刚下班的女同志,她们对我印象深刻,因为我如此文雅地处理了一只掉到菠萝奶霜鸡尾酒里的苍蝇。她们还花时间在餐厅副经理斯图面前帮我美言了几句。还有一位名叫山姆的仁慈退休警察，他得用一只手指堵住喉咙上的气管切开口，才能让抽到嘴里的烟继续往肺里去。

　　有时候我会漫不经心地幻想自己是个公主，因为犯了些小错想表示忏悔，决定亲手喂每个国民吃饭。但我心里那块很不公主的部分也一样坚持，即便这意味着要藐视管理层定下的规则，例如沙拉上能放几个炸面包块（6个）。"想放多少就放多少，"盖儿低声对我说，"只要不被斯图看见就好。"她从自己的小费里挖出钱来，帮一个无法工作的技工买些硬饼和肉汁，因为这名技工所有的钱都被牙科手术榨光了。她的举动打动了我，因此我也帮他付牛奶及派饼的钱。也许同样的无私行为在整个服务业里随处可见。我记得在寻找住处的时候，曾在一个房间里看到这样一张海报："若你只为自己而寻找快乐，那么你永远都找不到。只有当你为其他人寻找快乐时，它才会自动找上你。"对当时的我来说，在贝斯特韦斯特大酒店给侍者住的阴湿地下室看到的这些话，显得有种格格不入的多愁善感。然而在炉边餐厅，身处夹缝中的我们利用每一丝可能的自主性，无限供给客人们那些不正当的卡路里，因为那象征着我们的爱。我们身为服务生的工作，就是要把沙拉和甜点装好盘，倒上沙拉酱，以及喷上鲜奶油。我们也能决定给客人多少块奶油，为他们的烤马铃薯淋上多少酸奶油酱。所以你若搞不懂美国人为何如此肥胖，也许可以将这项事实纳入考虑：服务生们通过这种秘密分配油脂的方式，来表达她们的人性和赚取小费。

经过 10 天之后，我开始觉得这是一种还过得下去的生活。我喜欢盖儿，她实际年纪看起来将近 50 岁，但她的移动速度快到可以这一刻出现在这儿，下一刻就在那儿现身，而且没看到在这两处中间她明显在哪里出现过。我也跟莱昂内尔四处胡闹——莱昂内尔是一名在餐厅打杂的海地籍少年——虽然我们两个之间没有多少共通的语汇。我们会在大洗碗槽附近闲荡，听年长的海地籍洗碗工们如唱歌般地说着克里奥尔语[1]，他们低沉的男低音使这些话听起来就像充满男性荷尔蒙的法语。我也跟蒂米关系很好，他是担任夜班洗碗工的 14 岁白人少年。有一次我告诉他，我不喜欢客人把婴儿椅直接放在桌子上，因为这会让婴儿看起来太像配菜，他愉快地悄悄笑了。而后在某个比较闲的晚上，他也开始告诉我每一部《大白鲨》的剧情（在饱受鲨鱼袭扰的基韦斯特，这可是大家永远的最爱）："她往四周看，结果那个滑水的人已经不见了，然后'咔嚓'！整艘船就……"

我特别喜欢一位名叫琼的 40 多岁苗条女招待员，她骨子里竟然是个激进的女权主义者。有一天她把我拉到一旁，跟我说明"一切都是男人在主导，所以我们得紧紧团结在一起，才有机会反击"。所以，她会在我被客人刁难时帮我一把，我也会把我的小费分一大份给她，或当她在老板禁止的时间溜出去抽根烟时帮她把风。我们都很敬佩她勇于站出来反抗比利，因为比利常对女服务生这个职业发表一些很难听的言论，有一次她就干脆叫他

---

[1] Creole，加勒比海地区一种混合了方言的英语。——译者注

闭上那张臭嘴。我甚至对比利也展现善意。在一个比较空闲的晚上,（至少在我的想象里）也许是为了弥补某次特别毫无根据地质疑我的能力,他告诉我他年轻时的光彩事迹,说他待过布鲁克林的"捧饪"学校,跟一个辣死人的波多黎各小妞约会。喔,还是该说"烹饪"学校才对?

我每晚在10:00或10:30时结束工作,视我在值班期间做完多少杂项工作而定。下班后慢慢开车跋涉回家,车上播放的录音带,是我离开原来的家时随手带走的。玛丽安娜·菲斯福尔（Marianne Faithfull）、特蕾西·查普曼（Tracy Chapman）、谜乐团（Enigma）、桑尼埃达国王（King Sunny Adé）以及暴力妖姬合唱团（Violent Femmes）的歌声回荡在我空荡的脑袋里。身体快虚脱了,但还勉强撑得下去。我的消夜是"纯麦薄片"（Wheat Thins）小麦饼干和蒙特里杰克（Monterey Jack）奶酪,配上加了冰块的廉价白酒,以及AMC便利店里还有的任何东西。我在凌晨1:30或2:00上床睡觉,睡到早上9:00或10:00起床,然后一面让我的制服在房东的洗衣机里绞扭,一面读1个小时的书。接下来8个小时又得谨遵毛泽东的中心指导原则,正如写在那本小红书里的话:为人民服务。

我是可以继续这样飘荡下去,想象自己身在某种无产阶级叙事诗的情境中。不过有两点让我无法如愿。第一是管理层。我拖延到现在还不仔细谈这个主题的原因是,一想到这些日子我是怎么在一些男人（后来则是女人）的监视下过活，还是让我觉得非常难受。他们之所以监视我，是为了找出我有没有偷懒、偷窃、滥用药物或从事更糟的行为。我并不是说，在这类低薪工作场所里，经理（特别是副经理）就是低薪劳工阶级的敌人。在餐饮行业，这些人先前大都是厨师，如今也还有能力在紧急时刻进厨房代打一下。在酒店行业，这些人可能以前是接待员，现在的周薪也只有400美元。但大家都知道，他们已经跨到另一边去了，说得更残酷一点，是到了与人性对立的企业那边去了。厨师们想做出美味的餐点，服务生们想殷勤有礼地款待客人，但经理在餐厅里的存在目的却只有一个：确保某个理论上存在的东西能赚钱，那个东西就是企业。这种所谓的企业就算真的实际存在，也远在芝加哥或纽约等遥不可及的地方。盖儿回顾自己的职业生涯之后，伤感地告诉我，几年前她就发誓再也不要为任何企业工作："他们分秒都不会让你休息。你不断地付出，他们通通拿走。"

经理们可以坐下来（坐多久随他们的意），但他们的工作却是在确保没有其他人能这么做，就算根本没有事情可忙的时候也一样。这也是为什么对于服务生来说，餐厅空闲的时刻可能跟忙碌的时候一样累人。你会开始硬找出些杂活儿来做，因为若当班的经理看到你有一刻闲着，就会故意丢给你一些糟糕好几倍的事做。所以我擦擦抹抹，清洁打扫，把番茄酱的瓶子并拢，再次检查奶酪蛋糕的存量，我甚至还会去巡查桌子，确定顾客意见表全都直挺挺地站在原位。我心里总是一面想着，不知道这些像在表演的行为到底燃烧掉我多少卡路里。在最无计可施的时候，我甚至会把甜点从玻璃展示柜中拿出来,帮它们重新挤上鲜奶油,放上闪亮的黑樱桃。任何能让我看起来忙碌的事情都好。有天下午,餐厅实在空得要命,斯图发现我在瞄一份客人留下的《美国日报》,他立刻指派我用一个损坏的吸尘器把整个餐厅地板吸一遍。那个吸尘器的把手只剩大约半米长,若不想为了吸那块地板而把自己的腰弄断,唯一的方法只有跪在地上,一次吸一小片地方。

在炉边上班的第一个星期五晚上,有一场所有餐厅员工都不得缺席的会议,我也参加了,满心期待能听到我们的营销策略和定位(带点热带风情的俄亥俄料理?)。但在会议里,根本没有"我们"的存在。菲利普是这里级别最高的经理(除了总部偶尔派来某个更高级别顾问的时候),他用一声冷笑开场:"你们的休息室简直恶心到家。烟灰缸里塞满烟屁股,报纸四处乱丢,到处都是饼干屑。"他所说的那个休息室,是一个没有窗户的小房间,它同时是整座旅馆的打卡室。我们必须把自己的袋子和便服全塞在那里,半小时的午餐休息时间也只能在那里度过。他接着告诉我们,拥有休息室并不是我们的权利,餐厅随时可以撤掉它。而且我们也得明白,他们随时可能搜查休息室的储物柜跟里面的东西。接下来的议题是"闲言闲语",一直有闲言闲语传来传去,而这种闲言闲语(意思似乎是指员工私下谈论的话)必须被制止。从今天开始,员工下班后都不准在餐厅吃饭,因为"其他服务员会聚集过来,开始闲言闲语"。当菲利普终于讲完谴责我们的"议程"之后,琼举手发言,对女厕的糟糕状况表示不满,我也趁机对吸尘器发表了几点意见。可是没有其他服务员表示任何支持，她们都退入自己个人的怯懦中。我的行为模范盖儿，她悲哀地瞪着自己鼻子前方15厘米的地方。最后，其中一个厨师安迪终于站起来，喃喃地骂着自己竟然为了这个天大的烂会议放假还跑来餐厅，而后会议就这么结束了。

就在4天之后，我们突然在下午3：30被召唤到厨房里，即便当时餐厅里还有客人在用餐。我们10个人在菲利普周围站成一圈，他板着脸宣布，据报夜班有人在从事"药物活动"。现在我们要打造一个无药物的工作场所，意思是，所有新进人员都必须接受检测，现任工作人员也都要接受随机抽检。我很庆幸我站的地方很暗，因为我发现自己整个脸红到仿佛是我被抓到在女厕里抽大麻。打从初中以来，我就再没受过这种待遇：被命令到走廊上排队站好，被人威胁要搜查储物柜，被人指着鼻子毫无根据地谩骂。回到餐厅外场后，琼讽刺地说："再来他们就要命令我们工作时间不准跟人上床了。"当我问斯图这突如其来的镇压有什么来由时，他含糊地说是"管理层的决定"，接着就趁机申斥盖儿和我给客人太多面包卷。从今天开始，一个客人只能给一个面包卷，而且点正餐才附，点沙拉不行。他也对厨师们胡乱开骂，激得连安迪都从厨房里走出来，以一种拿惯了屠刀的人特有的沉着语气说："斯图今天不想活了吗？"

那天稍晚，闲言闲语的内容朝一个方向明朗化：斯图自己就是那个吸毒犯，他用餐厅电话订大麻，再叫一个夜班女服务生帮他拿货。结果那名女服务生被抓到，也许抖出了斯图，至少她说的话足以让他显得有嫌疑，所以他今天才会发飙到处乱骂人。谁晓得？就我个人来说，斯图被指控做了什么坏事我都会相信。他在餐厅根本毫无用处，而且对于我跟他都身为白人这点做太多联想。有一晚他悄悄凑上来，跟我讲一些针对海地移民的本土主义言论："我觉得自己才是这里的外国人，他们简直快占领这个国家了。"那天更晚的时候，吸毒事件演变成一场笑话。在后来的晚班时间里，打杂工莱昂内尔一直站在斯图后面，装作陶陶然地吸着一支想象中的大麻烟，逗得我们乐不可支。

除了这类毫无鼓励支持可言的管理方式，另一个大问题是，这个工作根本就无法提供足够的经济支持。从旁观者的立场，你也许可以假设这些年复一年赚时薪6到10美元的人，其实能发现某些中产阶级们所不知道的生存策略。但答案是没有。要让我的同事们开口谈自己的生活状况并不困难，因为扰乱生活的最大来源，几乎都是住的问题。他们每次来上班，第一件跟你说的事情就是这个。一周之后，我已经完成以下的调查结果：

盖儿在市中心一家知名廉价旅馆跟人共租一个房间，每周租金250美元。她的室友原本是一名男性朋友，最近却开始想搭上她，弄得她快疯了。可是她一个人根本负担不起一个房间的租金。

海地籍厨师克劳德。他所租的一套两室公寓里，塞了他和他的女友以及其他两名毫无关系的人。他几乎是绝望得想逃离那里。我猜其他海地籍男性也住在类似的拥挤环境里。

20岁的服务生安妮特。怀孕6个月的她，被男朋友抛弃，目前跟母亲住在一起。母亲是邮局办事员。

早餐时段的服务生玛丽安。她跟男友每周付170美元租一间单人用拖车屋。

比利时薪10美元，是我们之中最富裕的。他住在自己买的拖车屋里，每个月只要付400美元的停车场地费。

另外一名白人厨师安迪，他住在一艘停在干船坞上的船里。那艘船是他的，但从他对它的种种赞美来判断，我想那艘船长不过6米。有一次他告诉我，等船修好，他想邀我乘船出游，不过接下来他就开始问我的婚姻状态，所以我没再跟他继续这个话题。

蒂娜是另一名服务生，她和丈夫付一晚60美元的租金住在白日旅馆。原因是他们没有车子，而白日旅馆位于能走路抵达炉边的距离内。当玛丽安被发现她在分租单人用拖车屋时（这点违反拖车公园的规则），就被赶了出来，于是她只得离开男友，搬进来跟蒂娜夫妇一起住。

琼似乎有无数品位高雅的服装（接待员能穿着自己的衣服上班），使我误以为她经济状况不错，结果她住在一辆停在购物中心后方的箱型车里，梳洗则是借用蒂娜的汽车旅店房间。她的全部衣服都是从大减价商店买来的。[1]

1　到底多少有工作的人是住在汽车或箱型车里，我找不到相关统计数据佐证，但根据全国无家可归者联盟（National Coalition for the Homeless）1997年发表的报告《无家可归的迷思与真相》（"Myths and Facts about Homelessness"）显示，在全国29个城市里，几近1/5的无家可归者拥有正职或兼职工作。

从我这个眼光如豆的中产阶级角度看来，在这些住宿安排中，有些钱似乎花得很不必要。某天，盖儿和我正一起用纸巾把银器包起来（这是我们唯一有正当理由坐下的时候），她告诉我她正考虑逃离那个室友，搬进白日旅店。我很惊讶，她怎么会想要每天付40到60美元的房租？我原本担心这么问听起来会像个社工，但结果根本听起来就像个笨蛋。她不可置信地眯眼看我："你叫我从哪里凑出一个月的租金和押金去租公寓？"在此之前，我对自己一个月房租控制在500美元这点感到沾沾自喜，但当然，那是因为我先准备好1300美元的启动金，才开始过低薪生活，否则我根本做不到。我准备好1000美元支付第一个月的租金和押金，准备100美元采购最初的日常杂货及零用，另外还有200美元留起来以备不时之需。在贫穷的世界里，就如同物理学命题所讲的一样：起始点的条件决定了一切。

根本没有什么神奇的理财方法能让穷人维持生活，反之，却有一大堆特殊开支要付。若你无法凑出两个月租金去租公寓，就只能按周付高价去租一个房间。若你只租到一间房间，最多不过有个小保温盘，也就无法煮能吃上一整周的大锅扁豆来省钱。你必须吃能在便利店微波炉里加热的食物，例如快餐、热狗或杯装汤。若你没有钱办医疗保险——而炉边餐厅那抠门的保险方案要入职3个月后才能生效——你就无法得到一般医疗照顾或处方笺药物，一切都得自费。盖儿本来状况还过得去，起码算健康，直到她再也没钱买雌激素药丸。她本来已经可以参加公司的医疗保险，但他们声称弄丢了她的申请表格，所以要从头再办一遍手续。结果她突然就得一次花9美元买药丸，控制自己本来不会得的偏头痛。她认为，若不是因为她无法持续服用雌激素，就根本不会有这个毛病。玛丽安的男友也面临类似状况，他因为缺勤太多次而丢了修屋顶的工作，但他之所以缺勤，是因为脚被割伤，却没有钱买处方笺上的抗生素药物。

至于我自己，在工作两周后，我坐下来评估自己的状况。我发现，若这真的是我的真实生活，我也好不到哪里去。当服务生的诱惑在于，你不用等到发薪日，就能感觉到口袋里确实有几张钞票。我的小费通常够付食物费和汽油费，付完还能剩下一点，让我塞在充作银行用的厨房抽屉里。但随着夏天的高温使观光业跟着缩水，有时候一整天下来我口袋里只有20美元的小费（小费净收入额其实更高，但服务生小费的15%必须跟打杂工和吧台员工均分）。若把基本底薪也包含在内，总共加起来勉强达到每小时5.15美元的最低薪资。厨房抽屉里的零钱量是在增加，但若以目前累积的速度，到了月底该缴房租的时候，我起码会缺100美元以上。此外我也找不出任何可以省掉的开支。确实，我还没走上煮一大锅扁豆来吃这条路，但那是因为我没有一个大炖锅、隔热垫以及用来搅拌的长汤匙［这些东西加起来，在凯马特超市（K-mart）买要大约30美元，在大减价商店会稍微少一点］，更别提洋葱、胡萝卜以及不能少的月桂叶了。我确实几乎每天都自己做午餐，通常是一些在体内燃烧得慢、高蛋白质的组合，例如冷冻鸡肉馅饼，顶上放一片化开的奶酪，旁边再加一团罐头斑豆。晚餐我在炉边吃，餐厅会以2美元的价格让员工从培根三明治、鱼肉三明治和汉堡之中三选一。汉堡在肚子里撑得最久，特别是上面还加了墨西哥辣椒酱的话，但到了午夜，我的肚子又会开始咕噜咕噜叫。

所以，除非我想开始以车为家，否则就必须再找第二份工作，或直接换工作。我打电话去几周前曾填过应聘表格的所有旅馆，问是否有客房服务员的职缺。这些旅馆包括凯悦、假日酒店、贝斯特韦斯特、平民旅店以及豪生等，再加上半打本地人经营的小旅馆，结果什么缺都没有。于是我又重新开始进入找工作的循环，浪费许多上午等某个副经理出现。我甚至还深入了一些让人毛骨悚然的旅馆，前台接待员是从防弹玻璃后面跟我打招呼的，柜台还兼卖几品脱[1]装的烈酒。然而，如果不是有人泄露了我在现实生活中的打扫习惯（呃，姑且说我的打扫方式是"切中要点"），那么就是我的种族正好位于错误的那边，因为一方面，我找工作时看到的客房服务员，绝大多数都是非裔、拉丁裔或来自中欧前社会主义国家的难民；另一方面，服务生则几乎清一色是只会讲英语的白人。当我终于得到有职缺的回应时，却再度被指定去当服务生。这次的餐厅是杰瑞餐厅（仍然是化名）。它是全国知名的连锁餐厅，附属于一家经济型酒店。这家餐厅表示可以随时录用我。在我看来，那里的工作既刺激又吓人，虽然它的桌子和吧台座位数量跟炉边餐厅差不多，但吸引的客人却比阴暗老旧的炉边多上三四倍。

---

1 英美制容量单位，1美制品脱约合473毫升。——编者注

请在脑中描绘一个胖子的地狱,而且我不是指完全没有食物那种。反之,如果吃东西不用担心后果的话,你在那个地方想吃什么就有什么:淋上奶酪的炸薯条、裹上面衣炸出的牛排、撒满软糖的甜点等。只不过你吃下的每一口,都要以某种身体上的不适作为代价。厨房是个洞窟,它像个胃一样,而在下面的肠子处,是堆放垃圾和洗盘子的地方,种种诡异的气味从那里散发出来,可以吃的东西跟食物残渣的味道全混在一起:成乳状的腐肉、比萨般的呕吐物,以及杰瑞餐厅里独有的谜样味道——柑橘加上屁。地板因为满是溅出来的东西而变得湿滑无比,我们一定要小步小步地走,活像戴着脚镣的苏珊·麦克杜格尔[1]。每一个水槽都被生菜碎屑、腐烂的柠檬片以及吸满水的面包皮给塞住。若你不小心把手放在任何一个台面上,就有可能被上面那层经年累月泼溅出来的糖浆牢牢粘住。不幸的是,手在这里是厨房器具之一:用来抓起生菜放到沙拉盘里,拿出切片的派,甚至抓起一个盘子里的薯饼再放到另一个盘子里。餐厅里只有一间员工厕所,而且还是两性共享,墙上贴着员工守则,告诫我们要彻底清洗双手,甚至连步骤都写上去了,但厕所里总是会缺少一些关键物品——肥皂、擦手巾、厕纸,三样东西没有一次同时齐全过。后来我就学会上厕所之前要在口袋里塞满餐巾纸。这对客人来说真是太不幸了,他们不晓得自己吃的食物是我们直接"经手"的。

---

[1] Susan McDougal,房地产公司助理,因涉入克林顿总统白水案而被定罪。——译者注

员工休息室正是这里情况的缩影——根本就没有休息室,因为杰瑞餐厅没有休息时间。你连续 6 到 8 小时都不能坐下,除上厕所以外。一张桌子紧贴着厕所门口放着,周围有三张折叠椅。但几乎没有人会去坐,因为那里简直就是餐厅这个消化系统的直肠部分。这个紧连厕所的一小块地方,唯一的功能就是收容烟灰缸。服务生和洗碗工会把香烟点在那里一直不熄掉,宛如拜神的蜡烛一样,因为这样他们就不用在冲回来吸一口的时候浪费时间重新点烟。几乎每个人都抽烟,仿佛他们肺功能的健全就靠它了。多国人组成的厨师群体、全是捷克籍的洗碗工、美国本籍的服务生等,都在这里抽烟抽到宛如氧气才是偶尔会侵入的污染物。来杰瑞餐厅上班的第一天早上,我在低血糖所引起的颤抖中向一名服务生同事抱怨,表示我不理解她怎么能那么长时间不吃东西。"我才不理解你怎么能那么久不抽烟咧。"她带着责难的语调如此回答我。因为工作是为别人做的事,抽烟则是为自己。那些高唱禁烟的人总是不了解,所谓抽烟的"受害者"为什么这么叛逆,顽强地紧抱这个习惯不放,宛如在美国的工作场所里,他们唯一能声称属于自己的东西是自己所滋养的肿瘤,以及他们致力于喂饱这些肿瘤的片刻余暇。

工业革命并不是一朝一夕完成的,尤其当你得在几天内就跳到另一个阶段,更是不容易。我从手工业直接跳进工厂,从炉边那还有空调加持的停尸间直接跳进焚化炉里。客人像浪潮一样涌来,有时候,游览车一次就吐出 50 个饥肠辘辘、怨声载道的客人。在杰瑞餐厅里,不会只有 2 个小姐在外场,而是多达 6 个身穿闪亮粉红与橘色相间夏威夷衫的小姐同时在外场冲来冲去。无论对客人或同事，每次谈话都很少持续超过 20 秒。说实话，我第一天上班时，被其他服务生姊妹的冷淡态度弄得颇为受伤。我那天的指导者是一名极度干练、情感毫无半点波动的 23 岁年轻人。其他人则在窃窃私语某个人今天请病假的真正原因，以及另一个人必须付的保释金多高，完全忽视我的存在。第二天上班时，我才明白为什么。"嘿，很高兴又看到你了。"她们其中一个人这样跟我打招呼。"几乎没有人过了第一天还会回来。"我有种豁然得到平反的感觉：我撑过来了。但是得经过一段时间，很可能要几个月，我才有可能被这群姊妹完全接纳。

起先我抱着能兼顾两份工作的雄心壮志，而且开头两天几乎成功了。我早上 8：00 到下午 2：00 在杰瑞餐厅负责早餐到午餐的时段，结束后立刻赶到炉边，稍微迟到几分钟，大约下午 2：10 到，之后就努力撑到晚上 10：00。我在两份工作之间的几分钟空当里，从温蒂汉堡的得来速[1]买一个辣鸡肉三明治，在车子里狼吞虎咽地吃完，再将卡其裤换成黑色长裤，把夏威夷衫换成铁锈色的马球衫。不过，却有个隐藏炸弹等着我。到了下午 3：00 至 4：00 之间实在没客人的时候，我终于能坐下来用餐巾纸包银器了，结果我整个人差点瘫软在椅子上。我试着偷喝一杯蛤蜊浓汤来重振精神，我看过盖儿和琼做过许多次，但结果我被斯图抓到，他咬牙切齿地骂我："不准吃东西！"虽然餐厅里

---

1 英文原称 Drive-Thru，是一种常见于快餐店的服务。顾客驾车进入购餐车道，无须下车便可完成点单、结账、取餐，再驾车驶离。——编者注

根本没有半个客人在,没有客人会因为看到一名餐厅员工的嘴巴碰到食物,就气得夺门而出。所以我跟盖儿说我要辞职了。她给我一个拥抱,然后跟我说,或许她自己也会跟着我跳槽去杰瑞餐厅。

但这不大可能发生。她现在已经离开廉价旅店和恼人的室友,回去住在自己的卡车里。但是猜猜怎么着?那天稍晚她兴奋地告诉我,菲利普说,只要她能不被客人看到,他就允许她把车子停在旅馆停车场里过夜。而且那个停车场有一名旅馆警卫会去巡逻,所以完全安全!炉边提供了这么优惠的待遇,怎么还有人想离开?反正菲利普一定是这么推想的。他耸耸肩,接受了我的辞职,只在意我有没有归还两件马球衫和围裙。

盖儿一定能胜任杰瑞餐厅的工作,这点我很确定,但对我来说,这种工作方式只有疲累到死一途。好几年前在洛杉矶一个卡车休息站,一名仁慈的厨师曾教导我怎么当服务生,他时常说:永远别做无谓的事;若你不需要快走,就慢慢走;若你不需要走,就站着。可是在杰瑞餐厅里,连分辨事情是必要或不必要、紧急或不紧急都太花力气了。你唯一要做的事,就是把每一次上班视为空前绝后的紧急状况:外头有50个饥饿的人凌乱地倒在战场上,你还等什么?出去把他们喂饱!忘了明天这种情况还会再度上演,忘了你今晚开车回家时必须清醒到能避开酒醉驾驶的人,你就得燃烧、燃烧、再燃烧!理想中,到了某一个程度,你就会进入服务生们称为"节奏",而心理学家称为"心流"的境界,一切指示会从感官直达肌肉,跳过大脑皮层,然后你就进入一种有如坐禅般的空灵状态。我现在轮的班是下午2：00到晚上10：00，一名早班的男服务生跟我说他曾经三连霸过，也就是一次轮三班，做到时针整整转两圈。那次下班后他就去喝酒，结果遇到一个女孩。也许他不该跟我说这个，不过他们就当场在那里做爱，而那感觉还真美妙。

但神经肌肉系统还有另一项能力，就是感觉到痛。我开始像吞维生素C一样猛吞药店买来的布洛芬（Ibuprofen），每一次上班之前要吞4颗：我上背部一处因长期受压所导致的肌肉旧伤严重复发，这都是拜端托盘所赐。若是以前的我，这种程度的疼痛能让我有理由放假一天，在家冰敷和拉伸肌肉。如今，我以萘普生钠（Aleve）止痛药的广告来安慰自己。广告中一个长得很帅的蓝领男子问："如果你工作4小时后就不行了，老板会怎么说？"另一个背上扛着一根金属梁柱、长得没那么帅的蓝领男子回答道："他会炒我鱿鱼，就这么简单。"但幸运的是，这则广告告诉我们，身为劳工，我们可以在止痛药上展现我们的权力，就像老板在我们身上展现他们的权力一样。如果泰诺（Tylenol）不想发挥超过4小时的药效，你只要炒它鱿鱼，然后换成萘普生钠就好了。

确实，我偶尔会脱离一下这边的生活，回家去收发电子邮件，跟丈夫见面（但我吃每样东西都会小心地"付费"，晚餐我会付5美元，把钱投进一个罐子里），跟朋友去看《楚门的世界》，并容许他们替我付票钱。此外在工作的时候，我还会由于太想念印在书上的字，以至于着魔般地重读好几遍只有6页的菜单。有时候，我真的会觉得不知道自己到底在这里干吗。但随着时间过去，我以往的生活开始显得异常陌生。那些发给真正的我的电子邮件、电话留言，好像来自一群遥远的人，他们手上有太多时间，想关心我这宛如存在于异国的生活。我以前常在里面逛来逛去找寻商品的邻近超市，如今看起来就像个拒人于千里之外的曼哈顿雅痞风大百货公司。某天早上，我在自己真正的家里坐下来，写支票支付过去生活中的开支，才发现我竟然在身体科学健身中心（Club Body Tech）、亚马逊网站这类地方花了两到三位数的金额，顿时眼睛一花。

比起炉边餐厅，杰瑞餐厅的管理层一般说来较为沉稳与专业，除了两个人。其中一个是乔伊，她是个圆胖、皮肤晒得黝黑的30岁出头女子。她有一次大发慈悲，花费自己几分钟的时间指示我怎样用单手端托盘。但她的心情极度阴晴不定，这一班跟下一班截然不同，甚至同一班的时候也会有大转变，总是弄得人心惊胆战。另外一个人是碧洁，又名臭婆娘碧洁。她的工作就是站在厨房柜台旁边大吼："妮塔，你的餐出了，还不快端走？"或者说："芭芭拉，你没看见又有一桌客人了？努努力好不好？"在她的诸多恶行中，最令人憎恶的是把轻按就可以喷的鲜奶油喷罐，换成必须用两只手才挤得动的大型塑胶挤袋。她会这么做的原因是，听说她看到（或以为自己看到）有员工试图去吸喷罐里的气体推进剂，想吸到一氧化二氮[1]。我上班第三天，她突然把我

---

[1] 俗称"笑气"，在医学临床上可用作吸入性麻醉剂，在食品加工中则可用于奶油发泡。——编者注

拉到一旁,脸贴得近到仿佛想用前额敲我一记。但她开口说的不是"你被开除了",而是"你做得不错"。不过唯一的问题在于,我花太多时间跟客人聊天了,"他们就是这样来跟你攀关系"。而且,我还让他们对我予取予求,容许他们接二连三提出要求:你把番茄酱拿去,他们就要更多千岛酱,你把这个也拿去了,他们就会想要多一点薯条,然后没完没了。最后她终于告诉我,别误会她这个人,她是想用和气的方式讲话,但"你会陷入一种模式,你晓得,因为凡事都得快速行动"。[1]

我含糊地说多谢指教,感觉自己像是被某个疯狂执行古代禁奢法律的家伙剥了个精光:不准聊天,奴隶不许有什么花哨的服务伦理。跟客人聊天的权利,只限于市中心高级地段那些长得漂亮、拥有大学学历的服务生,那些女孩一晚可以赚70到100美元。我在想什么啊?我的工作是把点菜单从桌子上拿到厨房,然后再把托盘从厨房端到桌子上,也就是把讯息转变成食物,再把食物转变成现金。在这个过程中,客人其实才是最主要的阻碍。简单地说,他们是敌人。令我难过的是,我自己也开始以这种逻辑来看待事情。难搞的客人之中,有传统型的:喝多了几罐啤酒的大学兄弟会男生,他们会大吵大闹地抱怨牛排太薄、薯条太少;此外还有因为年龄、糖尿病或阅读障碍而有所不便的客

---

[1] 《倾斜世界里的劳工:国际经济下的工会》(*Workers in a Lean World: Unions in the International Economy*, Verso, 1997)一书中,作者金姆·穆迪(Kim Moody)引用一些研究指出,20世纪80年代中期到20世纪90年代早期,出现了越来越多与压力相关的工作伤害及疾病。他认为,升高的压力反映了一种"以压力来管理"的新体系,各行各业的劳工通过这种方式被榨出最大生产力,健康却因此受损。

人,他们需要人耐心讲解餐点中的营养成分。就某些层面上来讲,最难搞的是高调的基督徒。某次来了一群刚做完周日晚间弥撒的人,他们坐在一张 10 人座的桌子,每个人都显得又喜乐又神圣。他们无情地对我做出种种要求,最后在一张总金额 92 美元的账单上,只给我 1 美元的小费。还有一个身穿耶稣受难图 T 恤的家伙(上面还写着:值得景仰的人),他抱怨他的烤马铃薯太硬、冰茶太冰,我笑脸迎人地帮他全处理好,结果他却连一毛小费都没给。我发现一个大原则,无论我们怎么做,那些身上佩戴十字架或 WWJD[1] 徽章的人,都会以不满意的眼光看我们,仿佛他们把女服务生跟抹大拉的马利亚[2]原本的职业搞混了。

经过一段时间后,我和同一工作时段的其他小姐也成了朋友。妮塔是身上有刺青的二十几岁女孩,她会四处走动,爽朗地揶揄大家:"我们开始赚大钱了没啊?"爱伦十几岁的儿子是大夜班厨师,她自己则曾在马萨诸塞州管理过一家餐厅,但她不想在这里当管理人员,因为她比较想当个普通劳工而不要"四处支使人"。露西是一个五十多岁的随和女子,笑声很沙哑。往往值班到最后,她的脚会撑不住而只能跛着走路,因为她的腿有问题,然而在没有医疗保险的情况下,她没有钱做昂贵检查找出病因何在。我们彼此会谈一些普通的女生话题,包括男人、孩子,以及杰瑞餐厅特制巧克力花生酱奶油派的邪恶诱惑。

---

1 What Would Jesus Do,"耶稣会怎么做"。——译者注
2 Mary Magdalene,圣经故事中从良的妓女。——译者注

不过我注意到，没有人提起任何花费较昂贵的活动，例如逛街或看电影。就像在炉边的情况一样，大家唯一会提到的娱乐是开派对，只需要一点啤酒、一个小场地以及几个好朋友就办得起来。不过，这里没有人无家可归，起码她们都以某种方式应付了下来，通常是因为还有正在工作的丈夫或男友。总而言之，我们形成一个可靠的互助支持团队：若有人觉得身体不适或负荷不过来，另一个人就会帮忙多负责一张桌子的点餐，或甚至替她端托盘；若有人去偷抽一口烟或上厕所，其他人会尽全力帮忙掩护她，使上头那些满脑子只有公司利益的人不会发现她不在。[1]

但真正拯救我内心的人（可说是我的催产素受体）是乔治。他是一名19岁的捷克籍洗碗工，来到这个国家刚好满一周。我们会开始谈话，是因为有一次他含糊不清地问我，杰瑞餐厅里一根烟卖多少钱。我尽可能向他解释，这里的烟卖得比一般商店贵超过1美元，并建议他直接从休息桌附近一定会有的半

---

[1] 直到1998年4月，联邦政府都还未明文规定必须有如厕休息的时间。马克·林德（Marc Linder）及英格里德·尼高（Ingrid Nygaard）在他们合著的《禁止排泄的地方：休息时间与在工作时间排尿的权利》(*Void Where Prohibited: Rest Breaks and the Right to Urinate on Company Time*) 一书中指出："无论是高级主管或上层行政部门，都没有把在工作时间内休息、如厕的权利视为重要政策及社会目标，而这些高级员工本身在工作场所享有的个人自由，数百万工厂劳工只能望之兴叹……我们惊讶地发现，竟然没人认为劳工有权利在工作时间如厕；而劳工们也感到惊讶，外界的人竟如此天真地相信雇主会允许他们在必要时行使这项人类基本功能……有一名工厂劳工由于只获允许6小时休息一次，只好排泄在她自行穿在制服内侧的衬垫上。另外还有一名幼儿园老师，由于学校没有雇请任何助手，每当她必须上厕所时，就必须把整班20个孩子一起带去厕所，要他们在她如厕时排队站在厕所门外。"

包烟里拿一根去抽。但他无法想象自己做出这种事。他耳朵上一个小耳环象征着他可能有一些另类的价值观,除此之外,乔治完全是一根肠子通到底:理平头,工作勤奋,极度渴望与人眼神接触。我问他:"你来自捷克共和国,还是斯洛伐克?"他似乎很高兴我知道这两者是有差别的。我试着跟他聊:"瓦茨拉夫·哈维尔?丝绒革命?弗兰克·扎帕?[1]""对,对,1989年。"他说。我这才知道,对他而言,那些都已经是过去的历史了。

  我的计划是教乔治说英文。每次开始上班的时候,我都会跟他说:"乔治,你今天好吗?"他会回答:"我很好。芭芭拉,你今天也好吗?"我得知付他薪水的不是杰瑞餐厅,而是把他装船运过来的中介。中介付他一小时5美元,而杰瑞餐厅付给洗碗工的实际薪水和5美元之间的差额,则全给了中介。我也得知,他和一群被他叫作捷克"碗工"的人一起住在一间公寓里,那里拥挤到必须有人离开去上班,才有床空出来让他躺下睡觉。一天傍晚,我们正在上英文课时被碧洁撞见,她当即命令"乔瑟夫"去把洗碗槽旁边地上的橡皮垫拿起来,用拖把去拖那底下。我大声说:"你的名字不是乔治才对吗?"故意让大步走回柜台的碧洁听到。她是否因此感到羞愧?也许有一点吧。我回到柜台后,她跟我说:"乔治,乔瑟夫,叫这些名字的人那么多!"我一句话都没

---

[1] 瓦茨拉夫·哈维尔(Vaclav Havel),捷克著名剧作家与民主异议人士,是1989年终结极权统治的丝绒革命(The Velvet Revolution)领导者,后担任捷克总统。弗兰克·扎帕(Frank Zappa)是美国著名摇滚歌手,他与瓦茨拉夫·哈维尔的友谊曾传为一段佳话。——译者注

说，没点头也没微笑，后来我因此被惩罚。那天晚上，当我觉得已经可以下班的时候，她宣布我必须再多卷50份银餐具，此外，我不是该去拌好一桶4加仑[1]的蓝莓奶酪酱吗？当最后她终于允许我离开的时候，我气得咬牙切齿，在心里诅咒她：碧洁，希望你一辈子都陷在这个地方，希望洒出来的糖浆把你的脚死死粘在这里的地板上。

我决定搬到离基韦斯特更近的地方。理由一，车程太长。理由二和三还是车程太长，汽油一天就吃掉我4到5美元。杰瑞餐厅的客流量虽然已经高到不像话，小费平均却只有消费额的1/10，而且不只是给像我这样的菜鸟。每小时2.15美元的基本薪资，就算再加上和打杂工、洗碗工均分之后的小费，我们的时薪平均也只有7.5美元。此外因为杰瑞餐厅规定服务生要穿黄褐色裤子，我还多花30美元去买了一条，这笔开销要好几周才能吸收下来（我曾踏遍市区两家平价百货公司，希望能找到比较便宜的裤子，但我最后决定，这些原价49美元的剪标厚卡其裤，可能比较耐得住每天被洗的命运）。至于其他的服务生同事，只要她们没有一个正在工作的丈夫或男朋友，就几乎都有第二份工作。妮塔每天8小时用电脑做一些工作，另一个人则在做焊接。若少掉每趟45分钟的通勤时间，我估计自己能做两份工作，而且当中还有时间冲个澡。

所以我从房东那里拿回500美元押金，加上我为了交下个

---

1 英美制容量单位，1美制加仑等于3.785升。——编者注

月房租赚的400美元，以及为应急准备的200美元，一共1100美元拿去付海外拖车公园第46号拖车屋的押金和租金。那里离一堆平价旅馆约1.6千米远，它们是构成基韦斯特工业园区的主要部分。第46号拖车屋宽约2.4米，内部形状像个哑铃，水槽和炉子使中间形成一条狭长区域，将卧室和勉强可称作起居区的地方分隔开来。起居区只有一张两人用桌子和比普通沙发小一号的沙发，浴室窄到我一坐上马桶膝盖就紧抵着淋浴间。我也不能够一翻身跳下床，而是必须爬到床脚，才能找到一小块可以站直的地方。至于外面的状况，从我的拖车屋走几米就会到一家卖酒的商店、一家贴着"明天有免费啤酒"广告的酒吧、一家便利店，以及汉堡王。但没有超级市场或自助洗衣店，唉。据传闻，海外拖车公园是犯罪与毒品的温床，所以我原本还期望能有点生动的多元文化街头生活体验。不过，这里白天和晚上都是一片荒凉，只有前往喜来登酒店或7-11便利店工作的稀疏行人走动而已。住在这里的并不是真正的人，而是罐装的劳动力，为了能去上班而被保存在不被热气烤坏的地方。

就跟我下调的生活条件一样，一种新形态的丑恶也出现在杰瑞餐厅里。首先，我们通过用来输入点餐内容的电脑屏幕告示得知，从今以后有个新规定：旅馆附属的酒吧禁止餐厅员工进入。我通过秘密情报网得知，肇事者是那位培训我的超能干23岁女生。她其实也住在拖车屋里，而且是三个小孩的妈。有天早上不知道什么事情使她失控了，所以她溜出去喝口酒，结果神志不清地回来。这项禁令对爱伦伤害最大，因为她习惯在下班后放开一直被橡皮筋绑得紧紧的头发，到旅馆酒吧里喝几杯便宜葡萄酒再回家。我们其他所有人也都感受到这项禁令带来的压力。就在隔天，当我要进干货储藏室拿吸管的时候，发现门是锁着的。这道门以前从来没锁过，我们整天都要进进出出，拿纸巾、果冻盒及外带用的泡沫塑料杯。魁梧的副经理维克过来替我开门，他跟我说，他抓到一个洗碗工想从里面偷东西，而且很不幸，那个恶棍得一直跟我们待在一起，直到代替的人来为止，所以他把门锁起来。我当时忘了问，那人到底想偷什么，但维克告诉我那个人是谁：理平头戴耳环的小伙子，你知道，他现在就在底下。

我希望我可以跟各位说，我当时立刻冲回去问乔治，了解他那边的说法是什么。我希望我可以跟各位说，我站出来对抗维克，坚持替乔治找一名翻译，让他能为自己辩白，或宣称我会找到愿意义务处理这个案件的律师。最起码，我应该作证说明这孩子很诚实。我想不通的是，干货储藏室里根本没有什么值得偷的东西，至少没有半样值得在黑市买卖的东西："我是乔治，我手上有200包……也许250包的小番茄酱。你要不要买？"我的猜想是，就算乔治真的拿了什么东西，也只会是一些咸饼干或一罐樱桃派配料粉，而且动机是饥饿。

所以，为什么我没有干预？绝对不是出于某种可以被矫饰为"新闻客观性"的道德麻痹。相反，某种新的、令人作呕的、奴性的东西感染了我，就跟晚上下班终于能脱下衣服时，我还能从内衣上闻到的那股厨房怪味一样。在真实生活里，我算是有一点点勇敢的,但许多勇敢的人在战俘营里被掏空了勇气,而也许,类似的事情也发生在整体环境有如战俘营的美国低薪工作场所。也许,在杰瑞餐厅待上一个月或更久之后,我可能会重获我的十字军精神。但也有可能在一两个月后,我会变成一个完全不一样的人,比如说,一个会把乔治出卖的人。

但这并不是当时我火烧眉毛要解决的事。跳入贫穷生活一个月之后,我终于找到了梦寐以求的工作:客房服务员。因为我去了唯一可能对我的能力有点信心的地方:杰瑞餐厅从属的旅馆。我到人事办公室里,急切地吐露我的状况:我必须找第二份工作,否则就付不出房租;还有,不,我不能当前台接待员。"好吧,"人事部的女士不耐烦地说,"那你就当客房服务员。"之后就赶我去找客房部经理米莉。她是个瘦小而神经质的拉丁裔女子,叫我"宝贝",然后递给我一本小手册,内容强调员工必须有积极的态度。时薪是6.1美元,工作时间从早上9:00开始,直到"能完成工作的时间"为止,我希望这是指下午2:00之前。看到负责带我的中年非裔美国人卡萝塔之后,我就知道根本不必开口问有没有医疗保险了。因为这位要我叫她卡莉的女子,上排门牙全掉光了。

我当客房服务员的第一天,也是我这一生在基韦斯特过低薪生活的最后一天,虽然我当时并不知道这点。那一天,卡莉的心情很糟。我们被分配打扫19个房间,大部分都是退房而非续住,退房的房间要进行全套清洁整理,包括换床单、吸尘以及擦洗浴室等。当我们发现其中一个原本被列为续住的房间结果却是退房时,卡莉打电话向米莉抱怨,但当然毫无用处。"那就把这个该死的王八蛋弄好。"她命令我道。于是我负责弄床铺,她在浴室喷喷擦擦。一连4小时我不曾休息。我把床单褪下来,再重新铺床,每张大床平均花4分钟半,我是可以加快到3分钟,但看不出有必要这么做。我们用手把较大的脏物捡起来,试图减少使用吸尘器的机会,但大多数时候我们别无选择,只能努力把将近15千克重的巨大吸尘器拽下清洁车,费力地把它在地板上拖来拖去。有时候卡莉会递给我一个喷瓶,上面的标签写着BAM〔实际上,这是几个词的缩写,不祥地以"丁酸"(Butyric)开始,但其他的词已经磨损得看不见了〕,然后她就让我清理浴室。在这里,可没有服务生面对客人的责任感能激励我,我只能全神贯注把浴缸里的阴毛捡干净,至少是我能看得到的暗色系毛发。

清洁续住房间的时候,我原本蛮期待那种私闯别人空间的感觉,以为有机会检视陌生人秘密的一面。但这些房间里总是乏善可陈,而且整洁到令人讶异:拉链袋装的刮胡刀组、整齐地贴墙放置的鞋子(房间里没有衣柜)、浮潜之旅的宣传单,最多再加上一两个空酒瓶。使我们能一直工作下去的是电视,播放的节目从《杰瑞·斯布林格秀》(Jerry Springer Show)、《莎莉·拉菲尔秀》(Sally Raphael Show),再到《檀岛骑警》(Hawaii Five-0),最后则是肥皂剧。若电视上出现特别有趣的东西,比如《杰瑞·斯布林格秀》著名的那句"我们可不接受'不'这个答案",我们就在床沿坐下来咯咯笑一会儿,仿佛正在开睡衣派对,而不是在做一份毫无出路的工作。肥皂剧是最棒的部分,卡莉会把音量调到最大,这样她在清洁浴室或开着吸尘器的时候也不会错过任何对白。在 503 号房的时候,玛西雅质问杰夫跟劳伦的关系;在 505 号房的时候,劳伦冷酷地嘲笑被背叛的可怜的玛西雅;在 511 号房的时候,海伦要给阿曼达 1 万美元,条件是阿曼达不能再见艾瑞克,这段对话使卡莉从浴室里走出来,仔细瞧着阿曼达困惑的脸。"当然要拿,小姐,"她忠告道,"我就一定会拿。"

不久之后,我们所打扫的观光客房间,开始渐渐跟肥皂剧里的高级装潢融合在一起。我们进入一个更美好的世界,这里只有舒适可言,每天都是假日,只等着被浪漫的邂逅填满。然而在这个梦幻世界里,我们只是两个闯入者,被迫要为自己的出现付出代价——背痛和永远只能干瞪眼的份儿。旅馆里有太多镜子,不断映照出一个身影,她的样子就像推着破旧超市购物车在马路上蹒跚前进的人:邋遢,穿着大了两号的潮湿旅馆马球衫,汗从她的下巴上淌下来,宛如口水一般。当卡莉宣布休息半小时吃午餐的时候,我大大地松了一口气。这时我才发现,原来她一直放在清洁车上的那袋干瘪热狗卷,并不是某位退房客人留下的垃圾,而是她带来的午餐,我的食欲顿时消失了。

由于有电视,再加上身为第一天上班的新人,我没有什么资格打开话题,因此我对卡莉所知不多,只晓得她身上很多地方都在痛。工作时她都慢慢移动,低声抱怨着关节痛之类的,但这点也许会使她失去工作。因为年轻的外籍客房服务员(来自波兰和萨尔瓦多）都会在下午2：00把房间打扫完，而卡莉则拖到6：00才做完。她说，反正我们是领时薪的，实在没必要这么急。然而管理层已经雇来一名女子，进行工作效率评估之类的工作，而且据说以后可能会改成以打扫的房间数来计算薪水。[1]她也对于种种不尊重她的小动作感到耿耿于怀，而且不只是管理层这么对待她。"他们压根儿不在乎我们。"她如此形容旅馆住客；事实上，他们根本没注意到我们的存在，除非房间里有东西被偷了，"这会儿他们可不会放过你"。我们并肩坐在休息室吃午餐，一名身穿维修人员制服的白人男子走过，卡莉出声叫他。"嘿，"她语气很友善，"你叫什么名字？"

"彼得·潘。"他说，人已经背朝我们走开。

"这一点都不好笑。"卡莉说。她转头看我："那根本不算回答，为什么他要开这种玩笑？"我大胆回答说他是在摆架子，于是她点点头，仿佛这是医生做的诊断："对，他是在摆架子。"

"也许他今天很不顺。"我继续多说了点，但并不是因为我觉得有责任替白人辩护，而是从她扭曲的表情看得出她有多受伤。

我在下午3：30要求下班，此时另一名客房服务员对我提出忠告，说到目前为止，从来没人能一面在杰瑞餐厅当服务生，一面还当客房服务员，"一个小伙子曾有一次成功做了5天，而你已经不是小伙子了"。我把这项有帮助的信息记在心里，然后冲

---

[1] 我离开那里几周后，从收音机上听到这间旅馆在招客房服务员，时薪竟然最高可到9美元。我打电话去问才知道，这间旅馆真的开始以打扫的房间数来计算薪水。但我猜卡莉若还没有被赶走，能赚到的钱还是等于每小时6美元或更少。

回第46号拖车屋。我吞下4颗雅维（Advil，这次的止痛药名），冲澡，弯着身体挤进淋浴间，努力让自己稳定下来，迎战即将来临的另一轮工作。这大概就是马克思所说的"劳动力的再生产"，意思是，一名劳工得做一些事情好让她能再度劳动。虽然我想一气呵成地从一个工作转换到另一个，杰瑞餐厅规定要穿的那条裤子却成了意外阻碍。昨晚我用手搓洗夏威夷衫的时候，那件裤子在40瓦的灯泡下看起来还过得去，但在白天的阳光下，我才发现它上面都是沙拉酱弄的污渍。结果两份工作之间大约一小时的休息时间里，我几乎都在试图用海绵除去裤子上的食物斑，然后把裤子摊在车子引擎盖上晒干。

若我能灌下足够的咖啡，又不对乔治越来越糟的状况耿耿于怀，理论上我应该能同时做好这两份工作。[1] 被怀疑偷窃之后的头几天，乔治似乎并不明白自己惹上了什么麻烦，我们快活的口语课仍持续进行。但他最近来上班都显得无精打采，胡子也没刮。跟我担心的一样，今晚他看起来更像鬼魂，眼睛底下挂着两个深深的黑眼圈。有那么一刻，我因为必须把配烤马铃薯的酸奶油酱装在一些小纸杯里，而暂时站着没跑来跑去，他于是上前来，显然很想努力用有限的词汇跟我谈一下，可是我却在这个时候被叫去外场负责一张桌子。我当场决定，今晚我赚到的小费全

---

[1] 在1996年，大约780万人有两份或两份以上的工作，占总工作人口6.2%。男性和女性的比例大致相同（6.1%：6.2%）。拥有两份以上工作的人之中，约2/3有一份全职工作，其他则是兼职。只有极少数人（4%的男性及2%的女性）如超人般同时做两份全职工作。参见约翰·史丁生（John F. Stinson Jr.）的文章《从人口统计新资料分析身兼数职现象》("New Data on Multiple Jobholding Available from the CPS")，《劳工评论月刊》(*Monthly Labor Review*)，1997年3月。

都给他，管它什么低薪生活实验的省钱原则。晚上8：00的时候，爱伦和我一起站在厨房里臭得要命的角落囫囵吞几块点心，但我只来得及吃下两三根意大利干酪棒，而午餐我只吃了几块麦乐鸡块而已。我告诉自己，我一点都不累，但也许我只是连感觉累的力气都没了。若我对整个情况更有所警觉的话，就会看到毁灭的力量已经朝我逼近。餐厅里只有一名年轻厨师当班，名叫"耶稣"（不过发音是"赫苏"），而他才刚接手这份工作。另外还有乔伊，我们工作到一半她才出现，脚上穿着高跟鞋，身穿一件紧贴身体曲线的白色洋装，看起来怒气冲冲，好像刚在某个鸡尾酒吧被人放了鸽子。

　　然后，风暴来袭。我负责的桌子有4张立即客满。如今4张桌子的客人对我来说不算什么，但前提是他们大发慈悲，别在同一时间进餐厅。当我去服务27号桌时，24号、25号及28号桌的客人都嫉妒地看着。当我服务25号桌的时候，24号桌的客人则对我怒目而视，因为还没人去帮他们点菜。28号桌是4个雅痞型的客人，意思是每一样菜他们都有意见，连鸡肉凯撒沙拉都要另外指示。坐在25号桌的是一对中年黑人夫妇，他们抱怨冰茶不新鲜、桌面黏黏的，虽然这些抱怨其实不无道理。但24号桌的客人才真是海啸级的：10名英国观光客，他们似乎下定决心要完全通过嘴巴来体验美国。每个人都至少点了两份饮料：冰茶和牛奶奶昔，米狮龙（Michelob）啤酒和水（请在水里加上柠檬片）。还有数量庞大、种类繁杂的食物：早餐特餐、意大利干酪棒、鸡肉条、墨西哥薄饼、要奶酪和不要奶酪的汉堡，配料是薯饼,要加切达奶酪、加洋葱、加肉汁,还要调味炸薯条、原味炸薯条、香蕉片。"耶稣"累惨了!我也是!因为当我终于端着他们的第一批食物抵达时(在此之前因为要帮他们加点,我又跑了三趟),其中一个大概自以为是黛安娜王妃的女人,竟然拒绝把鸡肉条跟松饼及香肠特餐一起吃,因为她现在才说,她点鸡肉条是要当作前菜的。其他人原本可以接受眼前的食物,但已经在喝第三杯啤酒的"黛安娜王妃"却坚持,在他们吃前菜的时候,其他食物都要被端回厨房去。同时,那些雅痞正召我过去帮他们添更多无因咖啡,而那对黑人夫妇看起来就像随时要叫美国有色人种促进会(NAACP)的人来抗议一样。

接下来发生的事情,大多淹没在一片战云中。"耶稣"开始撑不住了,他面前的小打印机吐出点餐单的速度比他把单子撕下来的速度还快,更别谈赶得上进度出餐了。一种逼人的躁动不安开始从客人之间升起,而所有的桌子都坐满了客人。就连坚不可摧的爱伦都因压力显得脸色苍白。我把24号桌重新加热的主菜拿去,他们立刻要我将菜退回厨房,理由不是太凉就是被烤得太硬。当我带着他们的托盘回到厨房时(一次拿三个托盘,连跑三趟),乔伊双手叉腰等在那里质问我:"这是什么?"她的意思是指食物:好几盘被退回的煎饼、各种口味的炸薯饼、吐司、汉堡、香肠、蛋。"呃,切达奶酪炒蛋,"我试着回答,"而那是——""不对,"她对着我的脸尖叫,"它是传统炒蛋,巨无霸炒蛋,还是特制炒蛋?"我假装研究菜单找寻线索,但混乱的程度已经达到顶峰,不止那些餐盘如此,我的脑袋也一样。而且我得承认，我已经根本想不起原始的点餐内容了。"你不知道特制炒蛋跟传统炒蛋的差别？"她狂怒地逼问我。事实上，我唯一知道的是，我的双腿已经没兴趣再继续支持下去，它们大喊着要弯下来。我被一个雅痞给救了（老天慈悲，不是我负责那桌的雅痞们），因为他选择在这一刻冲进厨房里，大吼他点的食物已经过了25分钟还没来。乔伊尖叫着请他滚出她的厨房，接着暴怒地朝"耶稣"发火，顺便把一个空托盘扔到厨房另一头以示愤怒。

我离开了。我没有大喊"我不干了"，就只是离开。我没有完成分内的杂项工作，也没有从收银柜台那里拿走我的小费（如果有的话），更没有要求乔伊允许我走。而令人惊讶的是，我真的可以不经允许就走出去，门会打开，厚重的热带夜晚空气会散开来让我通过，我的车也仍然停在先前停的地方。走出餐厅，我没有沉冤得雪的感觉，也没有骂了"去你的！"之后的爽快，只有招架不住的沉重失败感笼罩着我和整个停车场。我带着科学精神开始从事这项实验，以为它就像一道数学命题，但在实验的过程中，太长时间工作，太需要不计一切专注在眼前的事情上，使我不知不觉变成一个眼界狭窄的人。这场实验变成对我的试炼，而显然我没通过。我不只没能力身兼客房服务员和餐厅服务员，也忘了把小费给乔治。对此我感到很难过，也许只有像盖儿和爱伦这种辛勤工作又慷慨的人最能理解其中缘由。我并没有大哭，但多年来我第一次发现，我的泪腺还在，而且仍然有实力发挥它的功能。

我搬出拖车公园的时候，把 46 号拖车屋的钥匙交给了盖儿，并设法把我的押金转给她。她告诉我，琼还住在她的箱型车里，而斯图已经被炉边餐厅开除了。根据最新传闻，他通过餐厅电话订的毒品是快克，而且他被抓到偷收银机里的钱来付账。我一直没打听到后来乔治怎么样了。

第二章　在缅因州擦擦抹抹

我之所以选择缅因州，是因为那里的"白"。几个月前还是春天的时候，我应邀到波特兰地区一所地方大学演讲。当时我就吓了一跳，因为那里的人口结构简直像染上了白化病一样，不只学校教授和学生是白人（这当然并不少见），就连酒店的客房服务员、街上的乞丐，以及路上的出租车司机也都是。而且出租车司机不但是白人，还说英语，至少是某种省去 R 音的新英格兰腔英语。这也许不会让缅因州变成让人想久待的理想场所，但对于一个满口英语的蓝眼睛白人而言，这里可以成为渗透到低薪劳工市场的完美地点，因为不会有人问你任何问题。还有一个加分的地方是，我在春天那趟波特兰之旅期间发现，波特兰地区的企业界简直是在哀求新鲜劳力加入。地方新闻台鼓励观众去一家电话营销公司试试看，因为那家公司特别提供"妈妈班表"。当地摇滚音乐电台则在宣传招聘会，你可以去那里逛逛各种雇主摊位，就像到购物中心一样，而且还能摆出一副很难取悦的高姿态。我在决定以底层劳工身份返回缅因州之前，从《波特兰先锋报》(Portland Press Herald) 官方网站下载了招聘广告，结果我的台式电脑因为下载量太大而喘得要命。我浏览过的上千则招聘广告中至少有三则保证提供"有趣、自在"的工作环境，我仿佛看到下午休息时间，一群穿着法兰绒衬衫的工作人员愉快地谈笑风生，边喝苹果汁边吃甜甜圈。我做出如下推论：也许当你把一整个州都交给白人自己管的时候，他们会善待彼此。

8月24日，星期二，时节还是夏天，不过每个购物中心都响起开学大甩卖的促销声，吸引人们注意。就在这天晚上，我抵达波特兰的旅程（Trailways）巴士客运站。时间已经太晚，我来不及去廉价租车公司拿车子，只好搭出租车前往6号汽车旅馆，那是我的临时基地，我会待在那里，努力让生活过得像一般公民，也就是找到一份工作和一个稳定住处。所以我离开家和同伴，跑到3000多千米外这个人生地不熟的地方。我几乎谁也不认识，对这个地方最基本的地理、天气和吃饭的好去处都一无所知。我想大家都会同意，除非你是被纳入某种证人保护计划，否则做这种事情绝对是在冒大险。但我还是理性地告诉自己，像这样突然落入未知境地，其实跟时常发生在真正贫穷者身上的突发状况差不了多少，她们的生活往往因此被弄得乱七八糟。比如突然失去工作、车子或保姆。也可能她们一直跟母亲或姊妹住在一起，但由于母亲或姊妹的男友要回来住，或另一个反复无常的家庭成员要回来，结果她们就被赶出来，一下子变得无家可归，最后落到这步田地。我也到了这步田地，而且长这么大以来，我从来没这么毫无头绪又孤独过。

匿名戒酒会要求戒酒者采取的步骤之一，是"对自己进行彻底而无惧的道德检视"，而现在，独自在汽车旅馆房间里的我，正几近执迷地检视所有家当，检查它们到底有多少，以及能维持多久。我带了一台笔记本电脑跟一个手提箱，手提箱里装着T恤、牛仔裤、卡其裤、三件长袖衬衫、一条短裤、维生素，以及花花绿绿的化妆品。我还带了一个装满书的大型侧背袋，在经过检视之后，这袋书跟我带来度周末用的登山靴都被打入最无用的东西之列。我有1000美元现金，以及皱皱地塞在口袋里的一些零钱。我现在每晚付出让经济拉警报的59美元，换来一张床、一台电视、一部电话，外加直接对着第25号公路的视野。在美国，廉价汽车旅馆可以分成两种：第一种是汉普顿旅店（Hampton Inn）型的，它们与其说是有装潢的旅馆，倒不如说是一些标准化的房间，充满一种逼人的冷硬氛围；至于第二种旅馆，它们的悠久历史体现为地毯上的污渍、徘徊不去的陈年烟味，以及床底深处的奇多奶酪饼碎屑。我住的6号汽车旅馆就属于第二种，从某方面来说，这使得它比较有家的味道；但另一方面，你也可以说这使得它更阴森。走出旅馆大门后，经过贵宾汽车零件行（VIP Auto Parts）的停车场，就会抵达附设便利店的德士古（Texaco）加油站。要从加油站步行穿越高速公路到对面去，可以说是一项需要速度和胆识的壮举。通过这项考验之后，你会抵达比便利店实在一点的粮食来源地，包括一家必胜客和一间连锁杂货店。J. G. 巴拉德（J. G. Ballard）在他那本悲惨小说

《水泥岛》(Concrete Island)里，描写主人翁出车祸撞上安全岛后，发现自己被道路两边的车流困住，无法离开那座安全岛，被迫只能靠自己车上的东西和捡拾路上汽车驾驶员丢弃的食物残渣过活。如果拿他的状况来比，我是前进了一大步。我把比萨和沙拉买回旅馆房间当晚餐吃掉，同时告诉自己，冒着生命危险所获得的食物，吃起来必定会比原本好吃，就像刚从野外猎回来的新鲜鹿肉一样。

除了逃犯和难民，有多少人曾经像我这样，把过去的一切人际关系和日常生活一笔勾销，对堆积如山的电子邮件和语音留言说拜拜，然后从头开始，身上除驾照和社会保障卡之外，跟自己的过去几乎没有任何联系？我对自己说，这应该是个令人振奋的情况，就像扑通跳进新英格兰附近冰冷的大西洋中，然后悠闲地在波浪之间泅泳。但在波特兰的最初几天里，属于我真正社会阶级的焦虑不安接管了一切。受过教育、拥有专业技能的中产阶级人士，永远不会让自己鲁莽地冲向未来，对任何突然跳出来的意外状况毫无招架之力。我们永远有计划，或至少有某种待办事项清单，因为我们喜欢每件事都在预期之内；在某种意义上来说，我们的生活已经预演过了。所以，如今我到底在这里做什么？又该以什么顺序来做呢？我需要一份工作和一间公寓；但若要得到工作，我就需要一个联络地址和电话号码；而若我想租到公寓，就要证明自己有稳定工作。我唯一能想出的计划就是每件事同时进行，同时一面希望6号汽车旅馆的接线员小子能充当我可以信任的答录机。

我在钳子超市（Clipper Mart）买的报纸上发现意料之外的消息：波特兰没有出租公寓。实际上，这里有很多大楼式公寓和附客房服务员的公寓，月租1000美元或以上，但仅有的低租金房似乎都挤在往南开车约30分钟的地方，那里有个名称使人安心的小镇：老果园海滩（Old Orchard Beach）。但即使在那一带，租金还是高到跟基韦斯特不相上下，一间经济型公寓的月租超过500美元。打了几通电话之后，我的想法得到证实：穷人冬季住在汽车旅馆，到了夏季，这些房间则会被更富裕的人占据。[1] 劳动节之后租金降低，但租约将在6月到期。那么，何不考虑合租呢？老果园海滩镇上的格林伍德公寓（化名）推出一周租金65美元的公寓，卫浴和厨房部分跟一名女子合用。房东在电话中形容那名女子"有个性，但干净"。我心想，嘿，那不就是我嘛，看来她会是我的新贴心密友。我参照在钳子超市买的地图，在早上10：00左右抵达这个海边小镇。这里正在衰落，而且显然没有果园。厄尔带我参观格林伍德公寓，并再度强调我未来的室友"有个性，但干净"，并补充说明他们正在"给她一个机会"。我询问她是否有工作，答案是有，她从事清洁工作。但我没机会遇到她了，因为这个地方可怕到很可能是非法场所。我们进入这座介于汽车旅馆和寄宿公寓之间的摇摇欲坠的建筑，到达地下室。

---

1 这种情况在科德角（Cape Cod）也一样，高涨的公寓和房屋租金正把劳工阶级逼入汽车旅馆。这些汽车旅馆房间可能冬天一个月租金是880美元，到观光季节却骤升到1 440美元。《科德角时报》（*Cape Cod Times*）曾描述许多家庭4个人挤在一个旅馆房间里居住，用微波炉煮饭，在床上吃饭。引自迈尔斯（K. C. Myers）所撰《最后的度假地》（"Of Last Resort"），《科德角时报》，2000年6月25日。

厄尔指出一扇关着的门，说那里是厨房，但我们现在不能进去，因为有一个家伙正睡在那里。他扑哧一笑，仿佛睡在厨房里不过是房东必须忍受的房客小怪癖之一。我怀疑地问道："那要怎么开伙？""反正他不是一直都睡在那里。"厄尔回答。房间本身就在厨房再过去的走廊上，大小只有我在6号汽车旅馆的小前哨站的一半，里面有两张没铺的单人床，一个二斗柜，天花板上有几颗电灯泡，然后就什么也没了。没有任何窗户。呃，在天花板附近是有一个窗户状的构造，但你只看得到那上面一层厚厚的灰尘，大概跟从坟墓里往上看的景象差不多。

我走回镇上的主要街道，在码头附近的付费电话旁设立了我的"办公室"，我在那里约好了再去看几间公寓，完全不考虑合租了。在海风公寓，一个看起来挺瞧不起人的大块头告诉我，这里绝不会有什么问题，因为大家都知道他是个退休警察，他女婿也是警察。但我不晓得这是一种保证，还是一种警告。他还说，大家都知道，住这里的另一个优点是：他不会让太多小孩子住进来，而且能住在这里的孩子都不会惹任何麻烦，他可以拍胸脯保证。但租金是每周150美元，所以我前往下一站比亚里茨公寓。一个愉快的姑娘带我看每周租金110美元的经济型公寓，那里没有电视、床单和餐具。我不喜欢的地方是，它位于一楼，就在一条交通繁忙的商业街上，意思是我必须在隐私和采光上二选一。呃，其实我不喜欢的不只是这点，但这就够了。我垂头丧气地返回波特兰，但就在回程路上，我注意到1号公路上的蓝港汽车旅馆有公寓要出租。这地方看起来好可爱，有种阿尔卑斯山的感觉，几排白色的小房子贴着深蓝色的松木，所以我停下车来。一周付120美元的租金，我就可以有客厅、一个独立厨房、床和床单，还可以看有线电视，直到电视公司发现前任房客不再缴钱为止。更好的是，押金只要100美元，我当场就付了。

若再给我几天或几周的时间，也许我可以租到更划算的公寓。但6号汽车旅馆正以每天59美元的速度吃掉我的老本，而且那个地方越来越像巴拉德小说里的场景。住在那里的第三天下午，我回房时发现钥匙竟然开不了房门。原来那是经理用来引起我注意的方式，暗示我又该交钱了。但那一刻我感觉真的很糟，而且这种感觉久到足以让我瞥见一个没有牙刷或换洗衣物的未来。

现在，我得找工作。我在基韦斯特的经验里学到，尽可能应聘越多工作越好，因为就算贴出招聘广告，也不一定表示雇主当下立即需要人。由于观光季节结束，服务生工作也不是很多，不过反正我也想找寻新挑战。由于着装上的限制，我将接待员工作排除，因为不只我的手提箱里没装那么多衣服，连我真正家中的衣柜里也没有足够穿上一周的正式服装。所以我四处打听保洁工作（包括办公室和家庭保洁）、仓库与养老院工作、生产线工作，以及一种叫作"万能帮手"的工作，这名称听起来又和善又无私。找寻低薪工作的过程会使人感到自己很卑微，因为你必须把自己（包括你的精力、你的微笑、你真实或假造的生涯经历）呈现给各式各样的人，而他们就是对你提供的东西提不起兴趣。我去一个墨西哥玉米饼工厂应聘，工作内容只是把生面团放到传送带上。面试我的是一个满脸不耐烦的秘书，她连"嗨，你好"都懒得说。我也去了善意（Goodwill）公司，我对这家公司很好奇，因为我从过去的研究中得知，这家公司一直在全国各地营造形象，仿佛被踢出福利制度的穷人和残障者最理想的雇主就是它了。我填好应聘表格后被告知，薪水是一小时7美元，有人会在两周后通知我是否录用。整个面试过程是在一个仓库中进行的，大约有30名男女同时在那里整理一箱箱旧衣物。从头到尾没人跟我有过眼神接触。呃，实际上有过一个人。当我找寻出口在哪儿的时候，我注意到一个枯瘦、身体畸形的人，他用一只脚站着，另一只脚自膝盖以下向后缩起。他恶狠狠地瞪着我，双手仿佛游泳一般在头顶上挥舞，如果不是在平衡身体，就是在赶我走开。

并不是每个地方都如此冷漠。一家位于郊区的沃尔玛超市在举办一场"招聘市集"，于是我坐在一张绑着几个气球的桌子旁（这是像"市集"的那部分），等待一位名叫茱莉的女子。我等了大约10分钟后，她神色慌张地出现。她向我解释，她之所以会紧张，是因为她只在外场工作过，没面试过任何人。不过，还好只要完成一份4页的"意见调查表"，面试就算大功告成。她向我保证"答案没有对错"，我只要从"完全同意"到"完全不同意"之间的10个等级里选出适合的来表达个人意见就好。[1] 就像

1　玛格丽特·塔尔博特（Margaret Talbot）曾在《纽约时报》指出"人格测验在工作场所正当红"，它如今已成为一项每年有4亿美元商机的产业。《纽约时报》，1999年10月17日，第28页。

我在基韦斯特温迪克西公司接受过的入职前测验一样，调查表上有一些常见问题：例如看到一名同事在偷窃时，应该原谅那名同事还是呈报上去？若事情出了错，是否该怪管理层？当你有好理由的时候，是否可以迟到？不过这份调查表却透露出一种对大麻的异常执着，仿佛制表者是个努力想融入社会的认真毒虫。我必须表达意见的题目包括："有些人在有点 high 的时候工作表现比较好"，"每个人都会抽抽大麻"。还有匪夷所思的一题："大麻就跟一种酒一样"。嗯，哪一种酒？我很想这么问。"一样"的意思是什么？是指化学成分上还是道德意义上？还是我该写一些俏皮话，例如"我不知道，因为我不喝酒"。茱莉告诉我，薪水是一小时 6.5 美元，但很快就能涨到 7 美元。她认为我在女装部会做得很好，我跟她说我也这么想。

　　这种测验到底能让雇主对应聘者有多少了解，我实在想不出来，因为只要对主从关系稍微有点经验的人，就很容易知道"正确"答案是什么。我能跟别人和睦共事吗？当然能，但绝没有和睦到看见她们不小心犯错时会迟疑要不要呈报上去。我有没有独立做决定的能力？有啊，但我会聪明地不让这种能力妨碍我像奴隶一样服从命令。在一个叫"女佣"（The Maids）的家政公司里，面试人员要求我做一份名为"惊准人格测验"[1]的东西，这份测验一开头就警告受试者："惊准人格测验经过特殊设计，可检测受试者是否提供了造假或'装疯卖傻'的答案。"当然啦，我

---

[1] 原文为"Accutrac Personality Test"，是拿精准（accurate）这个字的谐音做文章。——译者注

"从来不会"觉得"停止自怜的心情"很难,也不曾想象其他人会在背后谈论我,更不相信"管理层和雇员永远处于对立,因为两边抱持的目标截然不同"。我的结论是,这些测验的真正功能并不是提供给雇主信息,而是在向应聘者传达以下讯息:在我们面前,你不能有任何秘密;我们不只要你身上的肌肉、控制肌肉的大脑机能,还要你最深处的自我。

这次找工作让我学到重要的一课:即便有那么多招聘广告和招聘会,波特兰仍旧是一个时薪6到7美元的城市。这点对经济学家的冲击,应该像外星辐射对天文学家的冲击一样才对。若劳力供应比需求少,工资应该会升高才对,不是吗?这不就是供需"法则"吗?当我到快乐女佣(Merry Maids)家政公司应聘时,我未来的雇主把我留在那里1小时15分钟,其间几乎都在抱怨要找到稳定的帮手有多不容易。其实解决方法不难想到,因为一周平均40小时的工作,她只提供200到250美元的薪资。"别把那换算成时薪来想,"她警告我,因为她看到我皱着眉在做这道算式不长的除法,"我们不那么算。"但我是这样算的。此外,这名女子毫不保留地透露工作风险:需要大量体力,并很可能因为肌肉过度使用而受伤。在我看来,只提供时薪5到6美元的薪资,似乎保证留不住任何会基础算数的应聘者。但我逐渐明白,就跟在基韦斯特的时候一样,光做一份工作永远不够。在这个新版的供需法则中,工作是如此廉价(以薪资来衡量的话),以至于劳工必须尽可能找越多工作越好。

在波特兰和周围地区散发了两天应聘表格后,我逼自己坐在6号旅馆的房间里等电话。我被困在这里,因为蓝港要到周日才能入住。坐在这个房间里等电话,比我想象的还难,因为房间既小到不能踱步,又脏到没办法做白日梦,就算我没这么焦虑也一样。幸运的是,电话在中午前就响了两次。我立刻接下前两个工作,动机与其说是认真的经济考虑,倒不如说是对这个房间的幽闭恐惧。一家养老院以7美元时薪雇我担任周末班,工作从明天开始。此外女佣公司则很高兴地宣布我"通过"惊准人格测验了,周一早上7:30就可以开始工作。在我所有应聘过的家政公司中,这是最友善且薪资最高的一家,时薪6.65美元,虽然若我有一天没来上班的话,就会连续两个星期调降成6美元,以示惩罚。[1] 我不太明白家政公司具体做些什么,而它们和中介的差别又何在,但女佣公司的办公室经理泰咪向我保证,工作内容很容易上手又简单,因为"动手清理是我们的本能"。在快乐女佣听过那些工作风险后,我不太确定这份工作会多"简单",但我猜我的背应该能撑过一周。照理我们应该会在每天下午3:30左右结束工作,这就让我在工作日下午还有很多时间可以找工作。举例来说,我就看上一家离蓝港旅馆10分钟车程的薯片工厂;再不然,我总可以找一间李奥·宾恩(L. L. Bean)户外用品店,坐在一张希望是符合人体工程学的舒适椅子上,填写索取商品目录的申请单。这个计划终于有点像样起来:从家政业跳槽到更好的

---

[1] 劳工统计局(The Bureau of Labor Statistics)发现,全职的"私人住房劳工及帮佣"在1998年的每周收入中间值是223美元,比三口之家的贫困户收入标准还低23美元。而在女佣公司,一周40小时的工作周薪则有266美元,比贫困户标准高20美元。

工作岗位，当中还有养老院的工作帮我度过转换期。为了庆祝，我到苹果蜂（Applebee's）餐馆吃晚餐。含小费在内，我花11.95美元点了一份汉堡和一杯红酒。我坐在吧台旁，一面别无选择地看娱乐与体育节目电视网（ESPN），一面把晚餐吃光。

来到波特兰整整第4天的时候，我早上4：45起床，以便能准时抵达木冠疗养社区（化名），在7：00开始上工。我是饮食助手，听起来挺重要又具有技术性，而且一开始，这份工作似乎没什么大问题。我能穿自己的衣服上班，也就是T恤配卡其裤或牛仔裤，除此之外只需依规定戴上发网，再加上我为了谨慎起见而围上的围裙。我甚至不需要带午餐来，因为我们能在住户（我们尊敬地如此称呼他们）用完餐之后，随意吃任何还剩下的食物。我的督导是琳达，她是一名年约30岁、面相和蔼的女子。她甚至还花时间向我简短介绍我的权利：我不必忍受任何人的性骚扰，特别是罗伯特，尽管他是老板的儿子。不管发生任何问题，我都可以直接去找她。我有种感觉，若能不时接到与罗伯特有关的投诉，她会很满意。另一方面也有严格规范，不能在工作上发生任何危及生命的错误，例如有些周末班的青少年把黄油块放在一个照明设备上，结果化掉的黄油流到地上，形成一块滑溜溜的危险地带。不过这意思不是说她认为我会做这样的事。今天我们要在封闭的阿尔茨海默病院区工作，把早餐从楼下的中央厨房拿到院区的小厨房，服侍住户吃饭，进行清理，之后再为他们的午餐做好准备。

对于身为前任服务生的我而言，这不是难事。住户们在早餐准备好之前40分钟开始三三两两地进来，有的用助行架走路，有的坐轮椅，有的则以僵硬的动作自行走来，然后就谁坐在哪里短暂地混战一番。我四处跑来跑去倒咖啡（琳达警告我，只能给他们无咖啡因的，否则情况会变得一团乱），接受他们"点餐"，试着把这里想成一间餐厅。虽然我还是忍不住想，如果是在一般餐厅，很少有客人闻起来会像刚在内裤里留下一团排泄物一样。若有人拒绝我们提供的法国吐司，琳达和我就会做烤面包或花生酱三明治。因为喂他们吃东西（特别是早餐）的用意就是让他们快速吃下东西，以免他们因为血糖过低而一头栽进面前的餐盘里，或者逃到走廊上去。有时候我会需要跑来跑去，但不太需要担心忘记他们点什么，因为我们的"顾客"本身在记忆这方面也不是很行。我努力记住她们的名字：玛格丽特，她到达食堂的时候手中紧抓着一只泰迪熊，腰部以下只有一条尿布；葛瑞丝，她责难地瞪着我，硬要我把她的咖啡重新添满，即便那杯咖啡她根本连碰都还没碰；拉蒂是一名必须时时监视的糖尿病患者，因为她会从别人的盘子里偷甜甜圈来吃；露西则会把她的法国吐司弄软，方法是把柳橙汁倒上去，同时泼个满桌。露西是脑袋比较清楚的人之一。她问我叫什么名字，我告诉她，接着她就嗤笑着大叫："芭芭拉·布什！"即便我拼命抗议，这个笑话在整个早餐过程中还是重复了两回。

可怕的部分是事后清理。我事先并不知道，原来饮食助手的工作在很大程度上等于洗碗工。连同和住户一起进来取食的护士和认证护理助理（CNA）在内，总共有约40人的餐盘要我清理。我必须用手把盘子上没吃完的食物扒进厨余桶，冲洗盘子，泡一下肥皂水，把它们堆上一个架子，最后再把架子装进洗碗机里。而最后这个动作，需要我把重达 7 到 9 千克的一整架盘子举在身前，然后弯到快要贴地的位置。等洗碗机把盘子洗完后，我得让盘子降温到可以用手碰的程度，再把盘子从架子上取下，然后重新把另一架待洗盘子装进洗碗机，同时继续清理桌子，喂饱那些姗姗来迟的人。保持整个过程顺畅进行的秘诀在于随时准备好一架脏盘子，每当有一架盘子洗好，就立刻把另一架脏盘子装进洗碗机洗。我从 6 岁开始就会洗盘子，我母亲把这项任务交给我，好让她能及时在饭后来根烟，而我也不讨厌跟水打交道，但在这里，我只能竭力跟上洗碗机吐出盘子和脏盘子涌进来的速度。当盘子的情况可控时，琳达要我用吸尘器清理食堂地板，但吸尘器对那些黏黏的碎屑根本没什么用，所以我只好不断爬到桌子下，用指甲把糊状的松饼从地板上抠掉。

我在上午休息时间和皮特一起抽根烟，他是在中央厨房当班的两名厨师之一。早上我 7:00 刚到这里的时候曾和他聊了几句，那时琳达还没出现。他问我三个问题：你打哪来？现在住哪里？结婚了没？我对最后一个问题简短作答，暂时省去男朋友的部分不说。

我之所以这么做，部分是因为去谈一个现在明明没和我住在一起的"同居男人"，似乎没什么意义；另外一部分是因为我很没出息地希望能拉拢皮特，无论以什么形式都好。就我对饮食助手这个工作的理解，我对厨师的依赖程度就跟当服务生时一样。厨师可以让侍者的生活在一定程度上变得轻松，也可以害她摔得很惨。所以我跟他一起到停车场，坐在他的车子里抽他的万宝路，感觉很怪，就像在约会，只不过车门全部打开，以便让烟飘出去。我喜欢这个地方吗？还不错，我这么告诉他，而且因为我爸爸最后是在一个阿尔茨海默病看护中心过世的，所以我对这里几乎有种家的感觉。说来令人毛骨悚然，但这句话却是真的。他警告我要小心莫莉，她工作效率很高，但会放暗箭伤人。琳达还可以，但上周她对皮特很严厉，因为皮特不小心在一名糖尿病患者的餐盘上放了一道甜点（无法到食堂用餐的住户，会由厨房把他们的餐盘准备好送过去）。但她以为这里是哪儿？是医院不成？听着，没有人能活着走出这里好吗？除此之外也要注意里昂，他有跟踪女性同事一路到工作间里头的习惯。

事实上，每个人你都要小心，因为这个地方流言充斥，无论你说了什么，几小时内全部人都会知道。那我平时都做什么消遣？"阅读。"我这么告诉他。不喝酒或狂欢作乐？我拘谨地摇摇头，感觉自己真像个假道学，一个毫无八卦价值的人，连对唯一在场的皮特来说都是如此。

我应该在此声明，我们并没有谈到任何有关男朋友的事。皮特大概比我小10岁（他似乎不知道这点，而我也看不出有说破的理由），此外即便他长得和一名知名喜剧演员惊人相像，却没有任何明显的幽默感可言。若他告诉我的都是实话，那他跟我一样是个冒牌货（虽然这点他也不知道）。他告诉我，他一小时只赚7美元，虽然他在餐厅随便做就能赚得更多，但他不在乎，因为他几年前赢了一场大赌局，后来还做了一些成功投资。但我忍不住想，如果他真的很有钱，为什么还要开这辆生锈的破铜烂铁？他的前排牙齿怎么会这么参差不齐又稀疏？还有，一个有自尊心的厨师怎么会想待在这种毫无调味艺术可言的工作环境里？这里有三分之一到一半的食物才刚做好就被打成泥了。但当然，我问出口的完全是另一种问题：你有这么多钱，为什么还要工作呢？噢，他试着待在家里，但人会因为关在家里太久而受不了，你知道，甚至觉得自己像个被遗弃的人。不知为何，这些话比他在财产上撒的谎还能触动我，因为，这个在他的形容中如此问题丛生而不健全的地方，毕竟还是一个真实存在的人类群体。我要不要找一天，下班后跟他一起到海滩上散个步呢？呃，那不错啊。然后我就快快闪人，回去准备打起精神应付午餐。

令我惊讶的是，到了午餐时间，好几个较有知觉能力的住户似乎还认得出我。其中一个人在我把火腿排端给她的时候抓住我手臂，低声对我说："你是个好人，你知道吗？"之后每当我端一样东西给她，她就重复一遍这句赞誉。另一位住户告诉我，我看起来"美极了"。有一名护士甚至真的把我的名字记起来了。于是我想，这行得通的，我会在这片因痴呆而形成的黑暗中，成为一座闪闪发光的灯塔，在某种正义的轮回中，补偿我父亲在一个比这里更缺乏关爱的地方所受到的冷漠对待。我愉快地补上他们特别加点的冰激凌和烤奶酪三明治，并对再三拿芭芭拉·布什来开我玩笑一笑置之。我心中这股圣人般的心情持续着，直到我替一名皱成一团的小老太太重添牛奶为止。这名小老太太有一头狂乱的白发，看起来就像被硬塞进轮椅里然后压扁了一样。"我要丢你。"她似乎这么说。当我弯下腰去确认她这项不太可能的愿望时，这名老淘气鬼把整杯牛奶丢到我身上，我的卡其裤从胯部直到脚踝被弄得全部湿透。"哈哈，"我往昔的仰慕者们放声大笑，"她尿湿裤子了！"但至少，在这个奇怪的白人之州，我不再是皮特所说的被遗弃者了。我已经被纳入一个充满八卦和阴谋的世界里，成为其中一员，并受到最白的液体的洗礼。

周六是我在 6 号旅馆的最后一晚，而我拒绝瘫在房间里度过。但一个没有钱又不爱狂欢作乐的人能做些什么？在这个星期之中，我有好几次开车经过市中心的"解救"教堂，光是这个名称就给人一种可怕的吸引力。难道里面的会众完全没听说过詹姆斯·迪基那本小说和后来拍的电影？[1] 或者其实更糟：这帮基督徒根本很清楚那个在树林里强奸同性的故事？挂在教堂前的幕布正在宣传周六夜间的"帐篷奋兴布道会"[2]，听起来真是适合一个孤独无神论者的完美娱乐呢。我开车穿过一个充满废弃仓库的阴森地区（迪基退散！），直到帐篷在黄昏中阴森地庞然矗立在前方。从娱乐角度来看，不幸的是，大约 300 张折叠椅之中，只有 60 张左右有人坐。我看到三至四名有色人种，包括非裔和我猜是墨西哥裔的人，除此之外全是看起来相当悲惨的乡巴佬。从遗传学上说来，这些乡巴佬正是我的同乡（艾伦瑞克是我婚后的夫姓，

---

[1] 詹姆斯·迪基（James Dickey）曾写过一本与该教堂同名的小说，后来被改拍成电影《激流四勇士》(Deliverance)。故事中，4 名来自文明世界的男性进入蛮荒地带探险，遭遇当地原住民攻击与性侵害，后来两方互相仇杀，展开一场文明与蛮荒的冲突。——译者注

[2] 奋兴派是基督教新教清教徒中的一个流派，旨在鼓动宗教狂热，谋求教会复兴。该派的主要传教方式便是"奋兴布道大会"。——译者注

我娘家的姓是亚历山大，源自肯塔基州）。

我跟一位坐在附近的女子闲聊。"晚上天气不错"，"你从很远的地方来吗？"诸如此类，然后她把《圣经》借我，因为我似乎是现场唯一没有自己带《圣经》来的人。台上大约有10人，当其中一名男子要我们站起来开始唱歌时，我感到松了一口气，因为对我过度劳累的背来说，坐在折叠椅上实在是一种折磨。我挺像回事地跟着节奏拍手、摇晃身体，最低限度地参与着。现场有几个真正的能手，他们狂喜地投入音乐中，眼睛紧闭，双臂高举向天，显然正等着"说方言"（glossolalia）[1]状态降临。

但还没有好玩的事情发生，布道就开始了。一名穿着不正式服装的男子告诉我们，《圣经》是一本多么神奇的书，他还哀叹人们买那么多没用的书，其实真正需要的只有这一本。有些人在电视上告诉你要读一些（世俗的）书，然后"它就上来了，你们知道……那个词怎么说来着？"我想他要说的应该是"销量"，但没人想得出答案来帮他，"反正，它可以是300，然后突然就降到1/10"。啥？接下来是一名墨西哥裔人士接掌麦克风，他双眼紧闭，连珠炮似的说我们欠了被钉上十字架的基督多少债。接着是一名较年长的白人男子，他指责这个"邪恶城市"，说它如何异端，没有为教会复兴做足贡献。毕竟复兴是需要花钱的，你知道，这座帐篷可不会自动搭起来。他继续说："我们谈的是经费，不是为了自己而赚钱，如果你想到耶稣奉献了多少，才让我们可

---

[1] 源于希腊文"glossa"和"lalia"，意为"舌头"和"饶舌"。指某些基督教团体成员礼拜时，在强烈的宗教感情鼓舞下发出的狂喜言词，被认为是"语言恩"，是对神而不是对人讲的，因此旁人听不懂是什么意思。——编者注

以和他在天堂一起享受永生……"

我忍不住让思绪飘到另一个地方,思考阿尔茨海默病对灵魂永生理论来说有什么含义。如果临死前的生活状态是紧抓轮椅扶手,45度角仰头,大张着眼睛和嘴巴,既看不见也说不出话,就像我在木冠照顾的许多人一样,那谁还想要死后永生?我们永生的灵魂会停留在死亡当下的状态吗?如果是,那天堂看起来一定就像木冠,有很多认证护理助理和饮食助手在那里,照顾以心智不健全状态死去的人。或者,我们是以巅峰状态的灵魂永生的?也就是我们心智能力最高、道德上最具有勇气的时刻?如果是这样,那么痴呆的糖尿病患者吃不吃小蛋糕都一样,因为从纯粹救赎论的观点看来,这些人已经死了。

布道持续下去,中间穿插着信徒们尽职尽责的"阿门"声。如果有人能对这些眼神悲惨的人读一读《山上宝训》[1],顺便来一场激励人心的演讲,评论一下收入不平等的状况,表明最低标准薪资也需要"登高"一下,一定会很不错。但耶稣在这里只作为尸体出现;那个活着时的他,那个会狂饮红酒的流浪者和早熟的社会主义者,还有他曾说过的话,一次也没被提到。耶稣把世俗教条钉上十字架,而也许,现代基督教真正在做的是把耶稣一次又一次钉上十字架,好让他再也无法说出半个字。我是想留下来继续听的,说不定能见证"说方言"的场面,但台上那些人大谈基督的宝血,搞得蚊子们叮性大发,开始疯狂攻击我。我算准时

---

1 指《新约圣经·马太福音》第五至七章。主要内容为耶稣带领门徒到山上讲述各种行为美德。——译者注

机,在台上那名布道者的头像节拍器一样转向另一边的时候,赶快起身离开。我走出帐篷寻找车子,在黑暗中,我心里半是期待会发现一个嘴巴被布塞住、身体被绑在帐篷柱子上的耶稣。

周日的时候,我终于搬进蓝港旅馆。我太高兴能离开6号汽车旅馆了,因此这个新居的缺点看来似乎没那么严重,甚至一开始还有点可爱。首先,因为屋子的一部分被汽车旅馆主人的工具棚占掉,屋内空间比我记忆中来得小,也导致房子的部分功能不幸地混在了一起。由于马桶离厨房的狭小餐桌不到1.2米远,我必须关上浴室门,才不至于觉得我是在厕所里吃饭。此外,床头跟厨房炉子的距离大约只有2米,结果我被自己庆祝搬进新居而煎的比目鱼味道熏了一整晚。我唯一可以进行的烹饪方式差不多就是油煎,因为厨房的配置只有一个煎锅、一个盘子、一个小碗、一个咖啡机跟一个大玻璃水杯,真是够寒碜的。所以,在这间屋子里生活的秘诀就是即兴创作:我把从沙拉吧拿回来的锡箔纸盒回收再利用,当成盘子,再把厨房里唯一的盘子当成切菜板用;至于床正中央凹陷下去的部分,我则把毛巾折起来铺上去,弄得平一点,就可以睡得比较安稳。没什么好担心的,我现在有一个联络地址、两份工作,还有一辆租来的破车。在6号汽车旅馆那几天里一直纠缠着我的焦虑,如今总算开始散去一点。

因为我独自拥有一个完整居住单位,结果成了蓝港社区的"贵族"阶级。我在公共洗衣房里遇到的其他长期住户,都是有制服和连身工作裤要洗的蓝领劳工，一般说来晚上都不吵。他们大多是有孩子的夫妇，看起来跟大家会在情境喜剧里偶尔瞥见的白人劳工差不多。但跟电视里的人物不一样的是，在现实中，我的邻居们是三到四个人挤在一间小房间，共享一套卫浴和小厨房；最好的情况也不过是多了一间卧室。有一名年轻小伙子问我住在哪间公寓，而后他告诉我，他先前就住在我的那一间，只是当时除了他，还有另外两个朋友跟他一起挤。一名带着3岁孙女的中年女子语带安抚地告诉我，住在汽车旅馆里，一开始总是比较难一点，特别是当你本来习惯住独栋房子，但过一阵子之后你就会习惯了，不再去想以前的生活。以她本人为例，她已经在蓝港旅馆住了11年。

我在周一早上7:30抵达女佣公司办公室。我充分休息过，并准备好面对任何可能情况。我对这种清洁服务完全不了解，虽然根据我拿到的手册数据显示，这种服务在全国有超过300家加盟店[1]，但我对家政服务的理解几乎全来自19世纪英国小说和

---

[1] 像快乐女佣、抹丽女佣（Molly Maid）、国际女佣（The Maids International）这类全国甚至国际清洁服务公司，都兴起自20世纪70年代，如今在家事清洁业界有20%～25%的占有率。1997年，《连锁加盟时报》（*Franchise Times*）刊登了一篇关于快乐女佣公司的报道，文章中简洁地指出："该领域正在蓬勃发展，利基市场火热，因为美国人连在家庭里都寻求外援。"见《72个快乐女佣》（"72 Merry Maids"），《连锁加盟时报》，1997年12月。但并非所有的清洁服务公司都生意兴隆，尤其非正式的家庭式公司存活率都不高。就像我曾通过电话应聘过的一家公司，他们甚至连一场粗略的面谈都不需要，只要我能在隔天早上7点出现在公司就可以了。因此所谓的蓬勃发展只集中在全国或国际连锁店这个区块，包括快乐女佣、抹丽女佣、迷你女佣（Mini Maids）、女佣队（Maid Brigade）及国际女佣等机构。而奇怪的是，它们的名称全都在强调这个产业的过时面向，即便所谓的女佣有时可能会是男性。快乐女佣在1996年声称有15%～20%的年增长率，而在我离开缅因州后以电话进行的访谈中，抹丽女佣跟国际女佣的发言人都向我表示，他们公司的营业额每年都有25%的增长率。

《楼上楼下》[1]。有如预兆一般，我在开始工作前的周末竟看到这部剧的回放。我心惊地发现，家仆们穿的黑白制服看起来多么适合他们，而比起那些乳臭未干又以自我为中心的主人，他们又是多么有智慧。我们也有制服，但看起来蠢呆远胜于优雅，不只不合身，颜色还配得太俗丽，鲜绿色裤子配上亮到令人眼睛都快瞎掉的向日葵黄马球衫。除此之外，在书面文字和接下来一天半的训练之中都提到，我们也有特殊的礼仪规定。不能在任何场所抽烟，至少在到达工作的屋子之前15分钟开始就不能抽。在屋子里不能吃、喝任何东西，也不能嚼口香糖。在屋子里不能咒骂，就算屋主不在也一样，而且大概为了要让我们有练习机会，在办公室里也不能讲任何污秽字眼。我刚开始还能幽默自嘲：所以这里就是"楼下"了。但我当然还不知道，这个"楼下"将通往怎样的深渊。

40分钟过去，所有人除了嫌麻烦地对我点个头，对我的存在没有任何其他反应。在此时间，其他约20名员工陆续抵达。她们全都已经身穿闪亮刺眼的制服，取用女佣公司仁慈提供的免费咖啡、贝果和甜甜圈当早餐。全部清洁人员中，除一人之外全是女性，平均年龄我猜近30岁，但年龄跨度从刚加入医疗制度的新人到老鸟都有。大家用完早餐后，把抹布、装着清洁剂的瓶子放进手提塑料桶里，整体上呈现一种愉快的氛围。但令我惊讶的是，除了讲讲自己周末吃了什么（比萨）和喝了什

---

[1] *Upstairs, Downstairs*，一部英国电视剧集，剧中主要角色是住在楼上的上层社会家庭跟住在楼下的家仆们。——译者注

么（果冻酒），她们几乎很少交谈。由于我们聚集的房间里只有两张折叠椅，而且两张都有人坐，另一个新来的女孩和我只好安静又紧张地盘腿坐在地上。同时，其他固定员工则被分成三到四人一组，派去当天要打扫的房子。有一名女子向我解释状况，说明每个队伍不一定会每周回去打扫同一间屋子，也不保证今天跟你工作的组员明天还会跟你同一组。对顾客而言，我猜这是企业式清洁服务的优点之一：不用涉入棘手的人际关系，也不必对清洁人员有罪恶感，因为顾客几乎只跟办公室经理泰咪或分店长泰德沟通。[1] 至于这种服务带给清洁人员什么好处则很难说，因为我听到的消息是，自己当老板的清洁人员最高能赚到1小时15美元。相较之下，清洁服务公司清洁员的薪水实在低得可怜。我在内部办公室等候领制服时，听到在那里办公的泰咪跟一名客户打电话。她跟对方说，女佣公司的收费标准是每派一名人员，每小时就收费25美元。所以我们每工作1小时，公司就得到25美元，而我们只拿到6.65美元？我想我一定听错了，但几分钟之后，我听到她对另一名来电者说出同样的话。所以跟自营业者比起来，在这里工作唯一的优点就是：你不需要找客户，甚至也不需要车。你可以从福利制度（或者

---

[1] 女佣们的薪水、社会保险税、绿卡、背痛和孩子照顾问题等，全都是公司的事，落实到实际操作上，就是当地的分店长在处理。因此若客户或雇员有任何抱怨，都只会向分店长报告，客户和真正为他们打扫的劳工从来不需要跟彼此打交道。由于分店长往往是中产阶级白人，因此对传统的雇主和女佣关系有某种道德焦虑的人而言，清洁服务似乎变成一种理想的解套方案。

在我的情况里，是从巴士站）出来之后直接开工。[1]

最后，当其他人全都坐上本公司引人注目的绿黄相间车子，出发去上工之后，我被带到内部办公室旁边的一个小房间里。那个房间大概只有衣柜那么大，我就在那里通过看录像带来学习怎么做家庭保洁。我先前到另一个家政公司应聘时，那边的经理告诉我，她不喜欢雇用先前曾当过清洁员的人，因为她们会抗拒学习公司体系。所以我准备好要清空我的脑袋，忘掉之前所有的家务经验。录像带一共有四卷：除尘、卫浴、厨房及吸尘。每卷带子都由一名应该是拉丁裔的年轻美女当主角，她会平静地遵从男性画外音的指示四处移动。例如：吸尘时，从主卧室开始；除尘时，从直接连着厨房的房间开始。当你进入一个房间时，要在心里以伸手所及的范围为单位，把空间分成几个小部分。从位于你左侧的单位开始，而在每个单位之内，以从左到右、从上到下的顺序清扫。如此一来，就不会忽略掉任何地方。

我最喜欢"除尘"这卷录像带，因为它有无可否认的逻辑性，以及某种禁欲苦行般的美。当你进入一个房间时，要在一条白抹布上喷上稳洁（Windex）清洁剂，放进你的绿围裙左侧口袋里；另外一条抹布则喷上消毒剂，放在中间的口袋；还有一条黄色抹布要喷上木板光亮剂，放在右侧口袋；另需要一条用来抛光物体表面的干抹布，要放在裤子右手边口袋里。闪亮

---

[1] 我不知道我在波特兰这间女佣分店的同事中，有多少人以前曾有福利制度保障，但在一次电话访谈里，女佣公司马萨诸塞州安多瓦（Andover）分店的店长告诉我，他手下有一半员工以前曾被纳入福利保障制度，而他们跟其他人一样可靠。

的物体表面用稳洁擦，木质表面用木板光亮剂擦，除此之外的所有东西都要用消毒剂抹布擦得一尘不染。不时地，泰德会跑进来跟我一起看，把画面定格在一个特别戏剧化的时刻以强调："看到她怎么在花瓶附近工作了吗？花瓶最容易出意外。"若泰德自己被拍进录像带里，一定会像部卡通片，因为他那张胖脸上的唯一特征，是一对小如纽扣的棕眼和一个哈巴狗鼻，而裹在马球衫里的大肚腩则垂挂到短裤腰带底下。"你知道，这都是经过精密计算的。"他带着某种近似骄傲的神情告诉我。当录像带提到要小心别在抹布上喷太多清洁剂的时候，他把录像带暂停，告诉我喷太少清洁剂也不对，尤其是当这么做会减慢工作速度的时候。"清洁剂比你的时间便宜。"真高兴知道还有东西比我的时间廉价，起码在公司的价值排序中，我排在稳洁清洁剂之前。

"吸尘"是我看得最心烦的一卷，实际上该说是两卷连映。第一卷开场就介绍我们要用的一种背包式特制吸尘器。没错，吸尘器真的用背带套在人的背上。一名声称是这套机器发明者的矮胖家伙在影带里做示范，他背起吸尘器，把胸前跟胸下的背带拉紧，然后骄傲地对镜头说："看吧，我就是吸尘器。"他声称这部机器只有4.5千克重，但实际上我很快就发现，连同其他在背带上晃来晃去的零件，总重量大概有6千克。那么，我那难搞又娇生惯养的腰该怎么办？这位发明者回到人跟机器结合那一套上，指出：若把机器正确地背在身上，我们本身也会变成吸尘器，唯一的限制只有一根连着电源的线，而吸尘器并不会背痛。这些说明搞得我好烦，所以我放第二卷录像带来看。第二卷录像带说明了实际的吸尘程序。我用一种像电影制作者在看电影的方式，带着某种距离感看这卷影带。在影片里做示范的女佣，有可能真的是女佣吗？她在影片里打扫的屋子，又真有人住吗？如果有，什么样的屋主会认为把飞行的绿头鸭画像挂起来就叫装潢？而且房子不但毫无特色，甚至在女佣进来打扫之前就已经一尘不染。

起初我对说明卫浴和厨房打扫方式的录像带感到不大对劲，过了好几分钟才发现为何如此：因为它们几乎完全没提到要用水。我的打扫方式是我妈教的，她是个固执的家庭主妇，打扫用的水热到必须戴上橡胶手套才能碰，而且水量简直像尼亚加拉瀑布，我猜大部分细菌都在肥皂水有机会破坏它们的细胞壁之前，就被水流的力量压死了。但在女佣公司提供的录像带中，完全没提到细菌这回事。我们的敌人只存在于肉眼可见的范围内，包括肥皂沫、灰尘、柜子表面的积垢、狗毛、污渍和污点，对付它们的方式则是用湿抹布，若再顽强一点的就用"都毙"（Dobie，我们使用的塑胶抹垫品牌）。我们要达到的干净程度，仅限于除掉可能会被客户看到或摸到的不洁物，或者说，我们唯一的工作就是擦拭。至于细菌转移的可能性，无论是经由抹布或手将其从浴室转移到厨房，或甚至从一户转移到下一户，录像带中都只字未提。

录像带所强调的是"美容手法"，而当泰德几次漫步回到这个房间的时候，也都一直要我把眼光放在这点上。要把所有靠垫都拍松并对称摆放，要用婴儿油使不锈钢水槽发亮，把所有调料罐、洗发水等的标签那面朝外放，用牙签把波斯地毯的边缘流苏理整齐，用吸尘器在地毯上做出特别的蕨类图案，厕纸及厨房纸巾的末端都要特别折好（就像在酒店浴室里的样子），一团乱的零散纸张、衣服或玩具等，也要把它们堆成乱中有序。最后，房子要喷上清洁服务公司的招牌花香型空气清新剂，这样客户一回到家就知道，他们的房子已经被"清洁"过了。[1]

经过一天训练后，公司认为我可以跟一组人共同出去工作了。我很快发现，现实生活跟电影完全不一样，起码跟"除尘"那卷录像带里演的不一样。首先，跟我们的实际状况比起来，那卷训练录像带根本就是慢动作播放。我们早上并不是提着装满清洁剂跟用具的桶子走向车子，而是用跑的；车子在屋子旁边一停下来，我们就提着桶奔向门口。莉莎是我第一个组长，她

---

[1] 当我把女佣公司所使用的清洁方式，描述给谢里尔·门德尔松（Cheryl Mendelson）这位曾写过《家的舒适：理家的艺术与科学》（*Home Comforts: The Art and Science of Keeping House*, Scribner, 1999）的家庭清洁专家听时，她简直不敢置信。她告诉我，喷上消毒剂的湿抹布没有办法使柜子表面变干净，因为大多数消毒剂一接触到有机物质（亦即灰尘）就会降低效力，所以抹布每用一次，效力就减低一层。真正有效的清洁方式是用去污剂、热水，然后冲干净。至于地板，她认为我们用的水量完全不对（一桶半的小水桶量，而且温度从来没高于室温）。事实上，我用来擦地板的水常常混浊得令人不舒服。我也把女佣公司的清洁方式告诉唐·阿斯利特（Don Aslett），他曾写过无数清洁技巧专著，并宣称自己是"美国第一清洁家"。他不愿直接批评女佣公司，也许是因为他经常受清洁服务连锁业者邀请担任会议讲者（至少他是这么告诉我的），但他确实有跟我说他会怎么清洁柜子表面。首先，彻底喷上可清洁各种污垢的清洁剂，接着等三到四分钟的"杀戮时间"，最后再用一条干净的布擦干。他表示，光用一条湿抹布擦拭表面只会使灰尘四处扩散。但显然女佣公司的重点不在于清洁，而在于创造一种"已经被清洁过"的表象；它的目的不在卫生，而是在为家庭生活创造一种舞台景象。而美国人偏好的舞台，似乎是一种只有象征意义的无尘景象，就像某种汽车旅馆，或出现在肥皂剧跟情境喜剧里的虚假装潢屋。

是一名脾气不错的三十几岁女子。她向我解释，之所以这么赶，是因为公司只分配给我们一定时间打扫全部房子。但这些房子从只有一套半卫浴设备、60分钟内就能打扫完的公寓，到有好几套卫浴设备、第一次打扫就要花费200分钟以上的房子都有。我很想知道，我们既然是按小时计薪的人员，为何还要遵守泰德定下的时间限制，但我不想让人觉得我在摆架子，所以迟疑着没有说出口。我们每到一个屋子，莉莎就会分派工作，我暗暗祈祷不要被派去洗卫浴跟吸尘。但是在时间压力之下，即便是除尘的工作都紧迫逼人。我必须拼命踮起脚尖去擦门框顶上，为了能够擦到踢脚板而沿着地板一路爬行，以及站在桶子上用力拍打较高架子上的灰尘等，在连续做了一个小时有氧运动之后，我可不介意拿着一杯水坐下来喝。但我们一旦向组长报告任务完成，就会立刻被派去协助其他人。有一两次，组长嫌自然界的水汽蒸发过程太慢，于是派我去弄干擦过的地板。我得在两脚底下各踩一块抹布，滑遍整片地板把它弄干。通常当我走出房子，把擦地板的脏水倒掉、洗抹布的时候，其他组员都已经上车，车子引擎已经发动。莉莎向我保证，她们从来没把任何成员丢下过，就算是一个谁都不认识的新人也一样。

在面试的时候，公司曾向我保证会有30分钟的午餐休息时间，但这在现实中却变成在便利店停靠5分钟（如果这称得上午餐休息时间的话）。我跟另外几个人一样，带了自己做的三明治当午餐，每天都是一样的火鸡胸肉加奶酪。除此之外，其他人有的吃便利店食物，有的吃早上从免费早餐吧偷留的一个贝果或甜甜圈，有的人则什么也不吃。跟我同组的两名已婚女子吃得最好：三明治跟水果。比较年轻的女子吃的午餐可能是一片比萨，一个比萨口袋饼（一块面团外面裹着一点比萨酱），或一小包薯片。别忘了，我们不是办公室员工，不是坐在那里用基础新陈代谢率悠闲度日。公司办公室有面墙上贴着一张海报，海报上愉快地标示着各种工作每分钟燃烧的卡路里，从每分钟燃烧3.5卡的除尘工作，到每分钟燃烧7卡的吸尘工作都有。若以一天工作7小时（8小时再扣掉往返各户的交通时间），每分钟平均燃烧5卡来算，那么除了没工作时人体消耗的900卡基本热量，我们每天还必须再吃下2100卡才行。罗莎莉跟我一样是新人，刚从本州北部郊区一所高中毕业，她的午餐少到我忍不住出手干涉，因为她只吃了多力多滋而已，而且量才那么一点点，不是前一天留下的半包，就是刚买的一小包。她告诉我，这只是因为她家里没剩半点东西（虽然她跟男友和男友的母亲住在一起）。而且她实在没钱买午餐，这是我后来才发现的，因为我问她要不要在即时超市（Quick Mart）顺便帮她买一罐汽水，她才不得不承认她连89美分都没有。我请她喝那罐汽水，虽然我心里希望自己能像个妈妈一样逼她喝牛奶而不是汽水。那她怎么撑过一天8小时甚至9小时的工作？"呃，"她承认，"有时候我会觉得头晕。"

我的同事们到底有多穷？虽然人们往往认为，会从事这类工作的人一定是出于绝望，或至少有一段犯了错和坎坷的过去，但我无权过问这些。我看过的监狱电影教会我这方面的礼节，新进去的人可不会四处握手寒暄，乱问别人"你是犯了什么事进来的"。所以我只是倾听，在车子里和大家聚集的办公室里都这么做。起初我发现，这里的人似乎都不至于无家可归。几乎所有人都跟某些亲戚住在一起，或跟同住一个屋檐下的人形成形式上的家庭。大家会谈到去探望某个住院的祖父母，或寄生日卡给侄女的丈夫；单亲妈妈会跟自己的妈妈同住，不然就是跟同事或男友合住公寓。我们之中最年长的是宝琳，她有自己的房子，但她却睡在客厅沙发上，而她的四名成年子女和三名孙子女则把卧室都住满了。[1]

---

[1] 我的女性同事们全都是白人，而且除一个人之外都是盎格鲁-撒克逊裔。这种情况在美国占大多数，至少劳工统计局报告上的数据是如此显示的。劳工统计局在 1998 年勉力找到的"私人住家清洁员与帮佣"之中，36.8% 是拉丁裔，15.8% 是非裔，2.7% 是其他族裔。然而，在白人雇主的脑袋里，家事清洁往往跟少数族裔连在一起。有一次，我女儿萝莎被介绍给一个有钱哈佛同学的父亲认识，他竟然开玩笑地说，她取这个名字，一定是为了想成为最受欢迎的女佣（在美国一般大众印象中，Rosa 这个名字往往跟墨西哥裔女佣联想在一起。——译者注）。此外，奥黛·罗德（Audre Lorde）也曾提到她在 1967 年的一次经验："我推着购物车在一家超级市场里走动，车上坐着我的两岁女儿……另一台购物车经过我们旁边，坐在上头的白人小女孩兴奋地对她母亲大叫：'妈咪你看，有一个宝宝女佣！'"引自玛丽·罗梅罗，《女佣在美国：一些性别观点》(Mary Romero, *Maid in the U.S.A. : Perspectives on Gender,* New York: Routledge, 1992)，第 27 页。但家事劳动力的组成分子很少固定不变，也会随着不同族群所获得的生涯机会而改变。19 世纪晚期，来自爱尔兰跟德国的移民服侍着都会区的上层阶级跟中产阶级，而后她们就尽可能快速抽身到工厂工作。非裔女子随后取代她们，占 20 世纪 40 年代家事帮佣人口的 60%。她们独占这块区域，直到其他工作机会开始向她们开放为止。类似的情况也发生在美国西岸，日裔帮佣多到不成比例，直到她们也同样找到更适合的工作机会为止，见菲莉丝·帕尔默，《家务和灰尘：美国的家庭主妇与家事帮佣，1920—1945》(Phyllis Palmer, *Domesticity and Dirt: Housewives and Domestic Servants in the United States, 1920—1945,* Temple University Press, 1989)，第 12—13 页。今日，在不同区域，有不同族裔肤色的手拿着海绵擦抹：在西南部是墨西哥裔美国人；在纽约是加勒比海裔美国人；在夏威夷是当地夏威夷人；在中西部跟缅因州则是美国白人，其中许多是最近才从乡村地区被迫出来工作的人。

即便看起来没有人睡在车子里度日，但从一开始我就看到一些迹象显示，她们的生活就算不用悲惨来形容，说是非常捉襟见肘也不为过。抽了一半的香烟往往会被收回烟盒里留待下次继续抽。即便是50美分的过路费，也得彼此商量一下谁有这么多钱可以先出，以及能否信任泰德会立刻把这笔钱补给我们。有一次，一名跟我同组的同事被一颗疼痛的智齿弄得快疯了，只得不断从我们打扫的房子里拨电话出去，寻找哪里有不收钱的牙齿医疗。而当我的（或者我该说莉莎的）小组发现我们桶里没有半块"都乐"的时候，我建议找一家便利店买一块，而不是大老远开车回办公室去拿。但我自己没带钱出来，结果我们4个人连2美元都凑不出来。

我在女佣公司工作的第一个周五，是9月初缅因州少见的热天。我们经过一家银行时，看到银行电子广告牌显示气温高达35摄氏度。我跟一脸悲惨的罗莎莉及这次的领队麦蒂一组。麦蒂比较阴沉，但在当时的情况下，这种阴沉跟莉莎毫不放松的高速步调比起来，几乎算是种解脱。我后来才知道，莉莎是最高阶的清洁员，实际上算是某种督导人员，而且据说她会告密。但麦蒂是一名年约27岁的单亲妈妈，她只工作了3个月，正因为孩子照顾问题而郁郁寡欢。她在前往第一栋屋子的路上告诉我，她男朋友的姊妹在看顾她18个月大的孩子，一周要价50美元。这对在女佣公司的收入来说是一项沉重负担，而且她还无法完全信任这名姊妹，可是正式的日间照护中心却可能要价高达一周90美元。打扫完第一栋房子，进度顺利，于是我们吃"午餐"：罗莎莉吃多力多滋，麦蒂吃一包小鱼饼干。之后我们就朝下一栋位于市郊的房子出发。公司发的指示单上警告我们，这是一栋有 5 套卫浴的房子，而且是第一次请人打扫。但当我们看到这个地方的大小时，还是目瞪口呆地提着桶愣了一会儿，才四处找一个适合我们走进去的低调出入口。[1]那房子简直像一艘被拖上岸的大邮轮，船首横过隆起的绿色草地，船上有无数个窗户。"唉呀呀，"麦蒂一面说，一面读着指示单上的屋主名字，"W 太太和她大得该死的房子，但愿她会请我们吃午餐。"

W 太太根本不乐意看到我们。当非裔保姆带我们到那间不管叫起居室、日光浴房还是书斋或什么鬼东西的房间时，她就坐在那里气呼呼地瞪着我们。毕竟，她还得监督一名看起来像厨子的保姆，和一群似乎在为装修工作收尾的男子。她不想站起来带我们看一遍房子，她说她已经在电话上跟办公室讲过了。但麦蒂就是站在那里，我跟罗莎莉一起站在她背后，直到 W 太太让步。她一面带我们看房子，一面下指示：我们必须把所有东西移开，清理它们底下，踢脚板也全部要清洁干净。我算一算，那些踢脚

---

1 对有钱人来说，房子几乎可以毫无限制地扩大。从 1971 年到 1996 年间，新房子的建筑面积增加 39%，屋子里有起居室、娱乐室、在家办公室、卧室等，而且往往一个家庭成员就有一套卫浴设备，见《家务战争中的缓和期》("Détente in the Housework Wars")，《多伦多之星》(*Toronto Star*)，1999 年 11 月 20 日。到了 1999 年第二季，17% 的新屋大小超过 279 平方米，这个大小通常是判断是否需要管家的指标，或者换句话说，这种大小的屋子已经不可能单靠居住在里面的人来管理了。见《塑造出娇生惯养的新富阶级》("Molding Loyal Pamperers for the Newly Rich")，《纽约时报》，1999 年 10 月 24 日。

板加起来得有好几千米。此外我们还要注意正在睡午觉的宝宝，不能让任何清洁剂接近她一步。

之后我就被派去除尘了。我甚至不知道该怎么去称呼各式各样的房间，此时女佣公司教导的那套系统竟成了我的救生圈。我要做的事就是持续以从左到右的顺序移动，在房间里是这个顺序，在房间之间也是这个顺序，除此之外还要试着记得一些地标，以免不小心把一个房间或走廊清了两次。除尘的人能最完整综览屋主的生平，因为我们必须把每一样物品跟小东西拿起来一一清扫。结果我发现，W太太是一所重点女子大学的校友，如今则忙着监控她的投资和她宝宝的肠子运动。我发现了她为了完成后一个任务所准备的各种图表，上面留了格子以便填上时间、最近喝下的液体及其黏稠度和颜色。在主卧室里，我掸了一整个书架的育儿书籍，包括有关怀孕、喂母乳、出生后前6个月、出生后第一年、出生后前两年的书。而我不禁想，被迫无法自己照顾孩子的麦蒂若看到这些，不知道做何感想。也许世界上的女人被秘密分成两种——可以养孩子的跟不能养孩子的，而处于女佣地位的女人不再被视作可以养孩子的人。我们的办公室经理泰咪自己曾经是个女佣，但也许这就是为何她如今每天戴着2.5厘米长的假指甲，身穿妖艳的短款服装，宣示她已经晋升到可以养小孩的阶级，不可以再送她回去打扫。

室内比室外还热，我猜是为了宝宝好而不开空调，这对我来说不是问题，直到我遇上一楼两旁跟后侧整排堤岸般的玻璃门。每扇玻璃门都要喷过稳洁、擦干和擦亮，从内到外、从上到下、从左到右，而且要擦到毫无纹路留下、透明到不可能再透明为止。在室外，我可以看到建筑工人们喝光一罐罐佳得乐运动饮料，但对女佣的规定却是：若她人在室内，就不能有任何液体或食物碰到她的嘴巴。在此我得声明，我不是没有流过汗的人，我甚至经常满身大汗。我住在亚热带区域，那里就算是不动的东西，一年之中有 9 个月时间也是湿漉漉的。我平时就会运动，而且踩了踏步机 10 分钟之后，还会对身上 T 恤留下的 V 形汗渍感到某种男子汉式的骄傲。但通常在一般人的生活中，流失的液体会立刻补充回来。那些生活在雅痞世界里的现代人（例如在机场），看起来就像还在襁褓中的婴儿，永远拿着一罐水不放。然而在这里，我却在毫无任何补充或休息的情况下不停流汗。汗不是一滴一滴流，而是不停地整片浸湿我身上的马球衫，大量从我双腿后侧流下。我早上涂的眼线膏（我知道我是个多此一举的笨蛋）早就已经流到下巴底，而如果我想的话，还可以把辫子拧一拧。我一面在（众）起居间里工作，一面想着，不知道 W 太太是否有可能了解到，从另一个角度看来，她买来彰显自己独特品位的一大堆华丽小东西，每一个都是横亘在某个口渴的人和一杯水之间的障碍。

当我再也找不到任何需要擦拭的表面，也终于打扫完那些源源不绝的房间时，麦蒂指派我去清洁厨房地板。好吧，只不过 W 太太人就在厨房里，所以我必须名副其实地匍匐在她脚下。是的，我们没有海绵拖把那种一般人会在家里使用的常见用具，因为匍匐在地的清洁方式,绝对是像女佣公司这种企业式清洁服务的卖点。一个对手公司在小册子上自夸地如此写着:"我们用老派的方式清洁地板:双手与膝盖并用。"事实上,无论这种四肢着地的方式可能有什么优点,比如你当然比较接近地板,比较不会遗漏掉某块小污点等,这些优点都会被女佣公司清洁系统所强加的人为缺水状况削弱。公司规定我们只能用不超过小半桶微温的水,清洁厨房和邻近所有要擦拭的地板,还包括早餐台跟其他用餐区域。意思是,不消几分钟,我们就等于只是把灰尘在地板上均匀地重新分配而已。偶尔会有客人打电话来抱怨我们清洁过的地板,例如有一名男子不小心把东西溅在刚"清洁过"的地板上,他用纸巾去擦,结果那张纸巾竟然变成灰色。若改用一支拖把和一整桶热肥皂水,不只能使地板变得更干净,也能给实际从事这项清洁工作的人更多尊严。然而,似乎正是这种趴伏在地的原始服从姿势(甚至推到极端,是连肛门都向人敞开的姿势),才能令使用女佣服务的客户感到满意。[1]

不管怎样,W 太太的地板很硬(我猜是石头制,不然也是类似石头的材质),而我们今天没带任何膝盖垫。在我中产阶级的无知脑袋里,曾以为膝盖垫只存在于莫妮卡·莱温斯基[2]

---

[1] 在《家的舒适:理家的艺术和科学》一书第 501 页中,谢里尔·门德里松指出:"绝对不可要求你雇用的家事清洁员匍匐在地清洁地板,这种要求很可能使对方有被贬低的感觉。"

[2] Monica Lewinsky,涉及美国前总统克林顿性丑闻案的女子,该案以清楚描述性交细节而闻名。——译者注

的情色幻想中，但我错了，真的有这种东西，而且通常还是我们的标准配备之一。总之，我只能跪在地上，在房间里四处移动，宛如某个疯狂的赎罪者在十字架底下爬来爬去。而后我发现 W 太太死盯着我不放，她盯得那么紧，使得我有一瞬间错乱地以为搞不好我曾经在她母校演讲过，而她正在思索到底曾在哪里见过我。万一我被认出来，我会被炒鱿鱼吗？她会不会至少灵光一闪，想到要给我一杯水喝？因为我已经决定，如果她真的给我水喝，我会接受，管它什么规则不规则，反正万一这件事传到泰德耳朵里，我就说我觉得拒绝客户很不礼貌。不过我根本不需要担这个心。她是在监视我有没有漏掉哪一寸没擦到。最后当我终于腰酸背痛地站起身，眼睛因为汗流进去而痛苦地眨着时，她说了一句：“你能顺便把玄关的地板擦擦吗？”

那天结束时，我冲回蓝港，把遮光帘拉下，就在厨房里把制服从身上剥下来，因为浴室小到容不下一个人和她脱下来丢在地上的衣服。然后我站在莲蓬头下，足足淋了 10 分钟水，心里想着这些水是我的。我为这些水付了钱，事实上，这些水是我挣来的。我在女佣公司撑过一周，没有发生不幸意外、受伤或暴动。我的背还好，意思是我已经根本感觉不到它的存在；就连我几年前曾因腕管综合征受伤的手腕，都没发出抱怨。同事们曾警告我，她们第一次穿上背包式吸尘器的时候会觉得晕眩，但我没有。我很强壮，不止强壮，我很好。我有把那桶脏水泼到 W 太太的白色休闲夏装上吗？没有。我有拿起吸尘器手柄，把某人的中国瓷器或喜姆娃娃[1]砸碎吗？一次都没有。我一直保持着肯做事、有活力、乐于提供协助的态度，而且是个符合老板期待的知足新员工。若我能撑过一周，我就能再做一周，而且反正也得如此，因为我根本没时间找其他工作。原本说好下午3：30就可以下班，结果根本是个神话，我们通常要到下午4：30或5：00才能下工返回办公室。再说，我难道想用下班后那副汗流浃背、满身臭味的样子去面试吗？得了吧。我决定在老果园海滩的夕阳下散个步，慰劳自己一下。

由于天气太热，这个时节海滩上还有几名泳客，但我穿着短裤和T恤坐在海边，看着海浪拍打沙滩就很满足了。太阳西下之后，我走回镇上找我的车，此时却惊喜地听到让我联想起纽约或柏林这些城市的声音。一对秘鲁音乐家在码头附近一小块绿地上演奏。在他们周围，包括当地人和度假者在内，约有50个人聚集，用带着夏末寂寥表情的脸望着他们。我摸索着穿过人群，找到一个能好好看着两名音乐家的位置坐下。他们其中一个是美丽的吉他手，另一个是高个子吹长笛的男子。他们来这个破败的蓝领阶级度假地做什么？而这些观众又怎么看待两名南方暗肤色人士的意外造访？从长笛流泻出来的旋律，听起来既极度陌生，又全然地熟悉，仿佛几世纪以前，这个旋律就已铭刻在我的农民祖先心中，但一直被遗忘，直到此刻才再度被想起。其他人似乎全都跟我一样听得入神。两名音乐家一面演奏，一面对彼此眨眼

---

[1] Hummel figurine，一种以快乐儿童为主要人物的高级瓷制娃娃系列。——译者注

微笑,于是我懂了,他们是全世界底层人物的秘密特使,要从一片潦倒和污秽之中,偷偷攫取出一点欢乐。音乐结束时,我给了他们1美元,大约等同于10分钟的汗水。

我那神力女超人的心情并没有持续下去。首先,虽然我的肌肉和关节表现良好,但我的皮肤却决定不从。我手臂上和腿上冒出粉红色的发痒肿块,起先我以为一定是因为我们被锁在门外时,我不小心碰到有毒的常春藤。有时候屋主会忘记我们要去打扫,不然就是忘记把钥匙留在门垫下,或者改变主意不想要清洁服务了,却没想到要通知泰德。对我们来说,这可不像小学生遇到大雪天一样,可以开心地因为天灾而放假,因为泰德会把客户的不负责任怪罪到我们头上。他在某天早上的开工前会议上表示,若屋主忘记我们要去清扫,"背后就有些其他意思",比如他们对服务感到不满意,于是用这个方式迂回地告诉我们。有一次我跟着宝琳当组长的一组,她打电话给泰德报告我们被锁在门外,而后她无奈地向我们转述他的反应:"别这样对我。"所以,在我们放弃并宣告一个地方真的被锁住之前,我们必须像闯空门的小偷一样,四处搜寻其他入口,这可能意味着要踩过蔓生的植物,以便能探头朝窗户里面看,此外还要测试过所有的门。我是没看到任何有毒的常春藤,但谁知道还有哪些毒物家族(比如橡树、漆树等)潜伏在缅因州的植被中?

要不然罪魁祸首就是清洁剂,但若是这样,应该会从双手开始起疹子才对。经过两天酝酿后，一场严重的皮肤炎已经蓄势待发。我把从药店买来的止痒软膏涂在身上，但晚上一次最多只能睡一个半小时就会被痒醒。我醒来时意识到，我是可以工作，但也许不应该这么做，因为我看起来大概就像个麻风病患。但泰德对生病没有多少同情心。我们的晨会有一次以"用工作撑过去"为主题。他说，某个人（他不想点名字）因为偏头痛请假了："今天如果换作是我有偏头痛，我只会吞两颗埃克塞德林（Excedrin）止痛药，然后继续。你就得这么做：用工作撑过去。"所以，出于一种科学实验精神，我出现在办公室里，想看看我这副满身斑点和发炎的样子，是否足以让我被赶回家去。如果是我，绝不想让这副样子的人碰我孩子的玩具或浴室的肥皂。但泰德的诊断是：没问题，你一定是乳胶过敏。只要别用我们为特别难搞的情况预备的乳胶手套就好，他会给我另一种手套戴。

若我要忠于现在的角色，就应该在下班后去急诊室，并试着接受一些慈善治疗。但这已经超过我的忍受范围，晚上实在痒得不得了，我数度快要崩溃，不断挥舞手臂、用力顿足，才不至于疯狂乱抓或失声大叫。所以我转而求助自己真实的社会网络，打电话到基韦斯特，找一个我认识的皮肤科医生，硬逼他在没亲眼看到症状的情况下开药给我。结果，包括止痒药膏、消炎药膏以及让我晚上能睡觉的抗组胺剂在内，整件事花掉我30美元。天气仍然热得根本不像9月，而我常常在一面竭力忍耐着瘙痒感，一面吸地或擦抹的同时，望着某个人的天蓝色游泳池兴叹。就算是没有皮疹困扰的人，也会由于可怕的热气和清凉却碰不得的水之间强烈的对比，而多少受到些影响。在最炎热的几天中，有一次我们清洁完一幢有游泳池、池畔小屋和观景台的屋子之后，罗莎莉、麦蒂跟我着迷地谈论人能浸在哪些液体里：盐水与清水、湖与游泳池、浪涛与平滑如镜的水面。我们连在房子里都无法洗手，至少在水槽被弄干跟擦亮之后就不行。就算我努力在不能再碰水槽之前洗过手，却永远有一些收尾的工序要做，例如在出了房子后，还得把最后擦地板的脏抹布拧干。也许我在某间房子里被虫子咬了，也可能是我为了努力做得再干净一点，把消毒剂直接喷在手上的关系。发疹三天之后，我又到老果园海滩一趟，就那么穿着衣服走入海中（我没想到要从基韦斯特带泳衣来），试着假装我是不小心被海浪打到海里的，而不是某个可怜的街头流浪汉，把海当成澡盆用。

除此之外，还有其他因素在阻碍我大干特干的热情。在心里，我曾对自己能跟小我二三十岁的女人并驾齐驱工作，甚至表现还超越她们而感到沾沾自喜。但结果，我这种比较优势对她们的好处其实大于对我自己。我们彼此之间要说有什么纽带的话，也是在身体状况层面上的。一个人若体力衰弱，会造成其他组员的额外负担。大家时常彼此交换讯息，讨论以哪些草药和非处方药物来止痛。如果说我不了解我的同事如何靠这点薪水过活，或她们如何看待这种地狱般的处境，那么我倒是了解她们的背痛、抽筋和关节炎发作。萝丽和宝琳因为背痛而不能做吸尘工作，这意味着你会害怕被分到跟她们同一组。海伦一只脚扭伤了，而泰德某天在解释她为何缺席的时候暗示，那都是因为她偏执地坚持穿一双便宜、不合脚的鞋。玛姬的关节炎使擦抹工作成了一项酷刑，另一名女子的肩袖损伤则到了必须找复健师治疗的地步。罗莎莉告诉我，当她还是个孩子的时候（在我眼里，她现在也仍是个孩子），因为摘蓝莓的关系伤了肩膀，我脑中浮现自己孩提时的景象：在一个炎热的7月天里，我漫步在田野间，边走路边摘一把蓝莓吃。但当罗莎莉还小的时候，她是在缅因州北部的蓝莓田里工作，而她肩膀受的伤是职业伤害。

所以，我们生活在一个疼痛的世界里，靠着埃克塞德林和雅维止痛药来勉强度过，用香烟来平衡，或者在一两个人的情况里（而且只限周末），靠喝几杯来平衡。那些屋主到底知不知道，他们的屋子之所以能完美得像间汽车旅馆，是靠多少人的悲惨在支撑？若他们知道了，又会良心不安吗？或者他们会对自己所买到的服务，有种虐待狂式的骄傲？譬如对晚宴上的客人夸耀他们的地板只用最纯粹的人类泪水来清洁？我曾跟一名屋主短短交谈过几句，她是一个讲话直率的结实女子，从她书桌上的东西看来，她兼职当私人健身教练。当时我正在吸地，而她注意到我满身大汗。"这可真是激烈运动，对吧？"她指出，语气算得上友善，此外她还真的提议给我一杯水喝，这是唯一一次有屋主对我做出这样的提议。我违反了在屋内不得吃喝任何东西的规定，接受了那杯水，并且留下一寸高的水没喝光，以免她以为我暗示她再给我一杯。这名教练告诉我："我都跟客户说，如果你想保持身材健美，就把你的保洁员开除，自己来做那些家务就得了。"我能发出的回答只有:"呵呵。"因为我们并不是坐在健身房里闲聊,此外我也无法跟她说明,这种形式的运动完全没有均衡可言,无情地不断重复,而且对肌肉骨骼结构的破坏远大于锻炼。

有一次,我的自制力面临极大挑战。在一栋百万豪宅里(我猜大概值这么多,因为它有整整三层楼,再加上能饱览雄伟岩岸的视野),一名女主人带我到主卧室,而根据墙上一张框起来的相片看来,她认识真正的芭芭拉·布什。她向我说明她的淋浴间问题,淋浴间的大理石墙似乎"流血"[1]到黄铜制的设备上,因此她问我能不能特别用力刷洗石头间的缝隙?我很想告诉她,流血的不是你的大理石,而是全世界的劳工阶级。是他们刨挖出这些大理石,编织你的波斯地毯直到眼睛瞎掉,收割那些被你放在餐室当秋季主题摆设的苹果,熔铸那些做成钉子的钢,开卡车,建造起这座屋子,而如今则弯着腰,匍匐在地,汗流浃背地清理它。

就算在以底层劳工角色生活的时候,我也没有天真地想象自己就是这些被压迫的劳工之一。我之所以能一小时接一小时地工作下去而没累倒,全是因为几十年来我享受了高于一般水平的医疗服务、高蛋白质的饮食,以及在每年收费400或500美元的健身房运动。若我如今还算是一个有生产力的假劳工阶级,那也是因为我从事高强度体力工作的时间还没长到弄坏身体的地步。但

---

[1] 原文"bleeding"也是渗色的意思。——编者注

我可以在此为自己说句话：尽管多年来伴侣或丈夫都催我雇用家庭保洁员或使用清洁服务，但我从来没这么做过（只除了两次，那是要把房子整理成可以短期出租的样子）。当孩子还小的时候，能有一名帮手确实很不错，但我当时负担不起。后来到了我负担得起的时候，我还是对这种做法有股反感。之所以如此，我想一部分是由于我母亲的关系，她相信一个由自己所打扫的家，是女性美德的证明。另一部分原因则在于，我真实从事的工作是久坐不动型，因此我会以这边擦 15 分钟、那边扫 30 分钟的方式做家务，家务于是变成工作之间的休息。但即便一些上层中产阶级的朋友已经在雇用帮佣（他们内疚地并尽可能遮遮掩掩地这么做），我还是十分抗拒这种做法，因为我就是不想跟另一名人类建立这样的关系。[1]

让我们谈谈屎吧。跟贴在保险杠上的小标语写的一样，"屎

---

[1] 在 1999 年，有 14%～18% 的家庭雇用帮佣做清洁工作，实际的家庭数字呈现急遽增加。媒体标杆调查公司（Mediamark Research）的报告显示，在 1995—1999 年，1 个月雇用清洁员或清洁服务 1 次以上的家庭数成长了 53%。而马利兹市调公司（Maritz Marketing）发现，在 1999 年使用家事服务的人之中，有 30% 是从该年才首度开始使用。在新兴企业清洁服务业界（比如我所工作的公司），经理们不只把他们的成功归因于流入劳动市场的女性，还归因于家事问题所引发的紧张关系。1988 年，雇用帮佣的趋势正要开始大幅流行时，快乐女佣公司马萨诸塞州阿灵顿分店的店长在《基督教科学箴言报》(*Christian Science Monitor*) 上表示："我会跟一些女性开玩笑。我说：'我们甚至有拯救婚姻的功能。在新的 80 年代，你会对男性伴侣有更多期待，却通常得不到预期中的合作态度。所以你的另一个选择就是付钱让别人来做。'"见《被陈年灰尘伏击》("Ambushed by Dust Bunnies")，《基督教科学箴言报》，1988 年 4 月 4 日。另一家快乐女佣分店的店长则学会更直接利用家务争吵。他有 30%～35% 的案子，都是在周六早上 9:00—11:00 打追踪拜访电话成交的，因为那段时间是"对整个房子是一团乱这件事起口角的典型时段"。见《家中藏着肮脏秘密》("Homes Harbor Dirty Secrets")，《芝加哥论坛报》(*Chicago Tribune*)，1994 年 5 月 5 日。

烂的鸟事会发生",而且它每天都发生在清洁员身上。我第一次以女佣身份遇见一个沾满屎渍的马桶时,我被自己必须被迫贴近它的感觉吓到了。几个小时前,某个被养得肥肥的屁股才从这个马桶座上吃力地抬起来走人,如今我则得在这里把他留下的烂摊子擦干净。考虑到从来没清过真正脏马桶的读者们,我在此应该说明一下。屎渍有三种:一种是残留在马桶缸内侧的大块拖曳痕迹;一种是留在马桶座底侧的喷溅弹射残余;此外还有一种最恶心的,有时候会有一团褐色的硬块粘在马桶座边缘,应该是一坨屎在潜入水里的途中不小心擦撞到了。你不想知道这些事?我自己也不想满脑子想着这种事好吗?但不同的屎渍会需要不同的清洁方式。留在马桶缸内侧那种稍微好点,因为能用刷子来攻击它们,刷子算是一种能在一段距离外发动攻击的武器。在马桶座上结成硬块的则最可怕,特别是在需要"都毙"和抹布介入的时候。

不然我们也可谈谈卫浴清洁员的另一个大报应:阴毛。我不知道美国上层阶级的人到底是怎么了,但他们似乎正以一种吓人的速度掉阴毛。你会发现它们出现在淋浴间、浴缸、按摩浴缸、排水孔里,甚至还会匪夷所思地出现在洗碗槽里。我有一次趴在一个巨大的四人用按摩浴缸里足足15分钟,简直快发疯,因为那些暗色小卷毛藏身在茄子色陶制浴缸的背景里,难找得要命。

当然,除了拉屎和掉毛,屋主还能做出更糟糕的事,例如暗中监视我们。有一次我问一名同组的组员,为什么要规定我们不能在屋子里讲粗话,她告诉我,听说有屋主会把我们的工作情况录音下来。公司的官方说法还提到摄像头,他们说屋主会把摄像头放在有价值的物品附近,以便能逮到试图偷窃的清洁员。无论这些说法到底是真是假,泰德都要我们在打扫每间屋子时想象自己是在别人的监视之下工作的。[1]有些屋主则会对我们设陷阱。我在打扫某一间屋子的时候被组长严厉斥责,原因是我没有把零散地铺在木质地板上的波斯地毯一张张拿起来吸底下。组长之所以反应激烈,是因为这间屋子的屋主喜欢把很小堆的灰尘留在那里,当我们清扫完后,她就能检查那些灰尘有没有被清除掉。更常见的状况是,屋主会算好时间,当我们来清扫的时候还留在家里,以便能在现场监控我们。有一次,我在一间房子里负责吸地,屋主是一对已经退休的夫妇。我回头察看一个刚完成清洁的房间,结果一进去竟发现,女屋主那绷在紫色衣服里的屁股从地板上直朝着我翘起。我没想到她身手还能那么矫健,硬是爬到桌子底下想找出没被吸到的灰尘微粒。

我是想多谈谈那些屋子本身,但我没有足够词汇来描述那些五花八门的墙面装饰、室内地板材料、灯光装置、壁炉配备、门廊和雕像。说到室内装潢,我从以前就觉得,我们身上没有毛皮又必须住在室内,真是一件不幸的事。像建筑、家具这些由于人类生物学上的弱点所导致的后果,从来就引不起我的兴趣。对我来说,能让我了解屋主们脸上肌肉的抽搐、伪装跟不安全感的东

---

[1] 当时我只觉得这是为了吓唬我们的夸大说法而已,但后来我看到许多隐藏式摄像头的广告,比如"不可思议的小如硬币的"高科技7号摄像头,它的设计是让人能"对保姆的行为留下影像监控记录"以及"监视员工,防范偷窃"。

西，是书籍和其他与印刷有关的工艺品。我得知一名屋主是山达基教派[1]信徒；另一名屋主则骄傲地宣称自己属于某个苏格兰氏族，跟我的祖先其实是同一族。另外还有一名屋主把一张认证书裱框起来，上面写着她被列入《美国妇女名人录》(Who's Who of American Women)。至于书籍方面，在比较通俗的文学品味中（大部分屋主均属此类），我发现有格里森姆[2]和林博[3]的书；较深奥的则大多为谭恩美[4]的作品，有一次我甚至瞄到翁达杰[5]的书。但在大多数情况里，书只供展示用。从食物污渍跟乱丢的衣物数量来判断，屋里的人实际上生活在放着大屏幕电视的房间里。唯一让我觉得非常受不了的书，是那些一定是整批买下的古董书。有时候屋主会把它们摊开放在茶几上，展示某种古风和"真实感"，仿佛屋主真的会把闲暇时间花在读一本1920年的书上，而且标题还是《维蒙特的雪橇比赛：一名男孩的冒险》(Bobsledding in Vermont: One Boy's Adventure)。不过，时间压力无可避免地削减了我进行文学探索的机会。对一名女佣来说，真正重要的是每座书架上的书有几本。若超过12本书，就可以当作一整个不要动的大型对象，只需把整排书四周的灰尘弄干净即可；但若少于

---

[1] Scientologist，又称"科学教派"，在中国为邪教。——译者注
[2] 约翰·格里森姆（John Grisham），著有《黑色豪门企业》(The Firm)、《失控的陪审团》(The Runaway Jury)等法律法庭小说的畅销小说家。——译者注
[3] 拉什·林博（Rush Limbaugh），美国保守派极受欢迎的谈话性节目主持人。——译者注
[4] 谭恩美（Amy Tan），华裔美国作家，以《喜福会》(The Joy Luck Club)一书闻名美国文坛。——译者注
[5] 迈克尔·翁达杰（Michael Ondaatje），著有《英国病人》(The English Patient)等书。——译者注

12 本书，就必须要一本一本拿起来掸。

并非所有的屋主都很有钱。约 1/4 到 1/3 的屋子看起来只是中产阶级程度。此外，不晓得是不是因为缺人帮他们做点轻微的打扫工作，我们每周或每两周来打扫一次的时候，有些屋子真的是非常脏。但阶级也是一种相对的东西。有一次我们连续打扫两间屋子，以其中居住者的总数来看，卫生间的数量显然不够，而且泰迪熊只是摆起来做装饰的，显然表示有某种财务危机。在清完这两间屋子之后，我问当天的组长荷莉，接下来我们要扫的房子是不是"有钱人的"。她的回答是："如果我们得打扫他们的房子，那他们就是有钱人。"

当我发现自己每天都被分到荷莉那一组的时候，时间无疑已经是秋天了。早上会有晨雾，农产品展售摊都以南瓜为主打商品。我们在公务车上听广播，老摇滚电台一整天放好几次《玛姬·梅》("Maggie May")来突显季节："9 月即将结束，我真的该回学校了。"其他人都出门上班或上学去，我们则像灰姑娘一样，留在被他们抛诸身后的家里。热门音乐电台播放的则是珍珠果酱乐团（Pearl Jam）唱的《最后一吻》("Last Kiss")，他们把这首歌唱得如此悲伤却美丽，使得丧失亲友几乎像一场值得嫉妒的遭遇。但我们并没有在车上谈论过电台音乐，也没谈过女佣公司和一长串客户房屋之外的世界。在我加入过的所有小组中，荷莉这一组最尽责而严肃，每天早上的对话一定全是关于当天预约清扫的房子。比如:"墨菲家,那不是第一次扫的时候花了4个小时的房子吗?好吧,不过一旦洗完主卧室浴缸之后就OK了,你会需要用到霉菌清洁剂,用在……"诸如此类的。不然我们会轮流传阅当天的路线图,并研究泰咪在图上草草写下的屋主"超级在意点"。典型的超级在意点有踢脚板、窗台和天花板吊扇。至于贫穷、种族主义或全球暖化问题,当然从来没上榜过。

不过荷莉令我在意的一点是,她看起来就身体不好,脸色大概比整个州的人还苍白,而且几乎天天如此。我说的不只是白种人的白,而是会让人想到纯白新娘礼服、结核病和死亡的那种白。我对她的了解不多,只知道她23岁,结婚快一年,努力靠一周30~50美元的薪水养活她丈夫、她自己和一名年长亲戚。这笔钱只比我一个人必须花在吃上头的钱多一点点而已。我猜她在吃早餐前的净体重不会超过80斤,当然前提是她还会吃早餐。在长达八九个小时的工作时间里,我只看到她吃那种小小一份的花生夹心饼干而已。各位很可能以为她根本不想吃东西,但每天下午大概2:30,她就会在车上谈起有关食物的幻想。她会问玛姬:"你昨天晚餐吃的什么,玛姬?"玛姬是我们小组里最年长、生活也最优渥的一个,因为她有一名持续在工作的职业渔夫老公。她有时会跟我们说她到一些好地方吃饭,例如星期五餐厅(T. G. I. Friday's)。有时候我们开车经过一家冰雪皇后(Dairy Queen),荷莉就会说:"那里的四方形最好吃了(四方形是一种圣代的本地叫法),你知道,有四种淋汁。你可以点巧克力、草莓、奶油硬糖跟棉花糖,还有任何想吃的冰激凌。我曾在那里吃过一次，我先让冰激凌稍微化一点，然后，噢，老天。"诸如此类的。

但在今天，就连一向旁若无人地唠叨自己生活琐事的玛姬（"那只蜘蛛真是大得不得了"或"所以她就在烤豆子里加上一点点黄芥末……"），都注意到荷莉看起来有多么颤颤巍巍。"你只是消化不良还是觉得恶心想吐？"她问。当荷莉承认她是恶心想吐的时候，玛姬想知道她是不是怀孕了。荷莉没有回答。玛姬又问了一次，荷莉同样没回答。"我在跟你说话，荷莉，回答我。"当时气氛相当紧张，玛姬穷追猛问，但荷莉无论怎样就是不回答。不过，最后是身为组长的荷莉赢了。

当天组里只有我们三个人，狄妮丝因为偏头痛无法工作。于是在第一间屋子的时候，我建议那天全部吸尘工作都由玛姬和我来负责。玛姬没有接口赞同我的提议，但这并不重要，因为荷莉立刻说绝对不行。我决心要以最快速度除完尘，这样就能尽量分担荷莉的工作。当我除完灰尘冲进厨房的时候，眼前的景象实在太具冲击性了，使得有一刻我以为自己从"除尘"那部录像带走到了另一部截然不同的电影里。眼前的荷莉一点都没有平时组长的气势，她颓丧地趴在厨房台面上，脸埋在手臂里。"我今天真不该来的，"她说，抬起毫无血色的脸看着我，"我跟我先生大吵了一架。我今天早上不想来上班，他却说我非来不可。"这份突如其来的信任，完全不像平常的荷莉，以至于我一时语塞。问题也许在于她怀孕了。她怀孕7周，害喜到无法控制的地步，这就是为何她吃不下任何东西，变得如此虚弱。但她想把这件事保密，直到她能自己告诉泰德为止。

我有一位社会学家朋友曾告诉过我，缅因州乡村居民生性非常保守。我谨记着这点，小心翼翼地伸手碰触她的手臂，然后告诉她不该这么勉强自己。就算她觉得自己还撑得住，可能也不该接近清洁用的化学药剂。她应该回家休息。但最后我只劝得动她吃一条我随身带着的纯蛋白质干粮棒，我总是会在袋子里塞一条这种干粮，以免我中午吃的三明治撑不到下班时间。起初她推拒不吃，但我再度请她吃下，她说："真的可以吗？"才终于收下。她用颤抖的手指剥下小块，放进嘴巴里。还有，今天剩下的路程能不能由我来开车？因为她头晕到不信任自己能把车开稳了。

自从我以女佣身份过活以来，第一次有了比努力达到新英格兰中产阶级美学标准还强烈的使命感。我会做两人份的工作，有必要的话做三人份也行。接下来那间屋子的屋主，被荷莉和玛姬称为"天杀的婆娘"，结果她简直就像玛莎·斯图尔特[1]本人，再不然也是她的忠实信徒之一。这屋子每个地方都让我感到恼火，就算我只是来这里喝杯鸡尾酒而不是得在里面做牛做马，有些地方也让我非常受不了。这是一栋苍白又毫无活力的房子，门口的黄铜饰板上写着这座屋子建造的时间（18世纪中期），小酒吧里炫耀地排着整列纯麦苏格兰威士忌，卧室的床不但巨大无比，还是四根柱子加顶棚那种，按摩浴缸大到必须爬楼梯才能进去，灌满水的时候大概还能潜水。我飞快地打扫完卧室，甚至当其他人

---

[1] Martha Stewart，以倡导高级优雅而讲究的生活方式闻名，提倡所谓的生活美学。——译者注

还在做初始分派到的工作时，我已经打扫完厨房了。此时玛姬出现在厨房，指着挂在天花板附近架子上的一整排铜制汤锅和平底锅。她告诉我，根据我们得到的指示，那些锅子每一个都必须拿下来，用屋主特别选用的光亮剂擦亮。

好吧。唯一能拿到那些锅子的方法，是爬上厨房台面，跪在那里，然后尽可能伸长手去够。在此我得说明一下，这些锅子不是拿来烹调用的，而是摆在那里捕捉散射的阳光，或反射屋主那张无疑花了大钱擦亮磨光的脸。最后一个锅子超乎想象地重（那些锅子依大小排列），当我跪在厨房台面上伸手拿它的时候，它从我手里滑走，掉下去砸破了一个用大理石精巧布置的鱼缸。鱼儿飞跳，大理石滚落一地，而在我们的工作里被视为危险污染物的水，则浸湿了每样东西，包括一叠烹饪书，里面有《美味厨房》[1]及其他几本以普罗旺斯为背景的烹饪书，此外，没错，还有玛莎·斯图尔特本人写的书。没人对我发脾气，就连办公室里的泰德也没有，照理说发生这种事应该会有人责怪他。我的惩罚是看到荷莉的表情，因为当她听到那声巨响，冲进厨房看到是怎么回事的时候，整张脸因为恐惧而几乎完全变形。

意外发生之后，荷莉决定我们可以到便利店暂时休息一下。我给自己买了一包烟，出去坐在雨中吞云吐雾（我已经好几年没抽烟了，但反正这么做有点帮助），其他人则坐在车子里喝可乐。我训诫自己，我得克服这种拯救别人的情结才行，没有人想被一

---

[1] *Cucina Simpatica*，一本以介绍普罗旺斯地区佳肴闻名的烹饪书。——译者注

个笨手笨脚的家伙拯救。在这一刻，连我的动机都显得暧昧可疑。没错，我想协助荷莉和所有需要帮助的人，如果可能的话全世界的人我都想救。我是个"好人"，正如我在养老院照顾的神志不清的住户所认可的那样，但是，或许我也厌倦了自己突然变得这么无足轻重，也许我想"成为某号人物"，就像杰西·杰克逊[1]喜欢讲的那句话一样。我想成为某个慷慨、能干、勇敢的人，也许最重要的一点是：一个被人注意的人。

女佣是不被看见的一种职业，就算我们进入了别人的视野，往往感觉也很不好。[2]在前往那栋像玛莎·斯图尔特住的屋子的路上，荷莉和玛姬抱怨那名屋主从以前就态度傲慢，我鼓起勇气问她们，为什么很多屋主似乎对我们有敌意或鄙视我们。荷莉的答案是："因为她们认为我们很笨。"玛姬也突然看起来正经许多："这些人根本看不起我们，我们只不过是女佣。"在其他人眼里，我们也没被多看得起。就算是一小时也只赚6美元的便

---

[1] Jesse Jackson，美国非裔民权运动者，曾写过一首名为《我是号人物》（"I Am Somebody"）的诗，该诗在芝麻街演出过，并被收入书中出版。——译者注
[2] 这种不被看见的情况，在宏观层次上也是如此。根据人口普查局（Census Bureau）的报告指出，1998年有55万名家庭帮佣，比1996年增长10%。但这个数据很可能跟实际人口相差甚多，因为有太多帮佣活动是在地下进行的，不然也是位于台面上的极低位置，只有很少人员去搜集资料。例如在1993年，也就是拜尔德（Zoë Baird）由于雇用非法外籍移民当保姆而失去当司法部部长机会那年，据估计，在一年付给家庭清洁员超过1000美元的美国人之中，只有不到10%向美国国税局申报了这些钱。社会学家玛丽·罗梅罗曾举例说明政府可能有多严重低估情况：1980年时，人口普查局只在厄尔巴索（El Paso）发现1063名私人家庭劳工，即便在同一时间，该市的规划、研究与开发部估计，实际数量应该是13400名；而当地巴士司机则估计，每天28300名搭巴士的乘客中，有一半是往返工作途中的女佣。见《女佣在美国》，第92页。自从拜尔德丑闻案发生后，雇主的诚实度有所增加，但大多数专家相信，从事家事服务的劳工，仍有很大部分既没被主流经济计算在内，也没有被看见。

利店店员，也似乎瞧不起我们。在基韦斯特的时候，我身上穿的马球衫服务生制服总能让我跟店员打开话题，比如店员可能会问："你在杰瑞餐厅工作？从那里再往上一点的大道上有一家松饼店，我以前在那里工作过。"但女佣制服则会造成反效果。有一次，我们在一个有用餐吧台的小餐馆停下来买点提神食物，我想点冰茶外带，但服务生却一直站在那里跟同事聊天，完全不理我一直礼貌地叫"麻烦你"。除此之外还有超级市场。我以前习惯在工作回家的路上顺便去采购，但我受不了别人看我的眼神。那些眼神的意思很容易解读："你在这里干什么？"或者"难怪她会穷，你看她的购物车里有啤酒！"没错，工作了一天之后，我的样子不太好看，而且闻起来大概像厕所跟汗水加起来的味道，但实际上，却是我身上穿的闪亮绿黄相间制服泄了我的底，就像逃犯身上穿着的黑白横条囚服一样。我突然想到，也许我正有那么一点点可能稍微体会到，身为一名黑人的感觉是什么。

此外，看看我现在的样子：坐在加油站的护栏上吞云吐雾，雨似乎永无止境地慢慢下着，而我全身早已因汗水而湿透，淋不淋雨也没差了。我当时心想，我不可能比现在还凄惨了。然而，那是可能的，真的可能！而且还确实发生了。在打扫下一间屋子的时候，我正要把刷马桶的刷子从拉链密封袋拿出来，结果在袋子里积了一天的污秽液体竟然泼到我脚上，纯度百分之百的厕所原汁流经我的鞋带，钻入我的袜子里。在普通人的生活里，假设有人真的尿在你的鞋子上，你应该会马上脱掉鞋子和袜子并把它们全扔了。但我脚上这双是我仅有的鞋子。我别无他法,只能拼命努力忽视浸湿我双脚的恶心东西,然后像泰德说的那样,用工作撑过去。

以前的我给现在的我一句忠告:放慢脚步,还有最重要的是,抽离。若待在受苦的人四周让我受不了,那我就无权待在低薪工作的世界,无论是以记者或其他的身份。除此之外,我也有自己的问题得担心,最紧迫的是经济问题。在我最初的计算中,若从长期看来,而且没有突发事件阻碍的话,我的经济靠两份工作应该游刃有余。但我从在女佣公司开始上班的第一个周五到现在,都还没有拿到任何薪水支票。公司的说法是,新员工第一笔薪水会被扣住,直到最后离职时才能到手,显然是为了避免员工跑去痛快地花掉,第二周就不来上班。除了那场疹子的额外花费之外,我还很愕然地发现,我在蓝港旅馆的第一周租金是 200 美元,不是 120 美元,因为老板认为旅游季还不算完全结束。再加上虽然我租的屋子名义上是附家具的,但当我搬进去的时候几乎没附任何厨房用品,于是我不得不在沃尔玛超市自己花钱买锅铲、开罐器、万用菜刀、扫帚等必需品。若两边工作的薪水都开始进入户头,我就可以应付得来,但现在已经到了第二周后半,我预见接下来一周会极度吃紧,就算加上可以在木冠吃免费午餐也一样。

这些努力工作的穷人能得到什么协助吗?能,但需要一个非常有决心，而且不是真的一穷二白的穷人才能得到。周四下班后，我开车到女佣公司对街的美孚加油站，打电话到普瑞布尔街资源中心（Prebles Street Resource Center）。在电话簿中，它被列为可提供免费食物和各方面协助的资源中心之一。结果我得到一个语音回答，表示该中心在下午3:00就关门了（对还得上班的穷人还真"好"啊！），请在这个时间之后改拨744救援专线。我打过去，电话足足响了4分钟才有人接起来。我告诉接电话的人，我刚到这一带，有工作，但需要一些立即的食物补助或现金协助。他想知道，如果我有工作，为什么还需要钱？难道过来这里的时候我没带一些钱吗？我告诉他，那些钱在租房子的时候就用完了，而且租金比我预期的贵。那我为什么在搬过来之前不先查查此地的租金？我很想把我出疹子的事件也告诉他，看他愿不愿意高抬贵手从轻发落，但我认定我们的关系还不到我想跟他讨论身体的地步。最后，他终于让步，给了我另外一个电话号码。接下来又辗转打了四通电话之后，我才遇到一个愿意帮忙的人类：葛罗莉亚。她告诉我，我应该在明天早上9:00到下午5:00之间到位于毕得佛（Biddeford）的食物发放站。这些人到底为什么会假设饥饿的人都整天没事，能四处开车到那些所谓的社区行动中心（Community Action Center）和慈善厂商那里去？结果葛罗莉亚要我打另一个电话号码，这回是一个名叫凯伦的女子接听的，她是另一名义工，结果她说我不在她管辖的县内。我非常缓慢地向她解释，并且努力用正式的语气，仿佛是打电话去银行问信用卡条款，我用尽脑袋里的时间和地理知识再一次地告诉她：我确实一周工作7天，确实一天工作至少8小时，而我此刻确实正好就身在她所管辖的地理区域内。成功！凯伦让步了。我不能拿现金，但她会打一通电话，让我可以在南波特兰一家买得省（Shop-'n-Save）大型超市领食物券。她接着问我："晚餐想吃什么？"

这个问题似乎有点可笑或嘲讽的意味。我晚餐想吃什么？来份淋上香蒜酱的烤鲑鱼派和一杯罗尔酒厂的霞多丽葡萄酒[1]如何？但凯伦是认真的。我不能拿现金，想必他们认为我会把钱全拿去买醉；我也不能享用任何能引起人食欲的真正食物。她向我说明，我只能从以下的东西中选两样：一盒意大利面、一罐意大利面酱、一罐蔬菜、一罐烤豆子、一磅[2]汉堡肉、一盒调味汉堡用的酱汁，或一盒调味金枪鱼用的酱汁。没有新鲜的水果或蔬菜，没有鸡肉或奶酪，而且奇怪的是，没有金枪鱼可供调味。至于早餐，我可以选麦片和牛奶或果汁。够好了。我开车到买得省超市，在客服部领取我的食物券（上面再次列出我贫乏的食物选项），然后开始名副其实的省钱购物。我得到一夸脱[3]牛奶、一盒麦片、一磅碎肉，以及一罐四季豆，我想最后这两样可以用来做一锅墨西哥辣肉酱，或至少可以把豆子再炒过做辣豆子酱。还好，当我在收银台要求把四季豆换成烤过的豆子时，收银员没有刁难我就让我换了。我想跟她说谢谢，她却把视线移开，漫无目标地看着别处。

---

[1] J. 罗尔（J. Lohr）是加州著名葡萄酒厂，霞多丽（Chardonnay）则是酿造葡萄酒的著名葡萄品种。——译者注
[2] 英美制重量单位，1磅合0.4536千克。——编者注
[3] 英美制容量单位，1美制夸脱约合946毫升。——编者注

总结下来，我花了70分钟打电话加开车，再扣掉2.8美元的电话费，才终于获得价值7.02美元的食物。换算一下，等于时薪3.63美元。

除此之外还有周末在木冠的工作。我一直试着把这些日子当成真正的周末来看，仿佛我是在做了一周徒劳无益、多半像是在替房子美容的工作之后，志愿做些有用的事来转换一下。我姐姐跟我一起经历过父亲得阿尔茨海默病去世的过程，她写信给我表示"这工作一定让你难受极了"。但其实并不会，一旦你跟那些病患一样，忘掉他们曾跟其他人一样能正常生活，就能把他们想象成一群正在开茶话会的幼儿，只不过干瘪了一点而已。除此之外，跟我在女佣公司的同事们比起来，木冠的同事们简直算得上热情又外向，虽然他们的面孔似乎每周都会换一轮。由于我努力跟皮特拉开一些距离（部分原因在于我不想养成每周末都抽烟的习惯），我至少跟十几名厨师、护士、认证护理助理及其他饮食助手建立了一点交情，起码他们看到我还会打声招呼。而且更主要的是，我很享受我的自主性和分分秒秒的行动自由。周末尤其是没人督导的日子，而本来就不是个独裁者的琳达自从第一天后就很少露面。我可以从任何喜欢的地方开始整理餐桌或扫地，不用管什么从左到右、从上到下的鬼规则。我可以决定午餐是否需要多添点冰激凌，还可以决定是大理石巧克力口味还是草莓口味。若一名住户不想吃菜单上提供的鸡胸肉或肉丸，我还可以提出自己的建议：要不要我帮你弄一个好吃的烤奶酪三明治和热番茄汤呢？我完全能出于自己的意愿，把餐巾和桌布都熨烫一遍。

但行动和自由有时候可能太多了。在发生金鱼缸意外那周的周六,我早上 7:00 上班时才发现,应该跟我一起当班的饮食助手没请假就不来了,我变成负责整个阿尔茨海默病院区的唯一饮食助手。更糟的是,当我必须在外面负责上餐的时候,无论是皮特或其他中央厨房的厨师,似乎都没空完成通常由他们负责的任务:在院区的小厨房里把食物装盘。而且这些"更糟的是"还不止一个:楼上靠近阿尔茨海默病院区的洗碗机坏了,所以餐盘全部必须在楼上预先洗过,装到推车上,再用人力推到位于中央厨房隔壁的洗碗机里清洗。最后还有可怕的一点:用来进入楼上厨房和从上锁院区出去的钥匙不见了,所以每当我需要打开其中一扇门,就得找到一名护士帮我开门。我对这天的记忆已经糊成一片,而我当时记下的笔记,看起来活像一个刚用光最后一罐氧气的珠穆朗玛峰登山客所发出的电子邮件,气喘吁吁又惊慌不已:"盘子清理、冲水,放手推车,第一趟推去洗碗机。收掉没用食品(糖浆、牛奶等)。拿回第一车干净盘子,收到楼上餐具室。收回桌巾、餐垫、餐巾,丢进洗衣机。扫椅子底下。吸椅子周围地上。"我总算熬过这天,感谢看护助理们帮忙支援上餐,还有我在杰瑞餐厅当服务生时学到的一课:别停下来,别思考,一刻都不能暂停。因为万一你这么做了,就会意识到自己的双腿正被疲劳征服,然后疲劳就会获胜。

那天下班后,我决定去皮特一直极力想带我去的州立公园,稍微让自己享受一下美丽的秋日。孩子们爬到紧邻着海的黑色大石头顶上，通常我也会这么做，但好几个小时以来一直尽责地服侍着我的双腿，此刻已经瘫软无力，所以我只是坐在一块石头上发呆。今天到底是怎么回事？怎么会整天只让一个临时请来的人管大半个养老院？[1] 是，没错，这里是唯一真正查证我履历内容的机构，但万一我是那种死亡天使型的照护人员怎么办？说不定我会偷偷害死病患，然后利用病患本身意识模糊的半条命状态来脱罪。我更关切的一点是，如果像这样一直持续做两份工作，没有一天休息地连做好几个月，会把人变成什么样子？我在以写作维生的生活里，通常一周也是工作7天，但写作是可以满足自我的精神食粮，完全能由自己做主，而且不时能得到他人的赞赏。然而在这里，没有人会注意到我周六上班时的英勇表现（虽然我后来刻意对琳达提起这件事，但她只是心烦意乱地点个头表示响应）。如果你一年有360天以上都卑躬屈膝、弯腰驼背地做这些一再重复的枯燥低薪工作，会不会你的精神也跟肌肉一样，出现因过度重复使用而造成的伤害？

我没有答案，而且也不打算找出来，但我可以猜得到，其中一种症状是眼界变得狭隘。你的眼里只剩下工作，你的同事们不

---

[1] 美国卫生与公众服务部（U. S. Department of Health and Human Services）在2000年6月发表的一份报告指出，大多数养老院的人力都短缺到几近危险的程度，特别是营利性质的养老院。例如我这次工作的地方。根据这份报告，人力短缺的后果之一，是使一些原本可以避免的问题没有被切实避免，例如严重的褥疮、营养失调、脱水、充血性心力衰竭和感染。虽然我在木冠工作的食堂区从未看到过有病患被忽视不管或照顾不周，但一名助理会很容易犯下不足以危害生命的错误，例如把含糖的食物给一名糖尿病患者吃。我觉得自己和我的病人们都非常幸运，因为在我必须一个人喂饱整个阿尔茨海默病院区那天，并没有不慎伤害到某个人。

是变成自己人，就是变成死对头。小事可以被放得很大，一场斥责则可能到夜里还回响不已。若我在吸地的时候犯错（而且经常如此），就可以预见傍晚会被留下来斥责，弄得我必须提出辩驳："但录像带上没有说要吸到踏脚垫底下啊。"诸如此类的，虽然我早忘了录像带里演了什么。我在木冠那场个人演出的隔天是周日，结果凌晨3：00我惊醒过来，完全被一个念头攫住：是皮特故意陷害我。他应该在那里跟我一起把食物装盘才对，但他一定是气我最近都没去跟他抽烟谈心，于是决定拖我后腿。不过结果显示，我这番推论根本是空穴来风。在下一个周六，皮特还带了一个自己做的满福堡请我吃。但无论如何，我竟然会把宝贵的睡眠时间花在想象某人暗地放我冷箭，光这项事实就是一个严重警告：这位小姐，你该控制一下自己了！

我在女佣公司第三周的目标，是达到一种超脱的淡然境界。因为就像新世纪论者[1]说的一样，愤怒会毒害心智；除此之外，也没有任何证据显示我的同事们跟我一样，会为她们的处境感到愤怒，起码没有以外显的方式表现出来。我只发现两种反抗迹象，而它们都没有挑战到笼罩在我们之上的社会阶级秩序。其中一种是偷窃。我在工作期间没有目睹过任何偷窃行为，但女佣公司的规定和官方说法一直不断影射着这项可能性。以我们身上那套过分亮眼的制服和所开的鲜亮绿黄相间车子为例，两者的设计目的很可能是要使我们跟一般的窃盗集团有所区别。

---

[1] 新世纪（New Age），或新世纪运动（New Age Movement），以去中心、个人精神的最高提升为主要诉求。——译者注

而我也猜想，我们的制服裤之所以没有任何后袋，也是想打消我们在里面塞满珠宝和钱币的念头。有些屋主会留下好几堆硬币或一大堆散钞在家里，我猜他们大概在附近架了摄像头，以便能抓到某个手指太过灵巧，或者是特别饥饿的女佣在行窃。泰德在某一次晨会上严肃地告诉我们，有一件"意外"发生，而作案者已经被开除了。他表示，这种事情很少发生，因为惊准测验几乎百分之百能把不诚实的人剔除掉（当然啦，除我以外）。

另一种反抗形式是公然违反女佣公司的端庄言行规定。我有一些同事（事实上是组长们）喜欢把汽车油门踩到底，恐吓一下我们所服务的高雅小区。若有人打电话给泰德抱怨，表示在一个有好几户要我们打扫的小区里，某辆车曾在里头横冲直撞，引擎轰轰作响，还大声播放着反复叫嚣"去你的，王八蛋"和其他露骨性暗示言词的饶舌歌曲，害某名推着婴儿车的屋主难为情地缩在人行道上，我也不觉得意外（在此我连驾驶者的名字也不想指出，以免即便是化名，还是因为一些蛛丝马迹而猜得出是谁）。我们在车子后座一面笑得肚子都痛了，一面紧抓住车子扶手，努力别因为晕车而吐出来。但这种形式的反抗，只能威胁到很少数在外面散步的屋主而已。在这个阶级不平等的陡峭岩壁上，大部分时候，我的同事们似乎都认命地待在自己还攀得住的小小位置上。毕竟，要是没有这些拥有太多钱、地板和杂七杂八物品的人，也很难有女佣的存在。

因此，在一面用力擦抹、喷清洁剂和抛光的同时，我一点一点地七拼八凑起一种漂亮的"勿执着"哲学。我借鉴了被那场帐篷奋兴布道会拒之门外的耶稣的训示,他曾说过,最后的其实应该在最先,而若有人跟你要你的斗篷,就把你的袍子也一起给他。我还添加一点从朋友那里听来的二手信息,他告诉我,加利福尼亚北部有一个寺院,有钱人会付钱去那里冥想、做各种包括家务在内的劳动杂务,以这种方式度过周末。当我第一次听到这种寺院的时候,反应是大笑不已,但如今,一群网络大亨为了提升自己的灵魂而在那里奋力打扫的景象,却成了我可以神游的材料。除此之外,我儿子有一次在电话中告诉我一件事,出于某种我不十分了解的形而上的理由,西蒙娜·薇依[1]曾去工厂当过女工,所以我也把这点加进我的自创哲学里。结果得出的美丽幻想是:我不是为一家女佣公司工作,而是加入了一个神秘集团,这个集团致力从事最受鄙视的任务,而且要欣然、几乎免费地去做。事实上,我们还应该心怀感激,因为我们有机会经由对人卑躬屈膝、经历种种苦难而获得恩宠。如果荷莉乐意,她可以在我面前流血至死,我会想象这是神秘莫测的上帝特别给她的恩宠,就跟耶稣的情况差不多。我甚至决定不要抱怨第一笔薪水被扣着不发,以及我们每天的薪水都被去头去尾地少算了。公司要我们早上7:30就上班,却直到8:00上车出发才开始计算时薪。除此之外,每天外出打扫回来之后,我们还得在公司花半小时左右整理要洗的脏抹布、重新灌满清洁剂等,但这些时间也没被算进工资里。可是,我能领

---

[1] Simone Weil,20 世纪法国哲学家、社会活动家、神秘主义思想者。十分关注劳工处境。——译者注

到钱，干吗还抱怨？那些在佛教寺院修行的人还要自己花钱来做这些工作呢！

我这种崇高的心情大概维持了一天吧，而且即便在这段时间中，也有堕落的时刻。举例来说，在一栋墙壁花样都是以手工绘制的豪华乡村大屋中，我发现一整座塞满新保守派书籍的书架，那些书大言不惭地对社会不公的现状大加赞扬，就当时的情况来说，这些言论也无异于对我个人的侮辱。我很想发动一场生化战争来对付这名屋主（武器就在我的围裙口袋里），我只需要把刚擦完马桶、满是大肠杆菌的那块脏抹布拿来"清洁"厨房台面就得了。这个计划让我开心了大概一个多小时。但诡异的是，这栋摧毁我崇高心情的屋子，却是一名真正的佛教徒所有。我们在其他屋子里也看过许多标榜"灵性"的东西，例如类似《我在花园中学到的十项生命道理》（*Ten Things I Learned about Life in My Garden*）的书，以及挂在墙上的一些劝人静心的励志文字等。但这里的屋主显然是来真的（不过当然是一名皈依的白人信徒），他不只有平装本的禅学书，还在客厅里放了一座近1米高的佛祖雕像。雕像那祥和而毫无皱褶的前额上被贴了一张便条，警告我们绝不能碰它，甚至连掸灰尘都不行。

我们离开屋子，就跟平常一样提着桶子冲向车子，这时，荷莉不小心踩进地上一个凹洞。她摔倒在地，接着就尖叫出声。我立刻猛然转身，发现她哭了，她的脸从惨白一下子变成深红色。"有什么断掉了，"她哭着说，"我听到断掉的声音。"我协助她站起身，命令一旁目瞪口呆的玛姬扶住她另一只手臂。"我们一定要带你到急诊室，"我说，"立刻拍 X 光片。"但是不行，她只同意到下一间屋子的时候打电话给泰德，虽然这段车程必须由狄妮丝来开。我在车子里一直试图劝她，努力胡诌出各种骨折和扭伤的情况，仿佛我真的很了解那些病理，但荷莉只是不断哭泣，说她前几周已经多少天没来上班了，而其他两人则似乎根本没在听我们两个讲话。

当我们抵达下一间屋子的时候，荷莉让我看她的脚踝。我弯腰察看那里的时候（当然是看不出什么所以然），她小声告诉我，现在真的痛得很厉害。"你不能工作了，"我说，"你听见没有，荷莉？你脚踝这样子，不能再工作了。"但她还是坚持不从，她只同意从厨房打电话给泰德。我站在那里，听她哭着向他道歉，还说芭芭拉太大惊小怪了。我感觉到心里美妙的禅式超然随着脸上的汗水一起通通流走。我伸出手，坚持要荷莉把听筒给我。就在我说出"你给我听着"这几个字的前一刻，我听到他说的第一句话是："让我们先冷静下来，芭芭拉。"即便他已经老到应该知道，"冷静下来"这几个字通常是怒火的引爆点。

我爆发了。我不记得我用的确切字眼，但我告诉他，他不能再一直把钱看得比员工的健康重，而且我不想听他再讲什么"用工作撑过去"那一套，因为这个女孩的情况真的很糟。但他只会一直说"冷静下来"，而与此同时，荷莉则跛着脚在浴室里跳来跳去，把四处的阴毛抹干净。

我挂断他电话，然后跟着荷莉进入浴室强调我的主张。我是不是该说："听着，我其实是一个受过高等教育的人，事实上还是博士,而我不能就那么袖手旁观……"但这听起来太疯狂了,而且荷莉干吗在乎这点?就我所知,荷莉若不来上班,她丈夫就会打她。所以我只能做当时唯一能做的事,我说:"如果你不去医院,我就不工作。不然至少你也得坐下来把脚抬高,工作就由我们其他人来做。"我望向狄妮丝寻求支持,她正跟在我们身后偷看浴室里头。"这叫作停工。你们听过这回事吗?这是场罢工。"狄妮丝只是回头去工作,脸皱成一团,也许是出于困窘,也许是出于厌恶。

"我只要打扫浴室就好了。"荷莉为了让我息怒而这么说。

"怎么扫,用一只脚吗?"

"我来自一个很顽强的家族。"

"是吗,我也是。"

但荷莉的祖先赢了。她身为组长这一点,压过我身为母亲这一点。而且,若我真的走人,又能到哪儿去?屋外,马儿在牧草地上啃着青草,迁徙中的鸟儿以完美的队形俯冲又爬升。我根本不知道我人在哪里,在波特兰北部,还是西部?我是可以叫一辆车,但我身上没有足够的现金坐车回家,就算回到家也挖不出那么多钱来付车费。也许我可以跳上一匹马(如果我知道怎么骑马的话),越过一块块牧草地,穿过人家的后院和高速公路,一路骑到海里去。就算我有方法可以离开,但这么做的唯一后果是增加其他人的工作量,而且还包括荷莉在内。因为她已经表达得很清楚,她一定会坚持工作下去,直到有人从她那双冰冷死白的手里硬抢走最后一块清洁抹布为止。

所以我别无选择,只能隐忍下来。我全身颤抖不已,不只是因为对泰德的愤怒、玛姬和狄妮丝的背叛,更是因为自己彻底而可鄙的无力。但我只能背上吸尘器,拉紧身上的束带。我眼里满是熊熊燃烧的白热怒火,很难专注在散落的地毯上。这些炽热的怒火一直燃烧着,吞噬一幢又一幢的房子。我的清扫工作一塌糊涂,狄妮丝带着明显的敌意指出我的错误,结果我必须把一楼整个重吸一遍。车子里有好一会儿寂静无声,只有玛姬愿意抬眼看我,她跟平常一样很快恢复到原本的步调。荷莉则又开始浸淫在她的午后绮丽幻想中,谈论她心爱的食物:"你今天晚餐打算吃什么,玛姬?……哦,是吗?不加番茄汁?"

我坐在车子里,在漫长的回程途中试图保持怒火的强度,方法是默默演练待会儿我被泰德开除时要讲的话,他应该会以不服从上级为理由开除我。"听着,"我会说,"这个工作要面对的那些恶心东西,包括屎啊鼻涕啊什么的,我都可以忍受,唯一让我无法忍受的是有人那么痛苦。很抱歉,我也试过不理会这件事,但当我跟她们一起工作时,看着她们掉眼泪、快晕倒、快饿死,明显正在受苦,我的效率怎么也高不起来。所以,我同意,你最好找一个比我铁石心肠的人来做这个工作。"总之,就是类似这种内容的强硬演说。当我们只剩几条街就要抵达办公室的时候,玛姬转头望着我,脸上带着近似同情的表情。我知道在这篇故事里,玛姬看起来并不是个大好人,但我们其实有多次亲密长谈,讨论有关激素、抗抑郁药和其他中年时必须面对的事情。也有一天,我们彼此调侃对方的汗流得多到不像话,于是当我们打扫完那栋房子，两个人就一起跑进大雨里，头往后仰，双手张开，笑得像只想玩乐的大孩子。我因为这些而爱她。如今她说："你看起来很累，芭芭拉。"其实她该用的词是"挫败"，但我只是说（声音大得让前座的荷莉和狄妮丝也听得到）："我正在为面对泰德做准备。"

"他不会开除你的，"玛姬爽朗地说，"别担心。"

"噢，这我不担心，外面还有几百万个工作。看看招聘广告就知道了。"狄妮丝半转过身，表情茫然地从侧面打量着我。她们难道都不看招聘广告吗？她们难道不明白，光是如此缺人这一点，就可以让她们揪住泰德，予取予求？比方说，要求一小时7.5美元的时薪，而且从早上出现在公司那一刻算起，直到每天处理完脏抹布离开为止。

"但我们需要你。"玛姬说。接着，仿佛这句话听起来太充满感情了，于是她又说："你不能就这么丢下泰德不管。"

"你们干吗这么担心泰德？他会找到别人的。随便哪个人，只要能早上7:30清醒地出现在公司，而且还站得直就行了。"

"不对，"荷莉终于插嘴了，"你这么说不对，不是谁都能得到这份工作的，你要通过测验才行。"

测验？那个"惊准"测验？"那个测验，"我等于是大吼着说，"根本是狗屁！谁都能通过那个测验！"

这是句不可原谅的气话。第一，它很侮辱人，特别是对荷莉来说，因为她就是靠着这份脆弱的专业感才能撑过那些病痛和伤害。就我所知，荷莉只有基本识字能力，做这份测验对她来说并不容易。这里每个人都识字，但荷莉有时候会问我怎么拼"拿"（carry）和"重"（weigh）[1]这些词，因为她必须把工作时发生的所有事件都写在报告上。第二，当然，这句话违反了公司规定不能在公务车里讲脏话的条款。再说，我自己的专业性又在哪里？我不是也该一路以记者的客观性为准则行事吗？

但搞错生气对象的怒气很难持久，而最后一丝怒火也活该地溺毙在羞辱和挫败的冰水里。我看得出来，荷莉会恨我一辈子，不只因为我公然藐视她身为组长的权威，也因为她曾经好几次让我看见她满脸泪水和恐惧的样子。狄妮丝当然也会恨我，因为我把事情弄得让她很不舒服，或单纯只因为我拖慢了工作进度。玛姬则会完全忘了这件事。但即便是好几个月后的现在，我还是想不出到底应该怎么处理当时的情况。我应该在荷莉摔倒的时候就闭上嘴巴，一句话都不讲吗？还是应该坚持我的一人罢工，因为搞不好她最后会妥协，让我们带她去急诊室，或至少坐下休息？我能确定的只有一件事：不管是在我身为女佣还是其他角色的生活里，那时都算得上是最糟的时刻。

泰德没有开除我。隔天我在停车场遇到荷莉，她正跛着严重受伤的脚走向自己的车。"你相信吗？"她对就在那一刻出现的玛姬说，"泰德竟然叫我回家！"仿佛这是毫无道理的不公平事件。

---

[1] 在英语中，这两个词算是只有两个音节的较简单词汇。——译者注

若玛姬不在那里，我会开口对荷莉讲一些话，像是"对不起"和"请好好照顾自己"。但时机一晃即逝，而我的辩白苦涩地留在嘴中（如果这些算得上辩白的话）。在办公室里，泰德感谢我的"关心"，说他已经听取我对荷莉的建议，叫她回家。但是（总会有"但是"），你没办法帮一个不想要人帮忙的人。我很蹩脚地回答："我猜那是我心里的母性使然吧。"对于这句话，他的响应是恼羞成怒地说："我也是为人父母，这并不有损于我做人啊！"在此我可以骄傲地向各位报告，我当场非常镇定地告诉他："这应该让你更懂得该怎么做人！"

当然，泰德没有再回答我。几天后，我跟仍然跛脚的荷莉同一组。自从那天以来，她就一直把我当成某种非人类，某种不太可靠的清洁工具，就像一罐效力不佳的守卫桶[1]清洁剂。泰德忽然通过传呼机要她把我载回办公室，因为他要派我到另一组，帮忙清洁某间难搞的新屋子。为什么是我？我不晓得，也许他只是想找机会跟我讲话。他载我出门时，车上只有我们两个人，他劈头就说我表现优秀（他得到的报告都说我很棒），所以要帮我加薪到每小时 6.75 美元。我不敢相信，打破金鱼缸和威胁要罢工叫作表现优秀？但他继续讲，说我该知道他不是个坏人，而且他非常关心自己手下的女孩。我得明白，他手下有一些很棒的女孩，像荷莉和莉莎，但也有一些不甘于现状的人，而他希望她们能别再抱怨了。所以我了解他的意思，对不对？我想，这八成是在暗示

---

1 Janitor in a Drum，一种老牌强力清洁剂。——译者注

我抖出几个人的名字，因为根据同事间的传闻，这就是泰德的做法：要人打小报告，设计让一个女人出卖另一个女人。例如他曾告诉我们，若某个人缺席，倒霉的是小组里的其他人，因为这样就不够人手完成工作。但我利用这个机会问了他一个问题，自从荷莉跌倒之后我就很想问：他叫她回家那一天，她有薪水可以领吗？因为她毕竟是在工作时受伤的。"噢，当然会啊。"但他的轻快语调听起来有点勉强："你以为我是什么，吃人不吐骨头的怪物吗？"呃，不是，虽然我没说出口，但我想到的字眼是"皮条客"。

既然外面有那么多工作机会，为什么还有人要忍受这种对待？事实上，有一名女子的确为了她认为待遇更好的工作而离职，去唐恩都乐甜甜圈店（Dunkin' Donuts）当柜台人员。但这些人之所以耗在女佣公司不走，有一些实际的理由：若换工作，就意味着可能超过一周没有薪水支票进账。再加上这份工作还有所谓"妈妈时间"[1]的诱因，虽然实际上我们往往得工作到下午5:00才能下班。另外一个较为隐而不彰的因素，是想获得泰德的肯定。这点的重要性也许跟金钱一样，支撑着荷莉忍受呕吐感跟疼痛继续工作。就连一些较有活力、较勇敢的女人，也对于他的看法异常敏感。她们会因为被泰德"痛斥"而难过一整天，会反复回味一句小小的赞美数周之久。宝琳最后一天来上班的时候，我清楚看到泰德的认可在她们身上展现的力量。她已经67岁，工作资历（两年）比所有人都久，已经长到可以在公司总部

---

1 在此意指还有一些时间可以当妈妈，照顾到自己的小孩。——译者注

发布的新闻报里被表扬一番。她的背早已不行了，但她之所以终于辞职，是因为膝盖要动一场大手术。据她表示，这是因为太长时间趴在地上用力擦地的结果。然而她要离职那天，泰德在晨会上完全没有提到她要离职，也没有私下谢谢她，或在那天工作结束时请她珍重。我之所以知道这些，是由于我那天提议载她回家，因为平常应该来载她的那辆车显然不会来了。当我们开车在下着雨的南波特兰街道穿梭时，她谈到手术跟之后好几周的恢复时间。她必须出去再找一份工作，而她只希望这份工作能不需要太经常弯腰、搬东西和蹲在地上。但她讲得最多的是泰德，还有她心中那种受伤的感觉。"自从我因为背痛没办法吸地以后，他就一直不喜欢我。"她说。"我问过他，为什么其他人领的钱都比我多，"我猜她的意思是其他同样资深的人，"而他说，'喔，要是你能吸地的话……'"她声音中没有苦涩的指责，只有一个凡人的悲伤，她往前看，看到自己生命的尽头，还有下着雨的灰色街道。

这里面的一大问题就是，为什么泰德的认可如此重要。我想到的答案是，因为我这些同事的情感需求长期被忽略。屋主不会感谢我们把工作做得很好，而老天在上，街上的路人也不会把我们当成无产阶级劳工的女英雄，向我们喝彩。没有一个屋主会知道，就在不久之前，有一个快晕倒的女人曾扶着他正用来切法棍的厨房台面以免倒地，也不会因此决定颁发一枚勇气奖章给她。某天我连吸了10个房间的地板后，还有时间去擦抹厨房地面，这时没有人会说："老天爷，芭芭你真行！"就像皮特说的，工作原本应该拯救你免于变成一个被放逐的人,但我们从事的却是被放逐者的工作,被人忽视,甚至遭人厌恶。在我们这个照理说没有种姓制度的民主的社会里,看门人、保洁员、挖水沟工人、替成人换尿布的看护却是不可接触者。也因此,像泰德这种人才会有他根本不配拥有的个人魅力。他也许贪婪又出乎意料地残酷,但在女佣公司里,他是那个更好的世界唯一的代表,在那个世界里,人人都可以上大学,穿着体面地去上班,周末时还能把逛街花钱当成消遣。若某天公司要打扫的房子没那么多,他还会派某一组人去打扫他自己的房子,以免有人闲着。据去打扫过的人说,那房子真的不错。

也或许,低薪工作普遍说来就是有这种效果,使你觉得自己像印度种姓制度里的贱民一样。当我晚上一面吃晚餐,一面看电视的时候,我看到的是每个人几乎都能赚15美元以上时薪的世界,而且我讲的不只是那些电视节目主持人而已。电视上的喜剧和正剧里,演的都是时装设计师、学校老师或律师的故事。所以,一名速食店员工或看护助理很容易得出一个结论:她自己才是不正常的,她(几乎)是唯一没被邀请加入那个美好世界的人。从某个意义上来说,这个结论没错,因为穷人已经从主流文化里消失了,无论是在政治语汇、知识研究里,还是在日常娱乐里,都消失无踪。就连宗教对穷人的惨况也似乎没什么话要说,如果那场帐篷奋兴会足够有代表性。放高利贷的人终于把耶稣逐出了圣殿。

在女佣公司工作的最后一天下午,我向当天跟我同组的同事们说明我的真实身份，以及我为什么来这里工作。这一组的成员比平时荷莉的组员有活力得多。我的自白引起的反应小到我必须再重复一遍："你们可不可以听我说？我是一个作家，而且我要写一本关于这里的书。"最后，萝莉总算从前座转身过来对大家说："嘿，这听起来很有趣。"她要大家安静一点，然后跟我说："所以你算是，怎么说，在调查啰？"

呃，其实我不是只在这个地方工作，而且我也不完全算是在调查，但萝莉已经满脑子都是这个想法。她尖声大笑："这个地方可值得好好调查！"现在似乎大家都懂了，但懂的不是我的真实身份和我到底在这里干吗，而是无论我在做什么，泰德都要倒霉了。

至少我现在既然公开了自己的身份，终于能问她们一些我一直想问的问题：她们有什么感觉？不是对泰德，而是对那些屋主。那些屋主拥有这么多财产，其他人（像她们自己）却连生活都快过不下去，她们有什么感觉？萝莉的椎间盘 24 小时都在痛，而且她背负着 8000 美元的卡债，她的回答是："我能想到的只有，哇，我希望自己将来有一天也能拥有这些东西。这是我的动力，而且我一点也不怨这些屋主，因为，你晓得，我的目标就是要爬到跟他们一样的位置。"

柯琳是一名有两个小孩的单亲妈妈，通常她都有话直说又活泼，但现在她则直盯着前方某一点，仿佛某个逃过马铃薯大饥荒[1]

---

1 Great Potato Famine，19 世纪中期发生在爱尔兰的大饥荒。——译者注

的祖先正在那里瞪着她,就跟此刻望着她等待回答的我一样:"我不介意,真的,因为我猜我是个简单的人,我并不想要他们有的那些东西。我是说,那对我不算什么。但我会希望能偶尔请一天假……如果我不得不请的话……而且隔天还是能有钱买点杂货。"

我在木冠工作最后一天之后,就请病假不去了。抱歉了,琳达、皮特,以及你们这群可爱、疯狂的老女士!我周日去拜访了萝莉,让她把我的制服拿去还给泰德,随便她怎么解释我为何离职,只要那个理由能让她觉得痛快就好。

第三章 在明尼苏达州卖东西

从空中往下看，明尼苏达州正是初夏时分的完美景色。湖水和天空交织成一片蓝，造型利落的云朵点缀各处，还有淡绿色和鲜绿色交错的农场。这是一幕丰饶和煦的景象，从哪个角度来看似乎都漂亮。好几个月来，我一直想去萨克拉门托市，或者加州中央谷地其他离伯克利不远的地方工作，因为我想在那一带度过春天。但许多人跟我说那边会很热，会有过敏问题，更别提所有低阶工作和住处都可能已经被拉丁裔抢先了——这是常有的事。我因此打了退堂鼓。总之，别问我为什么想去明尼阿波利斯（Minneapolis），也许我只是对落叶乔木有种莫名的渴望。不过我同时也知道，它位于一个（某些方面而言）比较自由的州，也比很多州善待福利制度下的穷人。在网络上搜寻约半小时之后，我发现那里的市场很缺劳工，广告上新进人员的薪水从时薪 8 美元起跳，单人住的公寓月租是 400 美元或更少。如果哪个有进取心的记者想测试一下爱达荷州或路易斯安那州最黑暗地区的低薪生活，那我祝她成功。各位可以说我胆小，但这次，我想要一种收入和租金之间比较平衡的生活，比较温和一点的冒险，起码能先平稳着陆。

我到廉价租车公司，从一个和善的家伙手中取到车子（这一定是著名的"明尼苏达式好心"），他主动告诉我国家公共广播电台（National Public Radio）和古典摇滚电台的调频位置。我们都讨厌摇摆乐，而且要不是我正在执行基韦斯特摇滚狂所谓的"来自上帝的使命"，也许我们还能多发现几个共通点。我手上有一份在机场用10美元买来的双子城[1]区地图，此外，一位朋友的几个朋友因为要去东部拜访亲戚，所以愿意让我在他们的公寓免费住几天。呃，其实不完全免费，因为我必须帮忙照顾他们养的鹦鹉。为了这只鸟的身体和精神状况着想，我必须每天把它放出笼子几个小时。在电话里我不假思索地答应这个条件，但真正快到公寓时，我的脑袋才清醒过来，想起自己生平最害怕的三种事物，就是太大型的蛾、任何柳橙制的东西，以及跟鸟类近距离接触。我顺利抵达公寓，很高兴这个城市跟我手上的地图配合得这么完美，之后花了一小时跟其中一名主人学习鹦鹉新知。这位主人在讲解过程中把鸟放出笼子，结果它直直朝我脸上扑过来。我用尽全力克制自己，低下头，闭上眼睛，任它在我的头发上跳来跳去、又啄又扯。

各位别被鹦鹉的存在给误导了，这可不是一间雅痞风格的高

---

[1] Twin Cities，圣保罗市（St. Paul）和明尼阿波利斯被并称为双子城。——译者注

级公寓。它是个只有一间卧室、塞满东西的小公寓，家具宛如救世军发放的救济品，装潢品位则是20世纪70年代末的毕业生风格。等两位屋主离开后，我翻翻找找，食物柜里不见任何橄榄油或醋的踪影，冰箱里也没留下半瓶霞多丽葡萄酒，唯一的酒精类饮料是半品脱标准蓝领阶级的施格兰七（Seagram's 7）威士忌，而他们最喜欢的抹酱则是人造奶油。这个公寓其实已经很不错了，甚至称得上舒适，有一张坚实的床，可以看到种了一整排行道树的街道，唯一的缺点就是那只鸟。不过，我在缅因州工作的时候，有好几名同事都必须跟许多人一起生活在拥挤的空间里。她们的经历告诉我，寄人篱下的时候，往往必须忍受一些讨厌的事情，不是很难相处的亲戚，就是必须长时间排队等着用厕所和浴室。所以，就让这只鹦鹉来担任替身吧（后来我都叫它宝弟，而不是它原本那个装模作样的名字），让它代替那些闯来的姻亲和吵闹的室友，因为当一个人没有多少选择，只能跑到一个陌生城市投靠远房亲戚的时候，通常就是会遇到这些状况。

先不管这个。我早上第一件事就是出去找工作，这回我绝不再做服务生、看护或保洁员了。我打算改变一番，也许去当售货员或工厂女工。我开车到最靠近的两家沃尔玛超市，填好应聘表格，然后前往城市另一头，到另一家开车要45分钟才能到的沃尔玛分店。我填好应聘表格，正准备前往塔吉特（Target）超市跟凯马特超市的时候，脑海中冒出一个念头：我的应聘资料里根本没写任何相关经验，谁会雇用我呢？在我的应聘资料里，只跟平常一样写着我是一名再就业的离婚主妇。我该做的其实是亲自去见招聘主管，让她们看到我开朗而自信的一面。所以我走到店门前方的付费电话处，打电话到这家店里，然后要求跟人事主管说话。电话被转接给萝贝塔，她对我的主动感到印象深刻，立即要我走到店后方，到她的办公室见她。萝贝塔是一名淡金色头发、年约60岁的活跃女性，她说我填的应聘资料一点问题都没有，因为在进入沃尔玛工作之前，她也独自养大6个小孩。在沃尔玛工作几年后，她就升到现在的位置，因为她是个"与人为善的人"。她现在就有工作机会可以提供给我，但我必须先完成一份小小的"测验"。她向我保证，这份测验里没有对或错的答案，我只要照实写下内心想法就好。由于我在缅因州的时候已经做过一次沃尔玛测验，因此这回泰然自若地迅速完成。萝贝塔把测验结果拿到另一个房间里，那里有一台电脑会对这份测验"打分数"。大约10分钟后她再度现身，告诉我一个令我心头一惊的消息：我错了三题。呃，其实不是真的"错"，只是有待进一步讨论。

基本上，我应付入职前人格测验的战略是：对于明显的"犯罪行为"（例如滥用药物和偷窃）采取毫不宽待的态度，但在其他地方则留下一点灰色地带，好让我看起来不像是在造假。但这个战略错了。如果你想表现自己会是个好员工，就一定要阿谀奉承、服从到极点才行。拿这题来说好了："随时随地都要切实遵守规则"，我的答案是"强烈"同意，而不是"非常强烈"同意或"完全"同意。结果萝贝塔想知道我为何这么回答。我说，规则有时候也需要人的诠释,因为我们必须谨慎判断状况,否则把一切工作交给机器就得了,不需要由人类来做。她听了大为赞赏:"谨慎判断,非常好!"还写下一些笔记。我解释其他两项错误答案的时候也如法炮制,于是萝贝塔就开始向我介绍沃尔玛到底是什么。她自己在到这里工作之前,曾拜读过山姆·沃尔顿[1]的书〔他的自传《美国制造》(Made in America)〕,发现沃尔玛公司的三大经营哲学跟她的想法完全契合。这三大哲学是:服务、卓越(好像是这个词),而第三项她记不起来了。总之重点是服务:帮助别人,解决他们的问题,协助他们购物。她问我对这点有什么看法,我当场言之凿凿地告诉她一个跟零售事业有关的感人故事,讲到后来,我自己都快觉得跟萝贝塔之间有某种心灵相通,而眼眶微微湿润。接下来我只需要通过药物检测就可以了,她安排我下周一开始就做。

若不是因为有这场药物检测,我可能当场就决定不去找其他工作了,但前几周我在服用化学药物方面有点不谨慎,我很担心自己通不过测验。在萝贝塔面试我的房间里,墙上贴着一张海报,警告应聘者若在过去6周内吸过毒,就不要来"浪费你自己或我们的时间"。若我是吸可卡因或海洛因的话反而没关系,因为这两种毒品是水溶性的,几天内就能排出体外(至于LSD迷幻药则根本不在检测之列)。但我却不慎吸了唯一常被检测出来的东西:大麻。大麻是脂溶性的,会在体内停留几个月之久。此

---

1 Sam Walton,沃尔玛创始人。——译者注

外，我还因为慢性鼻腔阻塞的问题持续服用处方药物，万一让我精神焕发的"克拉立停D"[1]，在检测结果上看起来却像"冰毒"[2]怎么办？

所以我乖乖回到车子上，拿起《明星论坛报》跟《就业新闻》传单，查看用红笔圈起来的招聘广告。我去了几家人力派遣公司，想找工厂类的体力工作。我表明自己身体强健，可以把9千克的东西举到头顶上，不过如果能告诉我到底需要搬多重会更好。接着我得开上一大段路到城市另一头去，因为我已经预约面试一份组装员的工作。我好几年没在都会区高速公路上开车了，而我给自己在车流中不怕死的敏捷穿梭打90分。但到头来，我还是被下午的路况打败了。我找不到那家工厂在哪儿，起码来不及在傍晚5:00以前找到，于是我开进一个购物中心的停车场，想找地方上交流道往回开。结果我发现自己停在一家麦那兹（Menards）家用五金店前面，这是主要开在美国中西部的大型家用五金连锁店。我看到有个牌子上写着招聘，所以就想：何不再来测试一次单刀直入的应聘方式？我摸索着走到店后方的木材放置场，叫住一位工作人员，名牌上写着他叫雷蒙，他愿意带我走到人事办公室。我想知道这里的工作环境如何，他说这里还不错，虽然这只是他的第二份工作；此外他也不会生客人的气，因为木材质量很烂并不是他的错。"客人"？我猜他指的是"顾

---

[1] Claritin-D，一种抗过敏药物，含有可制造非法毒品的伪麻黄碱等成分，因而需要处方笺才能取药。——译者注
[2] Crystal meth，甲基苯丙胺，俗名冰毒。——译者注

客"。[1]我很庆幸能先从他这里学到这个词，才不会在从管理层口中听到的时候，不小心露出吓到或瞠目结舌的表情。

雷蒙把我丢给保罗。保罗是一个手臂粗壮的金发男子，跟萝贝塔比起来，他的人际交往技能严重欠缺。我跟他说明我的家政经历之后，他只咕哝着说："那我可不管。"接着就把人格测验卷塞给我。这份测验比沃尔玛的短，而且显然是针对一个更粗犷的群体设计的："我比别人更容易还是更不容易对人拳脚相向？""是否在有些情况下，贩毒不是犯罪？"此外还有一长串针对偷窃行为的反复诘问，特别以下列这个问题为最："在过去一年里，我偷了雇主价值（请在以下的金额数上打钩）的东西。"我做完之后，保罗用力盯着问卷，然后突然大声问我："你最大的缺点是什么？"噢，缺乏经验（显然如此）。"你主动积极吗？"我人都在这里了，不是吗？要不然我可以只填应聘表格就走了。好，就这么说定。保罗认为我适合负责装配水管，起薪是时薪 8.5 美元。至于药物筛检结果，当然还在等待中。我跟他握手成交。[2]星期五晚上，我到明尼阿波利斯大约 15 小时，就已经从南部郊区开车到北部

---

[1] 在英语中，"guest"（客人）和 "customer"（顾客）的意味有时相当不同。"顾客"有强调消费者权益和身份的意味，在商店语境下已经是约定俗成的用法，用"客人"这个称呼会显得商店非常缺乏尊重客户的意识。——译者注

[2] 以圣保罗市为总部的"立刻就业联盟"（Jobs Now Coalition）估计，以 1997 年为例，在双子城都会区，一名有一个孩子的单亲父亲或母亲若要养活自己跟孩子，就必须赚到时薪 11.77 美元的"生存工资"。这份报告以一些每月基本开销为根据，包括 266 美元的食物费（每一餐都自己煮并在家里吃）、261 美元的孩子养育费，以及 550 美元的房租，见《明尼苏达州生活费：1997 年立刻就业联盟明尼苏达州家庭最低基本开销报告》（"The Cost of Living in Minnesota: A Report by the Jobs Now Coalition on the Minimum Cost of Basic Needs for Minnesota Families in 1997"）。没有人将 2000 年双子城房价加速攀升（见本书第 148 页）这点考虑在内，更新这个"生存工资"的数据。

郊区，投了半打简历，参加过两场面对面的面试。就算对没有隐情的求职者来说，找工作都是相当耗损心力的事情，而我尤其感到筋疲力尽。以人格测验为例好了，其实我心里的真话是：我才不在乎我的同事有没有在停车场里飘飘然一下，甚至偶尔偷拿一点零售商品，就算我看到也绝不会打小报告。我也根本不相信管理层有神圣的权力或高人一等的知识，使他们可以统治一切。然而在那些测验里，我们却必须对这种题目一律答"非常同意"。这种测验逼得一个人要在15分钟的测验时间内说谎50次，尽管它的目标似乎是要筛选出道德更高的人。除此之外，要一连半小时以上使自己看起来既有自信活力但又唯命是从，也是非常令人筋疲力尽的事。因为我必须展现出主动性，但又不能显得像会组织工会起来罢工的人。再加上还有药物测验的威胁悬在那里，就像一场即将要举行的学术能力评估测试（SAT）一样笼罩在我头顶。于是我痛苦而真实地了解到，原来我相信自己能贡献给他人的一些迷人特质（例如和善、可信赖、愿意主动学习），都可能因为一泡尿而被全盘否定。[1]

---

[1] 工作场所的药物检测往往宣称有许多效果，包括减少意外和旷工情况、降低医疗保障制度的负担，以及增加生产力等等。但根据"美国公民自由联盟"（American Civil Liberties Union）在1999年发表的报告《药物检测：一项糟糕的投资》（"Drug Testing: A Bad Investment"）指出，上述这些效果没有一项获得证实。研究显示，入职前药物检测并没有降低旷工率、意外或人事变动率。此外，至少在接受研究的高科技产业领域，这种测验实际上还会降低生产力，原因很可能是它对员工士气产生的负面影响。除此之外，这项检测还非常花钱。1990年，联邦政府花费1170万美元检测了2.9万名联邦员工。由于结果只有153个人出现阳性反应，所以算起来，检测出一名用药员工的成本是7.7万美元。雇主为何如此坚持要做这道手续？部分原因很可能是产值约20亿美元的药物检测行业从业者所打的广告，但药物检测也有贬低员工的效果，我猜这点可能也对雇主产生某些吸引力。

我以痛悔自己犯下多项罪孽的心情，决定将周末奉献给解除身上的药毒这件事。在网络上搜寻一阵子之后，我发现有这种需要的人还真多。有几十个网站为将要接受药物检测的人提供协助，大部分是吃下去让身体代谢的产品，但有一个网站则保证能寄给顾客一瓶纯净、无任何药物的尿液，而且还可以用电池加热到跟体温一样自然。由于我没时间订购任何规避药物检测的产品并等待它寄达，所以我在某一个网站流连许久。那个网站上有数百篇标题是"救命！！三天内就要验了！"的文章，而一个名叫亚历克的人则镇定地替大家解答。我从这个网站得知，原来我瘦还有好处，因为如此一来就没有太多地方让大麻衍生物躲藏了。而且，要去除药性的唯一有效方式，是用大量液体把这些该死的东西冲掉，每天至少要喝三加仑液体。为了加速这个过程，还有一种名叫"清净 P"（Clean P）的商品可以用，在 GNC 连锁药店就买得到。所以我开了 15 分钟车到最靠近的一家分店，一路上牛饮我装在依云（Evian）矿泉水瓶子里的自来水。到那里之后，我支支吾吾地问管店的年轻孩子，他都把解除药毒的东西放在哪儿。也许他早就习惯许多看起来一副妈妈样的女人跟他讨清净 P，因为他面无表情地带我到一个大得惊人的上锁玻璃柜前。之所以上锁，也许是因为 GNC 的解药毒产品平均价格是一罐 49.95 美元，也或许他们认为，会来买这类产品的是一群狗急跳墙又不怎么守法的家伙。我细读产品成分后，一共花 30 美元分别买了两项产品：肌酸酐（Creatinine）和一种名为熊果（Uva ursis）的利尿剂。我的计划如下：不断喝水，频繁地服用利尿剂，而且（这部分是我自己的科学贡献）避免吃任何加盐的食物，因为盐分会促使水分滞留。所以，我不能吃任何加工食品、快餐或任何辛辣调味料。若我想得到麦那兹的装水管工作，就得先把自己变成一根畅通无阻的水管才行：排出来的水跟喝进去的一样纯净可饮用。

我另一项周末任务是找房子住。我打给电话簿上所有的房屋中介公司，包括"房市""找房子""有房子"等，并留下想租房的讯息。除此之外我也打给所有列在电话簿上的公寓大楼，其中只有两栋大楼真的有人接电话，但他们表示租约要订12个月才行。我走到超级市场买周日报纸，顺便也应聘了一下那里的工作。他们说，他们是用得上帮手，因为月初福利金支票一发放下来，店里真的是忙坏了；我可以下周再来问一次。不过，报纸真是让我失望不已，在偌大的双子城区，只列了一间附家具的单人公寓，而且对方周末还不接电话。不过，也许正实行"冲刷"饮食法的我，眼下这种几近尿失禁的状态，最好还是别去看什么屋子比较好。我的晚餐是在超市买来的四分之一只烤鸡，没加任何盐，配着一种大家熟悉的低科技利尿剂冲下肚：啤酒。

把所有状况考虑进来的话，我得说这不是我最春风得意的时光。若我能对自己越来越排水不止的状态投降，拿本小说挨过周末，情况还会好些。但此刻"家"并不是一个可以安坐休息的地方，而比较像军队里所讲的"战区"。当我在家的时候，宝弟就想到笼子外，它会嘎嘎大叫昭告天下，不然就是在笼子里疯狂踱步，这比大叫还糟多了。而它一出笼子，就想坐在我的头顶上，撕咬我的头发和眼镜框。为了把损伤降到最低，我会先穿上连帽运动衫，把帽子戴上，将帽口抽绳尽量拉到最紧，包住我的头发和大部分脸，然后才把它放出来。但我还是必须不时把它从最喜欢的面对面接触位置（我的肩膀），勉强移到我的前臂左右，然后它又一定会爬回我的脸旁。这时候如果有任何人来敲我的门，就会看到这一幅景象：一个人畏缩在一角，眼镜从连帽运动衣上仅剩的一个小洞突出在外，头上则顶着一只有羽冠的巨大异国白色飞禽。我只能想象那只鸟应该挺满意自己这个君临天下的位置。我关它禁闭的时间远不如我希望的多。然而这是我的职责，不是吗？当这只生物的朋友，充当它的鸟类同伴代表，是我为了能借住在这里必须做的事。

不幸的是，宝弟没办法为我发挥同样的功能，于是周日我决定出去找自己的人类同伴。我在纽约有个年轻非裔朋友是女性主义者，她曾敦促我去看她住在明尼阿波利斯的姑姑。我之所以去拜访这位姑姑，除社交之外还有一个原因：我一直担心，我在这里和缅因州为自己创造的情境是完全不符合现实的人为状态。在真实生活中，谁会把自己丢到一个完全陌生的环境里，没有住的地方，没有往来的亲人或工作，还妄想成为能养活自己的当地人？结果，我朋友的姑姑竟然真的就在20世纪90年代初期这么做了。她自己带着两个小孩，在纽约搭上一部灰狗巴士，最后在完全陌生的佛罗里达州下车。这是我一定要听的故事，所以我打电话去，得到对方谨慎的邀请，要我今天下午去拜访。以下我就以凯洛琳来称呼这位姑姑,她是一位很有气势的人物,颧骨很高,有一双动得很快、宛如巫师般的眼睛。她帮我端来饮料(水),介绍我给她的孩子们认识,并向我说明,今天是她先生放假的日子,所以他正在楼上休息睡觉。她为这栋房子不够好向我致歉,虽然对当时的我而言,一栋有三间卧房、月租825美元的独立式房子,似乎没她说的那么不好。她逐条向我细述房子的缺点:卧室太小;街头毒贩充斥;只要楼上的浴室有人用,饭厅的天花板就会漏水;抽水马桶只能靠倒一整桶水进去的方式冲水。那他们为何住在这里?因为靠她在市区一家旅馆担任助理记账员赚的9美元时薪,再加上她丈夫当维修员赚的10美元时薪,扣掉日常用品和每周59美元的医疗保险费用后(她自己是糖尿病患者,5岁的孩子则有哮喘),就只租得到这种房子。然而若纯从数字来看,他们两人加起来一年收入接近4万美元,足以让他们在官方资料上被列入"中产阶级"之林。

尽管我那位朋友似乎已经简要知会过她了,但我还是向她说明我在明尼阿波利斯的任务,然后请她告诉我10年前她搬到佛罗里达州的事。因为她并不介意我做笔记,所以下面差不多就是这个故事的原貌——一名女性在真实生活中做了我只为报道目的而做的事:

她原本一直住在新泽西,在一家银行工作。后来她决定离开丈夫,原因是他不愿意跟孩子"有牵扯"。她搬到皇后区跟母亲同住,但发现住在那里往返新泽西上班实在不可能，再加上她还得每天早上把最小的孩子载去日托中心。后来她兄弟也搬进来跟母亲一起住，结果就是三个大人和两个小孩挤在一个只有两间卧室的公寓里，这根本行不通。所以她毅然决定到佛罗里达州去，因为她听说那里的房租比较低。当时她的全副家当只有母子三人的衣服、灰狗巴士车票和 1600 美元现金，除此之外什么都没有。他们在奥兰多往南一点的一个小镇下车，一名好心的出租车司机（到现在她还记得他的名字）载他们到一间低价旅馆。下一步就是找到一座教堂，她说："切记要找教堂。"教堂的人载她到 WIC 的办公室［意指 Woman（女人）、Infants（婴儿）与 Children（儿童），这是一项联邦政府措施，为怀孕妇女和有幼儿的母亲提供食物方面的协助］，载她去找学校好为 12 岁的女儿办理就学，还载她去为宝宝找日托中心。有时候他们也会帮忙买一些日用杂货给她。不久之后，凯洛琳找到一份打扫酒店客房的工作，每天要清洁 28～30 个房间，一个房间 2～3 美元的薪水，一周收入加起来大约是 300 美元。那是一段"背痛着上床，背痛到醒来"的日子。她年纪还小的女儿必须去日托中心把宝宝带回家，看着他直到凯洛琳晚上 8：00 下班回来为止，等于没有什么机会出门和玩耍。

在一个全新的地方一切从头开始，是怎样的感觉？"焦虑极了！你明白吗？"她认为是这种压力使她得了糖尿病。那时候她总是觉得口渴，视线模糊，而且私处瘙痒不已，但她根本不晓得这些症状意味着什么。有一个医生告诉她,她一定是得了STD[1],但她上次有性行为已经是很久很久以前的事了。有一天早上,上帝告诉她:"去医院吧!用走的,不要搭公交车。"于是她走了30条街,最后昏倒在医院里。也许上帝要她走路去的原因是:这样她就会晕倒,而总算被人稍微注意到。

不过,还是有一些好事发生。她在酒店工作时,曾帮助过一名得癌症的男子。她带食物给他,甚至帮他清洁散发出恶臭的溃疡。他非常感激,有一次就拿了325美元给她,因为他知道她的房租就是这个金额。除此之外她还有一个好朋友爱琳,凯洛琳是在"一个大型垃圾车"遇见她的。爱琳是非裔加印第安裔混血,生活很不顺遂。她是一个流动农场工,曾被人强暴过,她男友找到强暴她的人,把那个人砍死了,结果被判终身监禁。然而她男友也曾虐待她,在她脸上留下一道丑陋的疤痕。凯洛琳把爱琳带回家一起住,有一阵子状况非常不错。爱琳在塔可贝尔(Taco Bell)连锁墨西哥速食店找到一份工作,还帮助凯洛琳看小孩,为她们操心,爱她们如己出。后来爱琳开始喝酒,在酒吧里的"椅子上跳舞",最后离开她们去和一个男人同居。凯洛琳很想念她,有一次甚至专程回佛罗里达想找到她,但她可能已经死了。有一次,凯洛琳看到一个有25美分硬币那么大的恶性肿瘤从她右边乳头突出来。很难不去想会有什么结果。

凯洛琳是在佛罗里达遇到现在的丈夫的,他是个白人。但她

---

[1] Sexually Transmitted Disease(经由性交传染的疾病)的缩写。在此是为了不明讲而用的略语。——译者注

的苦难并没有因为结婚就结束,而是继续了下去。她有好几次无家可归,还有更多次带着孩子坐上灰狗巴士到别州去的经验。两个小时之后,当我起身告辞要离去时,凯洛琳问我是不是吃素,我道歉说我不是,结果她立刻跑进厨房,出来时拿着一个家庭用尺寸的大保鲜盒,里面装满她自己做的炖鸡肉。我满心感激地接受了:这是晚餐。我们拥抱了对方,她陪我走到停车的地方,然后我们再次拥抱。所以,我在明尼阿波利斯有朋友了,而且奇妙的一点是,她才是真正的先驱:一名女子自己决定脱离过去的一切,最后靠一己之力站起来,而且还是在真实生活中,带着孩子完成这件事情。相较之下,我不过是在模仿,是一个苍白无生气的、没有孩子要照顾的伪装者。

不过到了周二,"阵亡将士纪念日"过后那周开始的时候,我的生活似乎显得够真实了,而且充满阴霾和险恶的氛围。今天是我要接受药物检测的日子,交通繁忙,天空稳定而恰如其分地下着能让括约肌放松的雨。第一场是沃尔玛的检测,过程算是没有太大痛苦。检测在一名按摩师的办公室进行,从沃尔玛走高速公路再往下几千米就到了。他们发下两个塑料容器给我,第一个要让我尿进去,另一个则是要小心地把第一个容器里的尿液倒入,做成检测样本。弄好之后,他们叫我穿过走廊到一个普通的公共休息室里等。如果我口袋里有一瓶别人的尿,或在休息室里遇到一个可能捐尿液给我的人,应该很容易把检测样本调包成别人的。下一场是麦那兹的检测,我得开车到西南部郊区,到一个普通的大众医院,那里四处有躺在推床上的病人被推来推去。

我被告知要到史克必成（SmithKline Beecham）[1]医疗室等候，那里已经有十几个人在排队。从一些常见的阶级特征看来，他们大多是低薪劳工。等候处的电视被调到罗宾·吉文斯（Robin Givens）[2]主持的脱口秀节目《原谅或遗忘》（Forgive or Forget）。今日的讨论主题是"你让我住进来，我把你偷光光"。看样子，似乎18岁的柯瑞把让他住进去的表哥偷光光，结果毁了表哥女朋友和她孩子们的圣诞节。柯瑞并未感到懊悔，实际上他还找理由说自己为什么必须一路骗人又偷窃，他的生命一直是这样。罗宾挥舞着拳头，大叫："柯瑞，柯瑞，别再把自己当成受害者！"显然，比起偷窃，自以为是受害者这项罪行更严重。随着对柯瑞的声声谴责，摄影棚里的观众也越来越激动地鼓掌，认为他很坏。一些正在这间等候室里漠然看着的观众命运也一样，他们很快就会由于排出的尿液而被论断和谴责。我的思绪飘回先前的沃尔玛测验，有一道要我们表示"同意／不同意"的题目："在每一个公司里，不愿意被规则束缚的人还是有生存空间的。"可是，不！不！我们很快将会发现，正确答案其实应该是："完全不同意。"

终于，等了40分钟之后，一名身穿蓝色手术服、态度权威的女子把我叫出等候室。他们打算做什么？若我没能尿出足够检测用的量，他们就要把我的膀胱切掉吗？我问她，这里除药物检

---

[1] 英国著名的大型药厂，在2000年经过合并，成为全世界第二大药厂。——译者注
[2] 美国非裔女演员与主持人，曾是拳王泰森的妻子。——译者注

测之外是否还有其他用途，她说没有，差不多就是做这项检测而已。她检查我证件上的照片，然后往我手掌上喷了一坨看起来像肥皂的东西，可是我没看到任何洗手台的踪影。原来我必须到厕所里用水把手洗干净，而她则在外面等，我的皮包也得留给她看着。我停了一会儿，举着两只湿淋淋的手，思考我跟她之间浮现的信任问题。举例来说，既然她怀疑我会把某种解毒剂洒进我的尿里，我又为什么该相信她可以保管我的皮包？但我不敢冒险，任何不顺从的表现都可能使她以偏见判断检测结果。所以我逆来顺受地进入厕所，把手洗干净，然后尿尿（她恩准我把门关起来尿），然后我们这场小小的医疗闹剧就闭幕了。包括开车和等待的时间在内，这次检测花了1小时又40分钟，跟接受沃尔玛检测的时间差不多。于是我突然理解到，药物检测的影响之一就是限制了工人的流动性，这点甚至可以说是药物检测的功用之一。若要应聘新工作，雇主一定会要求：（一）应聘资料；（二）面试；（三）药物检测。而这第三项要求会使人三思，因为这牵涉到每加仑2美元的油钱，更别提可能还得请保姆来看孩子的费用。

在确定药物检测结果之前，我觉得自己必须继续找工作才行。这些过程大多不出所料而前景黯淡，不外乎填写应聘表格和被告知要等待对方联络之类的。但跟其他所有企业化、重法律、用词委婉和感觉完全光明正大的公司比起来，有一家公司显得很特别。该公司打出的广告是征求"客户服务"人员，我通常会避免这种工作，因为对方会要求提交简历，而我就得花很多我并不准备耗费的工夫去搪塞。但这份客服工作的描述是"入门级"。

当我打电话去询问时，对方告知我要在下午3：00准时到，并确定要"穿着专业服装"。后面这道指令是个难题，因为我衣柜里除了T恤和牛仔裤，只有两条其他质地的长裤，不过由于我来明尼阿波利斯的途中需要在纽约停留，因此还带了一件外套和一双体面的鞋子。有了这两样东西，再加上口红和及膝长袜加持，就能弄出一副相当抢眼的打扮，至少我自己这么想。我抵达坐落在一条便道旁的"山中空气"公司（化名），它位于一栋毫无特色、像个白色方盒的建筑里，里面已经有其他9名应聘者在等待。结果这是在一个大房间里举行的集体面试，主持人陶德是个30岁左右、穿着利落的男子，他一面对我们演讲，一面播放幻灯片。

　　陶德用单调的节奏讲得飞快，显然这些话他一天要讲好几次。他说山中空气是一个"环境顾问公司"，为有哮喘和过敏的人提供协助，而且这是一项"免费服务"。公司会指派我们开自己的车拜访受这种问题之苦的人，而若在30天内，我们能完成54回一次2小时的面谈，就能赚到1650美元。不过我们当然不会懒到只想赚这么多吧，他说。除此之外，还有许多不可思议的好处，例如周末时，公司会在全国各地举办培训课程，他表示课程中"当然会办正事，比如听了会激发动力的演讲，但你也可以带配偶一起来享受美好时光"。只要我们是18岁以上、品行良好、有自己的车和联络电话，并且在明尼苏达州居住满一年以上的人就行。这可糟糕了！他问我们之中有没有人不是明尼苏达州的长期居民，当我举手的时候，他表示这项要求有时候可以省略。山中空气真正要的是（他念出幻灯片上的文字）："自律／以金钱为动力／积极的态度。"

我注意到，他完全没谈到提供服务或治愈病痛这方面的事情。事实上，跟沃尔玛虚情假意的服务伦理比起来，陶德如此强调最赤裸的底线确实令人耳目一新。他告诉我们，我们不是员工，而是独立的承包人，意思其实是："如果你对客户撒谎，公司不用因此负责。"但我想不通，如果这些谎话是公司教给我们的推销口号，难道也一样不用负责？陶德向我们保证，整件事其实很简单，只不过是"去接触一些有严重问题的人（虽然这项问题也许根本不如他们自己所想的严重），然后让他们变得快乐"。有任何问题吗？有，我想说这些话对我来说完全狗屁不通，但我克制自己，只问他产品到底是什么（如果有任何产品存在的话）。陶德打开一个毫不显眼的放在脚边的硬纸盒，拿出一个蹲踞在那里、有点吓人的器具，产品的名字叫作"过滤皇后"。"所以这是推销员工作吗？"某个人问道。"不是，"陶德有点激动地回答，"我们有一项产品在这里，如果有人需要就提供给他们。"虽然他的意思不可能是免费提供。接下来我们要接受每个人三分钟的个人面试，轮到我的时候，他问我为何想做这份工作，我没有多加思考就回答：因为我想帮助有气喘病的人。我以为我在哪里啊？沃尔玛吗？我依指示在两小时后打电话去问结果，他们的回答是，现在没有适合我的工作，不过我被列入了候补名单。也许是缺乏长期住民资格害了我，不过我猜想，挑了一个错误的场合来展现伪善，大概才是真正原因。

另一方面，搜寻住处的行动越来越一筹莫展。在这个故事里，无论此刻我看起来正在做什么事情，请各位读者还是在脑中描绘一幅景象：我同时一直在等电话响，不然就是在找机会打第二、第三或第四通电话给某个租房中介。现在已经不是周末了，所以电话线另一端有时候会有活人来应答，但他们不是态度倨傲，就是令人气馁。在电话里，有人建议我去看放在人行道旁箱子里的租房广告传单，但那些传单上列出的公寓，都是包含热水按摩池和附设健身房的屋子，一个月租金要价超过1000美元。另一个人则告诉我，我选了一个糟糕的时机来明尼阿波利斯，因为空屋率低于1%。此外若我们谈的是租金还"负担得起"的屋子，空屋率很可能低到只有这个数字的1/10。《明星论坛报》上不是列着少得可怜的屋子，就是根本没半间屋子。我给对方的电话留言则完全没人回。除此之外，我太迟才了解到，跟基韦斯特或缅因州的波特兰比起来，明尼阿波利斯面积更为广大，我现有的两个可能的工作机会（沃尔玛和麦那兹）之间隔了大约48千米，而我越来越不想在双子城的高速公路上穿梭。无论我去哪里，都会有某些从来没听说过明尼苏达式好心的家伙开着小卡车紧跟着我的车尾，让我很想把之前看过好几次的保险杠贴纸贴一张在我车后："除非你是一颗痔疮，否则滚离我的屁股。"就连古典摇滚电台播的歌曲都不支持我，如果是听着清水复兴合唱团（Creedence Clearwater Revival）或甚至ZZ Top的歌，我都还可以忍受有人以时速120千米的高速紧跟在我后面，但老鹰乐队和杜比兄弟乐队（Doobie Brothers）实在是一点帮助都没有。所所以我完全不想住在一个距离工作场所远到令人毛骨悚然的地方。当然，前提是我有工作可做。

在整个双子城地区，有可能让人以周或月为单位，用"可负担得起的租金"租到附家具公寓的地方，竟然只有一个。这个叫作霍普金斯公园广场（Hopkins Park Plaza）的地方，成为我接下来三周梦想的居住地点，我心目中的香格里拉。我打第三次电话时（前两通都没有人回），终于找到一位名叫希尔蒂的女子。她表示此时应该没有房子可以租，但我还是可以去那里看看，并先付20美元的申请费，而且要付现。公园广场是由数栋两层楼红砖建筑物构成，当我抵达时，还有好几名找房子的人也在那里等希尔蒂，包括一名头发染成红褐色的中年白人男子、一名拉丁裔男子（在加州称作Latino，在这里则称作Hispanic），以及一名较年长的白人女子。这解释了为什么希尔蒂都不回我电话，因为市场完全站在她那边。希尔蒂最后终于带我四处看看。这个地方看起来似乎还可以，虽然走廊阴暗嘈杂，还充满厨余的味道。如果我愿意的话，现在立刻有一个没附小厨房的房间可租，但它位于地下室，而且一周144美元的租金似乎高得有点过分，所以我决定等附厨房的房间空出来——希尔蒂向我保证很快就会有空屋，因为住户流动率一向颇高。在当时，这似乎是一项明智而节俭的决定，但结果却是一个大错误。

我想一定是我哪里做错了，没想通某些关键因素。宝弟的主人们都认为，"找公寓"中介公司能帮我找到地方住。我打电话给另一个朋友的朋友，他在一所位于圣保罗市的大学当教授，并曾向我简要说明过双子城的工业历史。他承认,他注意到双子城租金合理的住处短缺,这是一项"危机",但他完全不晓得我该怎么办。几个好心到愿意跟我谈话的租屋中介都提出同一项建议:找一间以周为单位出租的汽车旅馆,然后住在那里等到有其他屋子可以租为止。[1] 因此,在打了数通电话之后,我列出双子城区 11 家以周为单位出租房间的汽车旅馆,它们全都不是大型连锁旅馆,但所要求的租金价格应该没有人会认为是"负担得起的"。租金从沙科皮(Shakopee)山景旅馆(Hill View)的 200 美元一周,到明尼阿波利斯南方双子湖旅馆(化名)的一周 295 美元,而且许多地方都客满了。我从山景旅馆开始看房间,那里要 60 美元现金的押金。我车子开了又开,开到手头地图之外的地方,远离市郊和商业街道,进入宽广的乡野。纯就开车而言,这是个不错的心情转换,但是要住在这里则是另一回事。山景旅馆附近没有任何餐馆、快餐连锁店或杂货店,完全没有任何商业

---

[1] 过去几年间,在全国各地租金合理的住房持续减少。在 1991 年,每 100 个低收入家庭平均有 47 间租金合理的居住单元可以租,到了 1997 年,每 100 个低收入家庭只有 36 间这类的居住单元可租。见《租房协助——恶化的危机:住房需求的最坏情况之国会报告》("Rental Housing Assistance—The Worsening Crisis: A Report to Congress on Worst-Case Housing Needs"),住房和城市发展部(Housing and Urban Development Department),2000 年 3 月。虽然没有任何可靠的全国(甚至地方)统计数字可证明,但显然越来越多穷人被迫住在汽车旅馆里。户口普查员将标准汽车旅馆跟住宿型汽车旅馆区分开来,前者多为观光客入住,而后者常以周为单位出租给长期住客。但许多汽车旅馆的住户其实混杂了这两者,或可能因为季节的不同而从一种换到另一种。汽车旅馆的长期住户数量肯定比台面上的数字还高,因为汽车旅馆主人往往拒普查员进入调查,此外住户本身也可能不愿意承认自己住在汽车旅馆里,甚至还可能得和超过 4 个人挤在一个房间里生活。见薇乐比·玛莉安诺,《旅馆与户口普查结果》(Willoughby Mariano, "The Inns and Outs of the Census"),《洛杉矶时报》(Los Angeles Times),2000 年 5 月 22 日。

设施，只有几栋放农具用的仓库。这种开车距离我实在无法接受，房间也是。当我进房间看的时候，发现没有微波炉，没有冰箱，光一张床就占掉房间里绝大部分的空间。万一我不想待在床上的时候怎么办？难道要我来一场农用拖拉机仓库之旅？

双子湖旅馆至少还位于明尼阿波利斯境内。印度裔旅馆主人告诉我，他旅馆里所有的房客都是长期住户，是有工作的人，而我可以住在一间位于二楼的房间，这样我白天就不用把窗帘拉下来保护隐私。这里也同样没有微波炉和冰箱。我软弱地告诉他，这个房间我要了，而且在几天后会搬来。他表示没问题，甚至连押金都免了。但我对这个地方有种不好的预感，不仅因为每样东西看起来都灰暗而沾有污渍，也因为在投币式洗衣烘干机旁，有一个看起来精神错乱的家伙在那里，一双充血的蓝眼睛一直追随着我。

不过在工作方面，事情却相当轻快地向前推进。麦那兹通知我周三早上要出现在公司，到那里"认识环境"。由于我假设自己应该要通过药物检测才会被录用，所以我打电话确认他们是否真的要我出现。没错，他们会等我。我希望他们要我去的目的，不是只揭发我是个药物检测不及格的家伙。但认识环境的过程很友善，也令人感到很有希望。黎安是一名看起来很疲惫的40岁出头女子，她和我一起坐在桌子这边，对面则是华特，他用轻松随意的方式告诉了我们主要注意事项：对客人态度好一点，就算在他们因为换货不成而发怒的时候也一样，他们老是想着要换货。不要没请假就不来。要提防某一个高级经理，那个人每次来店里都会骚扰女人,而且基本上行为就像个"屎蛋"。我们必须系皮带,上面会附一把刀子(为了割开硬纸箱用吧,我猜),和一个卷尺,这些东西的费用会从我们第一笔薪水中扣掉。他一面说一面把这些东西推到我们面前。噢,对了,我们不时还会得到一些小礼物,例如圆珠笔、马克杯,以及特别促销季节商品时发的 T 恤。接着华特把背心和名牌递给我们,我颇为感动地看到他还为我准备了两个名牌,一个写着"芭芭拉",另一个写着"芭芭",我可以选择用哪一个。

当华特暂时离开房间的时候,我问黎安:"这表示我们被雇用了吗?"因为我觉得很奇怪,刚才他没有提出任何雇用条件,也没有要我们接受。"看来是这样。"她说。然后她告诉我,她甚至连药物检测都没做。她去了检测药物的地方,但她的皮夹被偷了,所以身上没有任何附照片的身份证明文件,而若没有可以证明她身份的附照片的证明文件,他们当然不愿意检测她。随后华特回到房间,带我到外面的卖场里跟史提夫见面,一个据他表示"超级棒的家伙",此人会是我在水管零件部的督导人员。但到了卖场楼层时,我心中的疑虑才一拥而上。在占地面积大概有十几亩的成排架子上,放满我完全不知道名称的水管装置,我顿时体会到失语症病患的感受。我有可能靠比手画脚和含糊其词来撑过去吗?史提夫脸上的笑容比较接近幸灾乐祸,仿佛他正在解读我的脑袋,而且发现里面没有一丁点水管接线知识。他告诉我,周五开始上班,时间是从中午到晚上 11:00,我以为我听错了。除此之外,我也不敢相信华特告诉我的薪水数目,他不是要给我一小时8.5美元，而是不可思议的一小时10美元。

我心想，我现在不需要沃尔玛了。结果他们却需要我。萝贝塔打电话来，用一种过分讨好的声调告诉我，我的药物检测没问题，并且排定我明天下午3:00去认识环境。对我而言，药物检测结果并没有产生预期中那种无罪开释的效果，甚至没让我觉得自己变干净了一点。事实上，我既觉得恼火又无法不去想：就算不多花那30美元和3天的折磨，喝到肚子发胀来解毒，是否也可以得到同样的检测结果？我问她薪水是多少（在此我得特别说明，这项信息不是她主动提供的），她说一小时7美元，于是我心想：好，这里不用考虑了。但出于谨慎和求知的精神，我还是决定参加沃尔玛的新员工培训。结果，由于一些出乎意料的生理原因，这又变成另一个大错误。

纯粹就壮观度、规模和威吓度而言，我怀疑是否还有任何公司的新员工培训能超越沃尔玛。他们告诉我，整个过程要花费8小时，其中包含两次15分钟的中场休息和一次半小时的用餐时间，而且我们还能以平常上班的时薪领到薪水。我穿着利落的T恤和卡其裤到达现场，感觉这身穿着很适合自己身为沃尔玛未来"工作伙伴"的身份。我发现那里除我之外，还有其他10名新进人员在场，他们大部分都既年轻又是白人。萝贝塔带头和其他两个人担任指导工作，我们坐在一个跟面试时一样完全没有窗户的房间里，里面有一张长桌，我们就围着这张桌子坐着，每个人面前摆了一大沓文件。我们听萝贝塔又重复一遍她的说辞，说她如何养大6个孩子，是个"与人为善的人"，以及她怎么发现沃尔玛的哲学和她自己的一样，诸如此类的话。我们开始看一卷大约 15 分钟长的录像带，影带内容关于沃尔玛的历史和经营哲学，但若用人类学观察者的话来说，这卷录像带其实也可以叫作"山姆崇拜"。录像带一开始，年轻的山姆·沃尔顿身穿制服，从战场归来。他开始经营一家平价杂货店，结婚并生了 4 个漂亮的孩子，获布什总统颁发自由勋章（Medal of Freedom），之后很快就死了，腾出地方供后人颂扬。但公司仍在持续，确实如此。自此开始，故事线开始毫不停留地往上攀升，只偶尔停下来标示几次公司扩张的里程碑：1992 年，沃尔玛成为全世界最大的零售公司；1997 年，营业额达到 1000 亿美元；1998 年，沃尔玛工作伙伴的数量达到 82.5 万名，使沃尔玛成为全国最大的私有企业雇主。每个有里程碑意义的日期都会伴随一段视频，展示成群的顾客、一大堆工作伙伴，或美轮美奂的新店面和邻接的停车场。我们从旁白和图解里一次又一次听到和看到"三大原则"：尊重个人，超越顾客的期待，追求卓越。这些原则彼此之间其实根本毫无对应关系，简直有种令人恼火，甚至挑衅的意味。

"尊重个人"就是要发挥我们这些工作伙伴的作用，因为沃尔玛再怎么庞大，身为个人的我们再怎么微小，一切也都要仰赖我们。在录像带上，山姆总是这么说："最棒的创意来自工作伙伴。"就像设置"迎宾员"这个主意：让一名较年长的员工（对不起，应该是"工作伙伴"才对）站在店门口，对每个走进来的顾客打招呼。整个训练活动从下午 3：00 一直持续到晚上 11：00，在这个过程中，我们被足足提醒了三次，说这个创意仅仅是由一名工作伙伴想出来的。谁知道我们之中还有谁具有革命性的零售创意呢？所以公司欢迎我们提出自己的创意，再欢迎不过了。除此之外，我们不应该把经理们当作上司，而应该当作"服务型领导"（Servant Leader），他们既服务顾客，也服务我们。当然，不可能在每一种场合里，工作伙伴们和他们的服务型领导都其乐融融。有一卷录像带讲的是"工作伙伴的诚信"，里面呈现了一名收银员从收银机里偷钱时被抓了个现行，随后他被铐上手铐带走，还被判4年徒刑，背景音乐里的鼓不祥地一直敲。

因此，要靠正确的思想和积极的态度来克服双方潜在的张力，这项主题持续到下一卷12分钟的录像带，标题是"你选了一个很棒的地方来工作"。在这卷录像带里面，各单位的工作伙伴做出证言，表示"跟传闻中的一样，沃尔玛就像个大家庭"，最后导出的结论是我们不需要工会。录像带上说，工会一度（很久以前）在美国社会里占有一席之地，但它们"已经没有什么好处可以提供给劳工了"，这就是为何人们成群结队离开工会。沃尔玛兴盛不已，工会正在凋零，所以你们自己判断吧。但我们得到这样的警告："好几年来，工会都把沃尔玛视为目标。"为什么呢？当然是因为会费。想想你加入工会将有哪些损失：首先，你得交会费，一个月可能要20美元，"而且有时候还更高"；其次，你会失去自己的声音，因为工会坚持替你发声；最后，你甚至可能会失去工资和福利，因为"在谈判桌上，这些都将面临风险"。录像带上这种说法会使你不得不开始怀疑（几个参加这场训练的青少年可能就正在这么做），那些组织工会的邪魔外道摆明了就在勒索，怎么还能让他们在这片土地上逍遥。

不只这些，还有更多更多我吸收不了的东西，就算分散成一整个学期的时间我也没办法。我们的训练者大概心知肚明，在场没有一个人打算回家之后安稳地窝着读《沃尔玛工作伙伴手册》(*Wal-Mart Associate Handbook*)，所以他们干脆开始朗读给我们听，每念几段还停下来问"有任何问题吗？"完全没人说有。贝瑞是一名坐在我左边的17岁少年，他咕哝着说自己"屁股好痛"；索雅坐在我对面，她是一名娇小的非裔女性，看起来似乎已经吓呆了。我已经放弃让自己看起来很有精神，只能努力使自己的眼皮别闭上。我们得知：不能穿鼻环或在脸上戴其他珠宝；耳环必须小而低调，不能垂挂下来；除周五之外不能穿牛仔裤，如果你那天要穿，还得为这份特权付1美元；禁止"吃草"，意思是我们不能从任何因不明原因而拆封的食物中拿着吃；禁止"偷时间"。最后这项规定让我的思绪飘到科幻小说的方向去："于是这名时间窃贼带着他从21世纪洗劫来的周末和假日，回到公元3420年去……"最后，终于有人问了一个问题，那是一名受雇担任"迎宾员"的年长男子，他想知道"什么是偷时间"。答案是：在工作的时候做不是工作的事情，任何工作以外的事都算。然而，偷窃我们的时间却不是问题。有好几次，三名培训人员都跑走好几分钟之久，留我们呆坐在那里或不安地在座位上蠕动。不然就是某个资深培训人员才刚念过培训手册的一个章节，出去办事情的萝贝塔回来后又重新整个念一遍。我眼皮直往下掉，很想走人。我曾在机场因为班机延误等了7个小时，但此刻的时间过得比那时还慢。事实上，我开始怀念起那 7 小时的等待时光了，因为那时候起码还可以拿本书来读，起来走动一下或是去撒泡尿。

中场休息的时候，我到沃尔玛内设的"广播放送站"速食店（Radio Grill）买咖啡喝，而且是含有咖啡因的真货色。我之所以这么做，主要是因为担心弄到这么晚，开车回家会精神不济，而不是因为觉得有什么必要记住沃尔玛那些琐碎杂事。在这里，我得告诉诸位向毒品宣战的人，还有一种应该更留意的毒品。由于我平常根本不喝咖啡（通常一杯冰茶就已经算我的提神饮料了），这杯咖啡的效果简直就像检验用的高纯度右旋安非他命[1]：我的脉搏狂跳，脑袋过热，结果进入一种谵妄状态。我发现自己连一些幼儿园级别的任务都做不好，比如我们要把个人条形码粘到自己的名牌卡上，然后用凸面字母贴纸贴在名牌上，拼出自己的名字。那些字母贴纸一直卷起来又粘在我的手指上，所以我只拼到"芭芭"（BARB）就停了（事实上是歪七扭八地贴成"BARB"），然后就开始神游，去想哪些人在这几年把自己的名字改得更高雅好听，比如从派斯蒂（Pasty）改成派翠西亚（Patricia），从迪克（Dick）改成李查（Richard），而此刻我却朝完全相反的方向发展。接着我们轮流到电脑前面，开始"上机学习"，我被一个宛如从 HIV 病毒得到灵感而命名的学习单元吓呆了，标题是"血源性病原体"，内容是关于卖场地板上出现一大

---

[1] Dexedrine，一种强效中枢神经刺激剂。——译者注

摊人血的时候该怎么办。好，要在那摊血四周放上三角锥警告标示，戴上防护手套，等等。但我忍不住一直想象，到底怎样的情况才会导致地上出现一大摊血：工作伙伴们纷纷揭竿起义？顾客大暴动？我连看了6个单元，比规定的还多了3个（剩下的我们得在接下来几周找出时间看完），才被其中一名训练者以温和的动作从电脑前拉开。我们现在得到允许，可以走了。

接下来的一夜，是我多次失眠经验中最糟的一次。在沿着州际公路开车回家的路上，一个时速高达130千米的家伙从右侧以几埃米[1]之差擦过我，向我表明任何高速公路都有比肉眼可见更多的"出口"，无止境的多（就是那种终结一切的出口）。在这种接近午夜的时刻，我花了15分钟才找到一个停车位，又再花了5分钟走回公寓。公寓里，宝弟已经因为我这么长时间不在家而发狂了，完全陷入暴怒状态，羽毛纷纷散落在笼子下方的地板上，即便我慷慨地给它放风45分钟，它还是拒绝回到笼子里去。明天是我第一天上工装水管，我想精神焕发地去（我还是选择要去麦那兹工作），但有一大堆小事情出错，而在我当时的经济状况下，没有一件出错的事情是够小的。我手表的电池没电了，我得花11美元换电池。我的卡其裤上出现一块显眼的墨水渍，我用洗衣机足足洗了三次（3.75美元），再加上一罐"大叫"（Shout）强力除渍剂（1.29美元）才弄干净。除此之外还有在公园广场付的20美元申请金，再加上为麦那兹规定要的皮带花了

---

1 极小的长度单位，相当于 1×10^{-10} 米。——译者注

20美元，虽然我是比价半天后才在一个寄卖商店里买下的。再说，我为什么没问刀子和卷尺要扣我多少钱呢？我发现电话已经打不进来，也没有录下留言，所以谁知道我错过多少租房机会？大约凌晨2：00时，我吞下一颗"要你松"（Unisom）安眠药，中和仍在狂飙的咖啡因。但到了凌晨5：00，宝弟展开报复，虽然黎明还在一段安稳的遥远距离之外，它却发出一连串吓死人的嘎嘎大叫，向黎明前的景致打招呼。

我应该要在中午到达麦那兹。到了这个时候我才意识到，虽然我并没有正式接受这两个职位，但麦那兹和沃尔玛两方其实都已经正式录用了我。也许我会结合这两个工作，或者舍弃沃尔玛去比较高薪的麦那兹工作，但新人培训长到几乎永无止境的沃尔玛已经向我伸出魔掌。做两份工作的人必须能挺得住失眠之苦（若像我昨天在沃尔玛从下午3：00待到晚上11：00，今天白天又在麦那兹工作一天的话，就会经历这样的生活），但我挺不住。我整个人摇摇欲坠，大脑感觉就像"无毒美国之友"（Partnership for a Drug-Free America）广告里的那颗煎蛋。[1] 我连把花生酱抹上吐司组合成早餐的专注力都快没了，怎么还可能精通水管产品的技术？整个世界就像一大堆高反差照片般压向我，而且彼此之间完全没有任何连贯性可言。我打电话到麦那兹，找到保罗来接电话，请他确认我到底几点该到那里上班。史

---

[1] 这是一个全美反毒民间组织，该组织有一个著名广告叫作"吸毒后，你的大脑就是这样"（This Is Your Brain on Drugs），用打一颗生蛋放入煎锅煎的方式比喻吸毒对大脑的破坏。——译者注

提夫（还是华特？）说工作时间是从中午到晚上 11:00，但这样等于连上 11 个小时的班，对吗？

"没错，"他说，"你要做全职不是吗？"

而你们要付我一小时 10 美元的薪水？

"10 美元？"保罗问，"谁跟你说 10 美元的？"他得好好查证一下，一定是弄错了。

现在我彻底慌了，我告诉他，我不可能一连上 11 小时的班，除非晚上 8:00 以后就算加班。我没告诉他，好几代劳工为争取 10 小时工作制和后来的 8 小时工作制而不懈奋斗，甚至为此献出生命，虽然这些话就萦绕在我的脑海里。[1] 我只告诉他，我会把我的刀子、背心和卷尺寄回去。接下来之后的几天，我试着合理化这项决定，我告诉自己，由于沃尔玛是全国最大的私有企业雇主，我在那里经历到的一切都将有巨大的社会代表性。但这只是在试图粉饰我因为那杯咖啡而犯下的另一个愚蠢错误。令人难堪的真相是：我只是虚脱到无法工作，特别是一连工作 11 个小时。

这一切关于薪水和工时的问题，为什么我没有早点开口问？特别是当萝贝塔打电话通知我药物测验通过的时候，我为什么没跟她讨价还价，跟她说如果员工福利包括一栋位于湖岸、附热水按摩浴池的公寓大楼，那我就可以接受一小时 7 美元的待遇？好

---

[1] 根据《公平劳动标准法案》规定，一周工作超过 40 小时就必须按加班计算，若不如此就是违法。某些领域的劳工不受此限（例如专业人员、经理人以及农夫），但零售业劳工适用于这个法案。

几周后我才想通，部分答案在于雇主处理雇用过程的灵巧手段。一开始你是一名应聘者，接着你就突然变成必须认识环境的人。雇主先是交给你一份应聘表格，几天之后，他们又交给你一套制服，并警告你不能穿鼻环和偷窃。整个过程中没有任何转换期，你没有机会把自己当成一个拥有自主权的人跟未来的雇主交锋，或感觉到自己有正当权利和对方交涉。而在应聘和雇用的阶段之间嵌入药物检测，又使整个形势更倒向对雇主有利的方向，变成你（而不是雇主）才是必须证明什么的一方。我想，大概没有哪个市场比明尼阿波利斯还需要劳工了，我走进任何一栋商业建筑，应该都会接到欢迎应聘的邀请。但即便是在如此需要劳工的市场，明明有珍贵劳力要出售的人，却可能会被弄得感觉自己很低下，非常低下，就像一个摊开双手乞讨的人。

时间到了周六，也到了我必须离开免费住处和神经质鸟类同伴的时候。我在两位屋主预定回到家的几个小时以前打包好，前往双子湖旅馆。到那里我才发现（我已经不太意外了），所有二楼房间都已经租给了别人。旅馆主人告诉我，先前我特别指定的一间往外看出去是后院而不是停车场的房间，如今住着一名女子和她的小孩，他不好意思叫她们搬到较小的房间里住。我决定这是我抽身的机会，于是打电话到清单上另一家以周计费的旅馆：清景旅店（化名）。这家旅馆有两大优点：它离我工作的沃尔玛分店只有20分钟车程，从双子湖旅馆则要至少45分钟；除此之外，每周租金是245美元，而不是双子湖的295美元。这个价格仍然高得要命，比我扣掉税款后的周薪还高，但我跟希尔蒂上一次交谈时她保证，下周末会有一间附厨房的房间空出来，而且我有自信能在之前应聘的超市得到一份周末班工作，幸运的话还会是烘焙部。

要宣称某个地方是全国最糟的旅馆并不容易，显然要面对相当大的挑战。[1]我自己在旅行的时候也遇到不少其他候选者，例如在克里夫兰住到一家晚上会摇身一变成为妓院的旅馆，在布特（Butte）住到一家房间窗户望出去是另一个房间里面的旅馆，但清景旅馆把这些对手远远抛在后头。一层玻璃窗挡在我和印度裔旅馆老板之间（印度裔人士似乎控制了中西部的汽车旅馆业），我从窗底下把255美元现金（多出来的10美元是电话费）塞进去，接着他太太就带我去看一个房间。我对那个房间的记忆全是大肆蔓延的霉菌，我可没有那么多"克拉立停D"来对抗数量如此庞大的霉菌，而我还得靠捏着鼻子来表明这点，因为她会的英文没多到包含过敏这个概念。当她终于懂我意思之后，转而提出建议：空气清新剂？熏香？当我们返回办公室，她丈夫表示还有一个比较好的房间，但是（此刻他眯起眼睛瞪着我），我最好别"乱搞"它。我努力挤出一个让他放心的浅笑，但这句警告令我

---

1 我也许得收回这句话。位于马里兰州南部的停车道汽车旅馆（Parkway Motel）直到1997年因为违反消防规定而关闭之前，以外露的电线、房间门上的洞以及浴室地板上的污水而闻名。但若把价格也算进比较行列，清景旅馆可能还是胜出，因为当时停车道汽车旅馆每日租金只要20美元。托德·希尔兹，《查尔斯严惩破败汽车旅馆》（Todd Shields, "Charles Cracks Down on Dilapidated Motels"），《华盛顿邮报》，1997年4月20日。

耿耿于怀好几天。难道这么多年来我都在自欺欺人，以为自己看起来既成熟又稳重，但其实大家都认为我是个会蓄意破坏东西的家伙？

133号房里有一张床、一把椅子、一个五斗柜和一台固定在墙上的电视。我向房东求来一盏台灯，取代裸露在天花板上的一颗电灯泡。空气里没有霉菌味，但取而代之的是刺鼻的油漆味，混合着我后来判定是老鼠屎的味道。但真正的问题全都跟窗户和门有关：房间里唯一的小窗户没有纱窗，房间里又没有空调或电扇，窗帘薄到等于透明，而房门上则根本没有锁。由于没有纱窗，晚上窗户就必须关上，意思是我会闷死，除非我愿意冒着让虫子和邻居跑进来的风险。邻居都是哪些人？这家汽车旅馆围着停车场形成一个马桶座的形状，我能看到令人费解的住民组合：一名手上抱着孩子的女人倚在一个房间门口，一黑一白两群青少年似乎就住在彼此隔壁，此外还有好几名年龄各异、没有携家带眷的男性，其中包括一名穿着工作服的较年长白人男子，他的保险杠贴纸上写着："别偷东西，政府讨厌竞争对手。"仿佛他之所以没住在设备顶级的大使套房酒店（Embassy Suites），唯一原因就是要交所得税。天色变暗后我走到外面，透过我房间的窗帘往里瞧，没错，差不多什么都看得见，起码都看得到轮廓。来这里的路上，我在一家超市买了熟食。把东西吃掉后，我把身上的衣服全都穿着，就这样上床，但并没有入眠。

我天生就不是一个胆小的人，这点可以说怪我母亲，也可以说拜她所赐，她从来就没费事警告我，身为一名女子会有什么特别的弱点。直到上大学，我才大概晓得强奸是怎么回事，并发现在别人眼里看来，我不管日夜都喜欢走路探索陌生城市的习惯，与其说是高雅的离经叛道，其实更多是有勇无谋。我住在基韦斯特的拖车公园或缅因州的汽车旅馆时，都没有像现在这样的担忧，可是拖车的门有锁，而且那两个地方都有实在的遮光罩和纱门。但在这里，只有因为窗户紧闭而造成的室闷空气，才让我感觉到自己还身在室内，否则我基本上等于暴露在旅馆里所有人的眼光之下，也暴露在任何可能从高速公路上下来的人物眼前，而我可不认为能仰赖旅馆主人的帮忙。我有想过戴上耳塞挡住从隔壁传来的电视机声音，以及戴上眼罩遮掉停车场贩卖机上一直闪的胡椒博士（Dr Pepper）饮料招牌，但我后来决定，让五官保持警觉才是比较聪明的做法。我不断睡睡醒醒，听见汽车来了又走，看着阴影从我窗户前缓缓行过。

在大约清晨 4:00 的时候，我渐渐明白到，这些反应不意味着我是只软脚虾。比起房子里有两道锁、警报系统和丈夫或狗的女子们，贫穷女子确实有更多要害怕的事情（特别是单身女子，即便她只是因故暂时居住在穷人之中）。我之前一定听过这样的理论，至少曾听谁发表过类似的看法，但直到如今，我才第一次真正体会到它的道理何在。

所以周一的时候，我就是从这样的家出发去上班，开始作为沃尔玛的一分子生活。经过那场严格的认识环境培训后，我期待会有一场很有组织的欢迎活动，也许会举行一场仪式，授予我亮蓝色的沃尔玛制服背心，或花 45 分钟培训我们操作休息室的贩卖机。但当我抵达那里，准备上早上10：00到下午6：00的班时，似乎完全没有人预期我会来。我被告知要加入"软品部"（softlines），这个词有着美丽而柔软的发音，但我完全不知道那是什么意思。某个人事处的人告诉我，我是在女装部工作（我了解到，这是软品部下属的一个部门），并要我到试衣间旁边的柜台去，我又从那里接连被转手给别人，最后终于停在艾莉那里。她没有穿制服背心，显示她属于管理层。她要我为博比·布鲁克斯（Bobbie Brooks）的夏季针织装进行"分区"，这项任务堪比一场考验认知能力的高难度智力测验。首先，所有服装要先以颜色分类（这一次是以橄榄色、桃色或薰衣草色来分）；接下来再以图案分类，例如有叶子状花样的紧身上衣，单独一枝花的，或很多朵花的；最后，在每种图案的衣服中，则要再分大小。当我终于完成这项任务的时候，差点没累垮。然后梅丽莎来了，她只比我早几个星期来这里工作，级别跟我差不多。她请我帮忙把凯西·李（Kathie Lee）的针织裙弄得更集中一点，以便让该品牌的丝绸裙能放在"门面"位置，也就是客流量极高的转角。几个小时后，我从跟梅丽莎的零散交谈中得知，她在做这份工作之前是一名服务生，丈夫在建筑工地工作，孩子们已经长大。她以前曾出过一些状况，包括生了一名非婚生的孩子，有酗酒和药物问题，但那些全都过去了，她已经把生命奉献给基督。

我们的工作一整天都很琐碎，基本上就是使女装保持在"方便选购"的状态。当然，若顾客有需要（而她们越来越常被我们称为"客人"），我们当然要提供协助。起初我还费事展现培训录像带中要求的"积极的待客之道"：只要有任何人走进一名销售工作伙伴周围三米之内，该工作伙伴就要温暖地微笑，并提供协助。但我从来没看到任何更资深的工作伙伴这么做过，原因是：第一，客人通常讨厌有人打断自己沉浸式的购物状态；第二，我们还有更急迫的事情要做。在女装部有一项大任务，这是像家用品或园艺等部门远远比不上的，那就是整理"退回品"。它们大部分是顾客试穿过认为不合身而不要的衣服，少数是买了之后退回来的商品。除此之外还有很多被顾客弄得乱七八糟的东西，有的掉到地板上，有的被人从衣架上拿下来后扔在衣架挂杆上，不然就是被拿到离原本该在的位置很远的地方。当然，这些东西每一样都必须精确地放回原来位置，符合颜色、图样、价格和大小分类，因此我们剩下的时间全都花在把衣服收起来归位。当我在电话中向凯洛琳描述这个情况的时候，她以怜悯的口气说："唉，完全不用大脑的工作。"

但没有什么工作是像外人看起来那么简单的。虽然说是收衣服，但问题是要收到哪儿？上班头几天，我大多数时间都花在记下女装区的布局。女装卖场总共有1000（还是2000来着？）平方英尺[1]大，四周围绕着男装、童装、贺卡和内衣部。站在试衣间前方，面朝卖场的主要入口，可以直接看到帐篷状的实用款加大码服装，又名"女人"尺码。它们的左面是走最考究且昂贵路线的服饰（最高到29美元多），适合在约会时和半正式的办公

---

1 英美制面积单位，1平方英尺约合0.09平方米。——编者注

室里穿着，包括全聚酯纤维材质的凯西·李系列。以顺时针方向往下走，则到了绝对中性的萝丝（Russ）和博比·布鲁克斯系列，目标客群似乎是需要去参加重要烤肉聚会的矮胖小学四年级老师。接着，在耐用的白鹿（White Stag）系列服装之后，则是设计给较年轻也较苗条女子穿着的褪色荣耀（Faded Glory）、无界限（No Boundaries）和裘达奇（Jordache）等品牌的系列服装。这些大品牌之间穿插着许多较小品牌的产品，例如运动作品（Athletic Works）、基本装备（Basic Equipment），还有机灵古怪的华纳卡通人物、小熊维尼以及米奇系列，通常以同名角色为图案。在每个品牌区内，当然包括数十款服饰，甚至每一款还有数十种单品。举这个夏季为例，依照长度和剪裁来区分，裤子就包括超短热裤、经典裤、工装裤、七分裤、靴裤或宽管裤，除这些之外我大概还漏记了好几种。所以我经常出现的姿势是站在原地慢慢回转，眼睛睁大，手上拿着衣服，问自己："我到底是在哪里看到9.96美元的运动作品针织吊带裤？"不然就是其他类似的问题。有时候不免还是有一些神秘的衣服需要更多时间回想和唤起记忆，例如从少女装或男装部跑过来的衣服，标签尚未更改至最新价格的清仓处理货，偶尔出现一件的孤品。

然后，当我终于记得所有衣服的陈列位置后，突然间陈列又整个变了。我第三天上班时徒劳无功地搜寻好久，才发现萝丝的衬衫短裤组合挤掉了凯西·李，占掉它的"门面"位置。当我咕哝着问艾莉是不是要害我以为自己得了老年痴呆症的时候，她真诚地向我道歉，并向我说明，一般顾客一周会来这里逛三次，所以我们必须保持新鲜感。服饰陈列几乎是她唯一可以控制的事情，因为进货种类和最初价格都是由位于阿肯色州的总公司决定的。所以我才刚记好陈列位置，她又一股脑儿重摆一次。

我对这份工作的第一个反应是失望，以及某种带有性别歧视的不屑。我本来可能正在装配水管，精通各种阀门的词汇，皮带上悬挂着叮当作响的工具，跟史提夫和华特谈笑风生。但我此刻的任务，却是把一件粉红色比基尼上衣挂回"百慕大泳衣"架上的位置。没有什么重大的事情，而且就我所见，也没有什么事迫在眉睫。若我把工作搞砸了，没人会因此挨饿或死掉。事实上，在顾客持续大肆破坏之下，谁看得出来我搞砸了没有？除此之外，沃尔玛规定我们一定要表现出一副彬彬有礼的样子，这也让我感到倍受压迫。这里是淑女装区，而我们全是"淑女"，在整间店内都不得提高音量说话或咒骂。若再这样过几个星期，我会彻底变成一名小女子，不再大步行走，而是走小碎步，还会开始把头往一边倾。

不过，拜那些流动衣物的庞大数量所赐，我的工作并不像乍看之下那么文雅。拿罗德和泰勒（Lord & Taylor）百货公司[1]来比好了，沃尔玛的顾客们可是推着超市级的推车在购物，在抵达试衣间的时候，她们推车里的衣服可以满到快掉出来。90%的试穿衣服会被退还给试衣间的工作人员，她们必须把这些衣服叠好并套上衣架，再把它们放在新的购物车里转交给梅丽莎和我。

---

1 以纽约为总部的老牌高档百货公司。——译者注

所以我们如何评估工作量呢？用购物车数量。当我上班的时候，排班比我早一点的梅丽莎会告诉我目前状况："你相信吗？今天早上有8台购物车！"以及还有多少台车等着我整理。起初我平均要花45分钟才能清掉一台购物车，而且还有三到四件不知道该放在哪里的神秘衣物留在最底下。我后来把时间缩短到半小时，但购物车还是一直来。

在大多数时间里，做这份工作几乎不需要跟任何人互动，无论是跟同事还是上司，主要原因在于，这是一份只要管好自己就行的工作。我在轮班开始或休息时间结束的时候抵达卖场，评估我不在的这段时间客人造成了多少破坏，计算所有等待我整理的购物车数量，然后就开始埋头整理。我就算又聋又哑，也可以把大部分工作做好。虽然在新人培训的时候，公司反复强调员工必须微笑和保持友善，但在这里，孤僻的个性其实是绝对优点。在一些比较清闲的时候，梅丽莎和我会想出可以两人一起做的任务，例如把泳衣分区。我们会一边处理多得跟噩梦一样的细绑带，一边咯咯笑，她用她的基督徒方式笑，我则从更女性主义的角度笑这些透明无用的小布料，它们只不过使被包裹的东西显得更暴露而已。有时候艾莉会给我一些特别任务，例如把所有的"基本装备"T恤套上衣架，并把它们整齐地挂起来，因为衣架上的东西卖得比较快。我喜欢艾莉，她是一名脸色苍白、五十几岁的女子。她绝对是"服务型领导"的最高化身，或者用更大众一点的话来说，是以"女性化"方式管理的最高化身。她会说"请"和"谢谢你"；她不会下命令，而是请求你做事。不过年轻的霍华德却不是这样,他穿的制服上写着"霍华德副经理",所有软品都归他统治,包括婴儿服饰、童装、男装、配饰,以及内衣部。第一天上班时,我被叫离卖场,去参加一个工作伙伴会议,他足足花了十分钟点名,对每个人亮出一抹汤姆·克鲁斯式的微笑(眉毛皱在一起,同时两边嘴角往上扬),然后向我们吐露他的"怪毛病"是什么(又来了):他讨厌工作伙伴站着彼此聊天。而这个,当然是"偷时间"的典型例子。

到沃尔玛任职几天后的一晚,我回到清景旅馆时发现房门开着,旅馆主人在门外等我。出了点问题:下水道的污水回流,弄得我整个地板都是,但幸好我的行李箱没事。我得搬到127号房,那里应该会比较好,因为有纱窗。但结果所谓的纱窗简直就像破布条,底部甚至没固定,只能在风中无用地拍动。我要求一个真正的纱窗,他告诉我他没有任何合适的;我要求一个电扇,他说他没有半台好的。我问他为什么(我是说,这里不是一个正在营运的汽车旅馆吗?)而他双眼一翻,显然意思是都怪其他的旅馆住客:"我可以告诉你一些故事……"

所以我把家当搬到127号房,开始试着重建我那小小的家庭生活。由于没有厨房,我弄了一个堪称"食物包"的袋子,那是一个超级市场提袋,里头装着我的茶包、几片水果、从速食店拿回来的各种调味包,以及半打可以撕成丝状食用的奶酪。虽然奶酪的标签上写着要冷藏,但我想保存在塑料包装内应该没事。我带着笔记本电脑,这是我跟自己原本职业的基本联系,而它成了越来越令我担心的东西。这台电脑八成是整个清景旅馆里最值钱的物品，当我离开这里9小时左右去工作的时候，可不想把它留在这里。在沃尔玛工作的头几天，气候还算凉，所以我把电脑锁在后备箱里。但现在中午气温高达32.2摄氏度，我很担心它在后备箱里会被烤坏。除此之外还有一个更紧迫的问题，那就是我的衣着。我把大部分衣服放在另一个可充当食物篮用的棕色纸袋里，卡其裤在里面已经放了一两天，另外还有两件干净T恤可以撑到下一次进洗衣店的时候，但T恤有一个问题。阿莉莎曾和我一起参加新人训练，现在任职于运动用品部。一天下午，她来女装部问一款降到7美元的马球衫。这款马球衫有没有可能价格还会再降？我当然不晓得（降价与否由艾莉决定），但为何阿莉莎这么执着于这件马球衫？因为公司有一项规定，我们穿的上衣必须要有领子，因此上衣必须是马球衫，不能是T恤。不知为何，我在新人培训的时候漏听了这一点，如今我怀疑自己那赤裸裸的脖子还有多久能不被霍华德的法眼发现。在工作一小时只领得到7美元的情况下，一件要价7美元的马球衫我实在买不下手。

现在时间已经过了晚上7:00，我该展开每天傍晚例行的觅食行动。对于清景旅馆里没有厨房的住客而言，镇上只有两项低价外食选择（其实也没有高价外食可选）：一家自助中餐馆，或是肯德基。它们有各自的附带娱乐。若我选择在中餐馆吃，可以看到成员众多的墨西哥家庭，或是在体型上更为庞大的明尼苏达州白人家庭；若我把肯德基买回房间吃，则可以在6个电视频道中选一个看。后面这个选择似乎稍微不孤独一点，尤其是当我能找到自己喜欢看的节目时,比如《就这样》(Thus)或《歪星撞地球》(Third Rock from the Sun)。没有桌子吃饭是件麻烦事,我得把食物放在五斗柜上,并在腿上铺一个超市塑料袋,因为当你歪着身体吃东西的时候,就很难避免溅出来,而溅出来就表示要在洗衣店花时间和钱。今天我发现新的刺激节目:CBS电视台播出的《幸存者》(Survivor),内容是一些"真实的人"挣扎着要在一个荒岛上点起火。这些疯子是谁啊?怎么会自愿进入一个人工弄出的险恶环境,用那种半吊子的求生努力来娱乐几百万名陌生人?接着我想起自己身在何处,还有我为什么会在这里。

吃完晚餐后,我把吃剩的残渣塞进刚才当成桌布用的塑料袋里,把袋口绑紧,好让那些飞进来的苍蝇死心,它们已经可以自由进出我这个基本上等于没有纱窗的住处。我做了一些晚上要做的事情,包括写每日记录和读一本小说,然后把灯关掉,把门打开一点,坐在门边呼吸一下空气。两名住在我隔壁的非裔男子也把他们的门打开了,由于那扇门白天有时候也是开着的,我注意到他们的房间跟我的一样只有一张床。不过这并不是同志幽会,因为他们似乎轮流睡床,一个人睡在房间里的时候,另一个人就在外面的车子里打瞌睡。我把门和窗关上,摸黑脱衣服,这样别人从窗外才看不见我。我对清景旅馆的其他住客仍然所知不多,因为身为一名单身女子已经够糟了,特别是一名有钱到能自己睡一张床的女子,而且还不是半夜会很吵的那种。就我观察所及,这个地方并不是毒贩和卖淫者的温床,这些人只是没有钱租一间正常公寓的劳工。即便是一开始令我有点担心的那些青少年,也似乎都跟母亲之类的人住在一起，她们很可能是单亲妈妈，因为白天都在工作，所以我之前才没看到她们。

最后我终于躺下来，再次呼吸压在胸口的停滞空气。几小时后我醒来，听着不是从任何电视里发出来的声音：一名女子清亮的女低音，唱着一段世界上最悲伤的歌。在高速公路呼啸来去的卡车声中，歌词内容已经模糊难辨。

我一天的开始，是开车到假日加油站附设的便利店，买可以塞满一个保鲜盒分量的冰块跟两颗煮蛋。买冰块是要制作冰茶，因为汽车旅馆里没有冰。茶则是靠着把茶包泡在塑料杯里的水中一整夜弄出来的。吃完早餐后，我把房间整理好，铺好床，用一团卫生纸把水槽擦干，然后把垃圾丢到外面的大型垃圾箱。不错，每天早上旅馆主人的妻子（也可能是合伙人）都会推着一台清洁车到每个房间，但她的打扫行为显示出重度抑郁的迹象，或可能是注意力缺陷障碍。通常她会记得换掉又薄又小的毛巾，那些毛巾即便是干净的时候也嵌着毛发，而且有一股厨房油污味，但除此之外就没了，只有偶尔一条忘了拿走的抹布或一瓶空气清新剂显示她曾经来过一轮。我脑海里浮现出一则以"思想传统、做事勤快的妻子"为题的广告，想象她在家乡举办婚礼之后，咻的一下子，就被一名语言可能都不通的印度裔丈夫带到明尼苏达州的清景旅馆，而她的家人、庙宇跟纱丽店，都远在几千千米之外。[1]

---

[1] 在此我感谢索娜·帕依（Sona Pai）的协助，她让我一瞥经营汽车旅馆的印度裔美国人社群和移民新娘的生活。索娜是一名印度裔美国学生，在俄勒冈大学非虚构文学系读研究生。

所以我自己打扫房间,然后用足够的发夹固定住头发,使头发能在整个轮班的时间里都保持整齐。这么做的主要目的,是让我看起来像晚上睡在有厨房、洗衣机和吹风机的正常家里,而不是正濒临无家可归的状态。

之所以进行这些家务仪式的另一个原因,是要打发没有在工作的时间,我不能没事一直待在沃尔玛的停车场或休息室。住在那间旅馆里的生活,比我以为的还难熬,若我不能让自己抱着希望,相信下一个休息日就是打包搬进霍普金斯公园广场的时候,那么我会恐惧即将来临的休息日。我开始出现一些小小的神经质症状。有时候吃完早餐我就胃痛,这会让我不太敢吃午餐,但若没有至少一餐吃得饱,就根本不可能撑完一整天班。更令人心烦的是我新养成的坏习惯,我哪只手只要一有空,就会去扯身上的上衣或卡其裤。这个习惯必须戒掉。我外婆101岁,目前在某种层面上来说还活着,她就是坚忍自律的完美例子。但她会抓自己的脸和手腕,弄出暗红色的圆形溃疡,而她声称不知道自己在做这些动作。也许这种动作会遗传,我很快就会从拉扯布料变成拉扯皮肉。

我以最佳状态抵达工作场所,先到试衣间跟当班的女士打一声招呼(通常是跛扈自满的罗达),因为负责试衣间的女士跟我的关系,就像厨师跟服务生的一样:如果她想,绝对可以整死我,把好几车掺了不属于女装部或没有折好、套好衣架的衣服丢给我。"我来了,"我张开双臂夸张地宣告,"今天可以开始啦!"罗达的反应是皱一皱鼻子,在文胸区工作的林恩则扯起一边嘴角微笑。我找到艾莉,她正用标签枪不断射出新的标签,我问她有没有什么特别要我做的事情。没有,只要把必须做的事情做好。接下来我去找梅丽莎,询问今天到目前为止的情况如何。今天她看到我的时候似乎有点不好意思:"我也许不该这么做,可能你也觉得这样很傻……"但她带了一个三明治给我当午餐。这是因为我曾告诉她,我如今住在汽车旅馆里,三餐几乎完全吃快餐,而她为我感到难过。现在,换成我觉得不好意思了。除此之外,我更深深被其中隐含的慷慨所感动,这份善意跟笼罩着我们的企业吝啬是那么不同。梅丽莎大概不觉得自己是穷人,但我知道即便是很小的金额,她都必须精打细算。例如她提醒过我两次,每周二在"广播放送站"买特餐可以省 68 美分,所以一个三明治真的是一份不小的礼物。我推着我的购物车出发,满足地念着,"博比·布鲁克斯的土耳其蓝松紧短裤"和"褪色荣耀的 V 领红色无袖背心"。

然后,在我工作的第二周,有两件事变了。第一,我的班次从早上 10:00 到下午 6:00 变成下午 2:00 到晚上 11:00,成为所谓的"打烊班",尽管这间店始终 24 小时营业。没有人告诉我这件事,我是看到休息室外面公布栏上的时间表才发现的。如今我得工作 9 小时而不是 8 小时,虽然其中包括 1 小时无薪的晚餐时间,我每天还是得整整多站半小时。我有两次 15 分钟的休息时间,原本这在早上 10:00 到下午 6:00 的班表中显得几乎有点多余,但此时却变得分秒必争。我要在晚餐前把两次休息都用掉吗?我通常在晚上 7:30 吃晚餐,如果先用掉,就得在晚上 8：30 到 11：00 之间最累的时候连续工作两个半小时。或者，我要在下午的时候试着连续工作两个半小时不休息，接着休息一次，再连续马拉松工作 3 小时，直到能出去吃晚餐为止？接下来的问题就是如何最大化利用 15 分钟，尤其是当你有三项以上急迫又同时发生的需要——尿尿、喝点东西、离开室内到外面晒一下自然光，以及更重要的是：坐下来。我做了点类似偷时间的事，多挤出 1 分钟，上完厕所才打卡去休息（没错，我们连休息时间都要打卡，半分钟都不能虚报）。从时间上看来，要花 75 秒才能走到店门口，若我想在"广播放送站"停下来买东西，很可能得花上整整 4 分钟排队，更别说还要花 59 美分买一杯小小的冰茶。所以我犒赏自己到店门旁边一块很小的空地放风，那是唯一允许员工抽烟的地方，然后让自己的脚休息大约 9 分钟。

第二件改变的事情是，"阵亡将士纪念日"之后的小淡季结束了。如今店里永远有一打或更多顾客在女装部流连不去，到了晚上更是进入高峰，一拨拨包含各种年龄层的人马蜂拥而至，有祖母、母亲、购物车里的婴儿，后面还拖着一群喧闹且一脸不高兴的小孩。新任务出现，例如每隔半小时左右就要把顾客丢下的购物车排好，再一起推到店门口前方归位。如今我不只必须把掉落的衣服捡起来，还要把顾客从其他部门带来丢在女装部的东西拿回去，包括枕头、装潢用的钩子、神奇宝贝卡片、耳环、太阳镜、填充动物玩具，甚至还有整包肉桂小面包。此外除了永远都会有的退回品，还有大量被丢在地上，或不负责任地拿到错误位置的东西。有时候运气来了，重新放好退回品与捡起散落在挂衣杆或地上的物品这两项任务还能配合无间。若我捡起错放的物品和放回退回品的速度一样快，那么我就永远没有清空手边这辆购物车的时候，而一切东西都会流畅而可怕地回到试衣间去。罗达或她的夜班同事会对我咆哮："你有三车还没弄，芭芭，到底是怎么回事？"在此各位可以想象一下西西弗斯[1]的处境，或者是严酷巫师的可怜学徒。

不过，在整个轮班时间的第一阶段，我都还是友善助人的员工好榜样，并且对前来购物的多元人种感到惊奇不已，有中东裔、亚裔、非裔、俄罗斯裔、前南斯拉夫裔和老派的明尼苏达州白人等。除此之外，我也很平静地接受热力学第二定律，就是说，熵增是不可战胜的。令人惊讶的是，我得到了伊莎贝尔的赞美，她是一名娇小的七十几岁老太太，似乎是艾莉的助手。她说我表现得"很优秀"，而且更棒的是，我是"很好共事的人"。我昂首阔步走过一根又一根的挂衣杆，得意万分。但不知道到了晚上6：00还是7：00的时候，想坐下来的欲望变得强烈不已，一种宛如《化身博士》[2]的变身过程开始展开。我无法忽视这项事实：是顾客的粗心大意和懒惰才使得我必须不断弯腰、趴在地上，四处跑来跑去。她们是购物者，而我则是购物者的反面，必

---

1 Sisyphus，希腊神话中，西西弗斯被惩罚不断推一块巨石上山，快到山顶时巨石又会滚落，使他必须永远重复推石。——译者注
2 罗伯特·路易斯·史蒂文森（Robert Louis Stevenson）著，描述一名平时良善的心理医生内心潜藏着邪恶的一面，并借由喝药水而完全变成另一种样子。——译者注

须把卖场弄得仿佛她们根本没来过一样。到了这个时候，"积极的待客之道"让位于"积极的反客之道"。她们的购物车用力撞到我的购物车，她们的小孩疯狂地横冲直撞。有一次我站在那里，无助地看着某个还不太会走路的小孩，他把伸手抓得到的东西全部从衣架上扯下来，我顿时心想：堕胎用在还没出生的孩子身上真是浪费。这个念头一定显露在我脸上，因为他妈妈最后终于出声制止了他。

我甚至开始因为一些不相干的理由怨恨顾客，例如在本地白人的情况里，我怨恨她们的块头。我不是指过大的小腹和屁股，而是从一些不可思议位置冒出来的巨大肉块，例如脖子和膝盖后面。这个夏天我常在温蒂汉堡买午餐，我在那里认识了一个新词：大大号（biggiesize）。比如店员会问："您要把套餐加到大大号吗？"意思是把薯条和汽水都换成大号，而这样的分量似乎特别吸引女性客群。大家都知道，中西部人（特别是中下阶层）都悲剧性地背负着几代以来吃薯片和法棍面包留下的后遗症，而且我大概根本不该把这件事说破。在我整个轮班时间的前半段，身为还没化身之前的博士，我对这些肥胖人士深感同情，因为她们必须从那些式样夸张的服装里挑选衣服，例如短短的绑绳短裤和上面有巨大横条纹的T恤，这些设计简直是在揶揄她们。但我心中的同情随着轮班时间持续下去而逐渐流逝。由于一些显而易见的理由，在女装部工作的都是相当苗条的一群人（而且在明尼苏达州的标准下，大概快被列入需要打紧急营养针的名单），我们活在害怕被某位突然猛冲的胖大女性压死的恐惧下，她在狭窄的走道上奔跑，从褪色荣耀冲向"女人"尺码区，途中幻想能穿上凯西·李的紧身装。

不过，我是对衣服有感情，不是对顾客。如今在我的新轮班时间里，有一件滑稽的事情发生在我身上：我开始想象这些衣服是我的。我的意思不是把它们当成可以拿回家穿的衣服，因为我没有这种打算，而是把它们视为由我来组织和统治的衣服。梅丽莎和艾莉在晚上6:00下班回家，9:00之后连伊莎贝尔都走了，于是这个地方就开始归我所有。闪一边去，山姆，现在这里是"芭尔玛"了。我推着购物车巡视边境，迅速走去捡起放错地方或掉落的衣物，让一切看起来整洁利落。我不会像顾客一样抚弄衣物，我会啪的一声用力把它们放到该在的位置上，命令它们直挺挺地垂下，立正站好，不然就是以完美的秩序服从地躺在架子上。在这种心智状态下，我最讨厌的就是有顾客冒出来把东西弄乱，打乱整个秩序。事实上，我痛恨有东西被卖出去，它们从自己原本该在的家被连根拔起，突然被带到某个天知道秩序乱成怎样的衣柜里。我想要把女装部所有的衣服封死在一个塑料罩里，用卡车运到某个安全的地方去，某个类似零售历史博物馆的地方。

有一天晚上，我从最后一次中间休息回到卖场，整个人已经累垮了，结果我很不高兴地发现有一个新人物出现。她是一名身高绝对没超过1.4米的亚裔或拉丁裔，正在白鹿区叠T恤，那是我的白鹿区。稍早我吃完晚餐返回卖场的时候，晚班试衣间小姐责怪我太慢回来（但其实我没有），而且还说，如果霍华德知道这件事，这次他大概不会骂我，因为我还算新人，但如果这种事再发生……我反唇相讥，说我才不在乎霍华德骂不骂我，但由于我们被禁止说四个字母的那个脏字，我很难真正表达出我的感觉。于是我有点提防这名侵入白鹿区的人物，在我们互相简短自我介绍之后，她开始对我展开攻击。

"你今天有收走这里的东西吗？"她质问我。

"当然有啊。"事实上，我今天到处都收走过东西，就跟其他每一天一样。

"因为这一件不是放在这里的，你看看，这个质地不一样。"然后她把那件跑错地方的衣服往上朝我的胸口一推。确实，我可以看到这件橄榄绿的衬衫有一点点罗纹，而其他的则很平滑。"你必须把它们放在对的位置，"她继续说，"你有检查条形码号吗？"

我当然没检查那些长达十几个数字的电子条形码号，没人会去检查。她到底以为这里是哪里？国家科学研究院吗？我不确定这个时候可以采取哪种防卫方式，她是我现在的督导吗？或者我跟她是在较量谁能统治晚上 9：00 到 11：00 这段时间？但这些我都不想管，反正她惹火我了，又弄乱我的东西。所以我告诉她以下的话（除了标题数字和被禁止的脏话）：（一）白天有很多人在这里工作，更别说还有顾客来来去去，她干吗把这些怪到我头上？（二）现在已经超过晚上 10：00，我还有另一台塞满退回品的购物车要弄，如果我们两个人能一起解决购物车，岂不是比计较那些该死的 T 恤应该在哪儿有意义得多？

她的反应是怒气冲冲地告诉我:"我不处理退回品,我的工作是折衣服。"

几分钟后我发现她为何不处理退回品了,因为她够不到挂衣杆。事实上,她必须借助一把梯子,才弄得到放在最高架子上的衣服。而各位知不知道,当我看到这个可怜的小家伙把梯子推来推去的时候,心里是什么感觉?是一股蓦然涌上的邪恶快意。我从自己正在工作的裘达奇品牌区不时探头偷看,希望能看到她啪的一声摔到地上。

那天晚上我下班的时候,对自己回应这名入侵者的方式感到很震惊。若她是督导,我一定会因为对她说了那些话而被呈报上去,但更糟的部分其实是我的想法。是我在这个地方变得苛刻了起来,还是一连工作快9小时之后,一个人的正常反应就是如此?那天晚上我还有另一场恶念暴发。我回到试衣间旁边的柜台,要拿另一台装满退回品的购物车,结果发现行动不便的年轻夜班接线员坐在轮椅里,空茫地望着前方,看起来比平时还要悲伤。而我的第一反应竟然是:至少你还坐着。

这并不是我,起码我自己不会想花多少时间跟这种"我"相处。同样,那位娇小的同事可能也不是平时就爱找人麻烦。我后来才发现,她彻夜工作,白天她的宝宝睡觉时她才跟着一起小睡。除此之外我还得知,她并不是谁的督导员,而且只要她工作的时候伊莎贝尔也在场,伊莎贝尔就会一直挑她毛病。我必须面对的事实是:写在我名牌上的这个"芭芭",并不完全是身为"芭芭拉"的我。"芭芭"是我小时候的名字,我兄弟姊妹也仍然这么叫我,而我意识到,在某个层次上我正在退行。若拿掉我的职业和较高的教育程度,也许剩下的就是这个原始的芭芭,若非她父亲勉力脱离了矿坑,她最后可能真的就在沃尔玛工作。因此,看到芭芭最后变成的样子很有趣,也非常吓人:她会比我更苛刻,更狡猾,更满怀怨恨,而且不如我希望的聪明。

要搬去霍普金斯公园广场的那天早上,我一醒来就开始想象各种终于可以塞到冰箱而不用担心腐坏的食品:蛋黄酱、黄芥末、鸡胸肉。但我抵达那里的时候才知道,希尔蒂已经离职了,接替她的是个顶着一头高耸蜂窝发型的女人,她说我没搞清楚状况,那个房间直到下周才会空出来,而且我来之前应该先打电话才对。难道我真的被希望冲昏了头,而"误会"希尔蒂似乎已经很清楚的说明(星期六早上9:00带钱来,你可以在下午4:00搬进去)?还是有别人比我捷足先登?无论如何,我都清楚了解到下面这项事实:长期而言,仅仅在沃尔玛做时薪7美元的工作,一定租不起公园广场里一周租金179美元的附厨房公寓。我的计划是再找一份周末工作。我一开始借住的公寓附近有一家彩虹超市,他们已经初步同意雇用我,时薪接近8美元。

这两份工作加起来,扣掉税后我一周能赚大约320美元,因此179美元的房租约占我总收入的55%。我开始觉得,这是一种"负担得起"的状况了。[1] 但结果彩虹超市的工作也成为泡影,因为他们决定不要我上周末班,而是每周在那里兼职5天,我还不能选择到底是哪几天上班。霍华德已经排定我一周休周五,再下周则是休周四和周三,而我得拼死巴结他,才可能有更稳定跟合意一点的休假时间表。

所以,我不是得像梅丽莎一样找个丈夫,就是得跟其他某些同事一样,去找第二份工作。长期而言,若我把早上时间都投入找工作,同时等待公园广场空出房间(或者更好的是,能等到一个每月租金400美元或每周100美元的正规公寓房间),那么我的生活就过得去。但套句凯恩斯[2]会说的话:长期而言,我们都会破产,至少对我们这些从事低薪工作、住在租金过高的汽车旅馆里的人而言,情况就是如此。我打电话到基督教女青年会(YWCA)问他们是否有空房间,他们要我打电话到一个名叫平价宿舍(Budget Lodging)的地方,但那里也没有任何空房间,

---

[1] 实际上,房租通常应该占个人所得的30%,才算"负担得起"。住房分析师彼得·德赖尔(Peter Dreier)指出,有59%的贫困租房者(共计440万个家庭),必须把超过50%的所得花在住房上。见《为何美国劳工付不出租金》("Why America's Workers Can't Pay the Rent"),《异议》(*Dissent*), 2000年夏季号,第38—44页。一项在1996到1997年针对44461个家庭所做的调查指出,有28%收入低于贫困标准200%(亦即年收入大约3万美元)的父母表示,他们在付房租、抵押贷款和日用品费用这些方面都遇到困难,见《福利改革网络新闻》(*Welfare Reform Network News*),第1卷第2期,1999年5月,女性政策研究所(Institute of Women's Policy Research),华盛顿特区。我住在双子城期间,大约有46000个劳工家庭把50%以上的收入花在住房上,而且令人惊讶的是,其中73%是拥有自己房子的家庭,却被高涨的房屋税逼得难以喘息。见《住房负担问题袭击中等收入者》("Affordable Housing Problem Hits Moderate-Income Earners"),《明尼阿波利斯明星论坛报》,2000年7月12日。
[2] 约翰·凯恩斯(John M. Keynes),著名英国经济学家。——译者注

不过他们的通铺房还有空床，一晚价格是19美元，我会有一个属于自己的上锁置物柜，早上也不会被强制离开房间，如果我想整天赖在床上也没问题。但即便有这些诱惑，坦白说，当我得知他们的位置是在明尼阿波利斯市另一端的时候，还是松了一口气，因为只要我还在这家沃尔玛工作，就可以用车程和油资等理由排除平价宿舍这个选择。也许我可以干脆摆脱沃尔玛的工作，搬到宿舍里，然后以那里为基地开始重新找工作。但事情的真相是，我还没有准备好离开沃尔玛，那是我跟世界的联结，是我认同的来源，是我的地盘。

那家平价宿舍的前台似乎多少了解低收入劳工的找房噩梦，所以他建议我还是继续到其他汽车旅馆试试看，他想一定还有每周价钱低于240美元的房间。同时，清景旅馆开出很不合理的价钱，本次租约到期后，每加住一晚的房租涨到55美元。也就是说，只要再过几天，几乎任何汽车旅馆都比那里好了。我打电话给凯洛琳，问她对这样的状况有没有什么建议，而我早该猜到这么做会带来什么结果：几分钟之后她又打电话给我，邀请我过去跟她一家人一起住。我说不行，先前我已经免费住过朋友家几天了，现在我必须跟其他人一样，在住房市场里碰运气。但有那么一会儿，我心里涌上一种感觉，就像梅丽莎带三明治给我的时候一样，仿佛那一刻我被天使眷顾了：我不是完全孤独的一个人。我开始再次四处打电话给汽车旅馆，而且把范围扩大到市区之外，连北面的小镇、西面的小镇、圣保罗市的汽车旅馆我也去问。但大多数旅馆都没有任何空房间，任何价位的都没有，而且不只是现在，接下来几周也通通没有。对方告诉我的理由是：因为现在是旺季。虽然我实在看不出来，像明尼苏达州清景旅馆这类地方，到底会在一年中哪个时候变成旅行目的地。只有舒适旅馆（Comfort Inn）有房间，一晚要价49.95美元，所以我在那里预订了几个晚上的房间。但是，终于能够离开"全国最糟旅馆"的解脱心情，却被排山倒海的挫败感抵消。

我是不是应该做得更好才对？我从沃尔玛店门前的报纸柜里急切地取出报纸，那是6月13日的《圣保罗先锋报》（St. Paul Pioneer Press），结果发现一份来得太迟的现实报告。头版斗大的标题写着："公寓租金一飞冲天"。光是2000年的前三个月，明尼阿波利斯的房租就飙涨20.5%，而据当地房地产专家表示，这是前所未有的涨幅。跟我的情况更有关的是，双子城区"是全国空房率最低的地区之一，甚至很可能是最低的"。谁会事先知道这样的事啊？我在来这里之前匆忙做的行前调查中，根本没发现任何记录显示有住房短缺的情况，事实上，我还读到感叹双子城区缺乏互联网产业的文章。以上这些都使我相信，这个区域应该不会像加州湾区一样受房地产价格狂飙的影响。但显然，我们不需要互联网新贵，就能把一个地方搞得让低收入居民住不下去。《先锋报》引述住房和城市发展部秘书长安德鲁·科莫（Andrew Cuomo）的话，他感慨经济繁荣反而使全国各地价格合理的住所大量短缺，这是一项"残酷的讽刺"："经济越强盛，促使租金往上涨的压力就更大。"因此我并不是受贫穷之害，而是受繁荣之害。一般人往往认为，穷人和富人是在互相依赖的和谐状态下生活的（一方提供廉价劳力，另一方提供低薪工作），但显然这两方已经不可能并存了。

我带着坚定的期盼住进舒适旅馆，相信我只需要在这里住一两晚就能找到其他地方住。但我并不知道，从某种意义上来说，这其实是我最终败北的时刻。游戏结束。故事说不下去了。至少，如果这是一个如何平衡收入和房租的故事，就真的说不下去了。在大约 3 周的时间里，我用掉超过 500 美元，但只赚到 42 美元——在沃尔玛参加新人培训一整天的薪水。还有更多薪水最终将会进账（沃尔玛跟无数以低薪雇用员工的雇主一样，会把你第一周的薪水扣住），但都将为时已晚。

我终究没有找到任何公寓或负担得起的汽车旅馆，即便我确实做了最后尝试，有天早上跑去一个慈善机构寻求协助。我打电话到明尼阿波利斯联合之路（United Way of Minneapolis），他们要我打电话给另一个机构，而该机构又要我打电话到一个名为社区紧急协助计划（Community Emergency Assistance Program）的机构，它就位于离沃尔玛 15 分钟车程的便利地点。该机构所在的办公室里，正上演着令人难过的一幕：两名瘦得像竹竿的黑人（我从口音猜他们是索马里人，而且考虑到双子城区有非常多索马里人）正在说："面包？面包？"而得到的回答是："没面包，没面包。"他们慌张混乱地出去之后，一名五十几岁的白人女性走进来，同样的情景又重新上演一回，她离开时，一抹恳求的微笑还尴尬地冻结在脸上。然而，某种原因使然（也许是因为我有先预约，而且还没让他们不耐烦），有人带我到内部办公室，里面有一名年轻女人心不在焉地对我进行面谈。我有车吗？是的，我有车。几分钟后她又问："所以你没有车？"诸如此类的问题。

我跟她说我在沃尔玛工作，也把工资金额告诉她，她听了之后建议我搬进收容所，以便能存到足够的钱交第一个月的房租和押金。随后她就叫我去另外一个办公室，说我可以在那里申请住房补助，并得到寻找住处方面的协助。但那个办公室只提供了一份合理租金公寓的影印本清单，一周才更新一次，早已失去时效性。我回到第一个办公室时，面谈我的那位小姐问我是否需要紧急食物补助，而我只得再跟她说一次我没有冰箱。她说她会想办法，随后就带着一个纸箱回来，里面有一块肥皂、一条止汗膏，以及一些在我看来颇为无用的食品：许多糖果、饼干和一罐一磅装的火腿。在没有冰箱的情形下，我得一餐就把这磅火腿吃完才行。[1]（隔天我就把整箱东西原封不动带去给另一个慈善机构，以免显得我不知感激，这样做也才不会浪费食物。）

当我带着这箱甜兮兮的赃物开车离开时，才恍然大悟这场

---

[1] 中产阶级人士常常批评穷人的饮食习惯，但这家慈善机构似乎提倡我们该信任"没营养的卡路里"。我拿到的那箱免费食品详细内容如下：21盎司（1盎司=1/16磅≈28克）的通用磨坊（General Mills）牌蜂蜜核果早餐麦片，24盎司的波士特（Post）牌葡萄坚果麦片，20盎司的密西西比烤肉酱，几包装在小塑胶袋里的糖果，包括同笑乐（Tootsie Roll）巧克力、聪明豆（Smarties）水果糖、甜派（Sweet Tarts）水果糖，以及鹰牌（Ghirardelli）巧克力两条，1包口香糖，1包13盎司装的冰冻甜饼干，一些汉堡面包，6包6盎司装的美汁源（Minute Maid）果汁粉，1条维也纳面包，一些星球大战水果糖，1条肉桂面包，18盎司的花生酱，18盎司的荷荷巴油洗发水，16盎司的罐装火腿，1块黛尔（Dial）牌香皂，4条家乐氏（Kellogg's）棉花糖米香棒，2包乐之（Ritz）饼干，5盎司史璜森（Swanson）牌罐装鸡胸肉，2盎司类似酷雷（Kool-Aid）那类饮料的水果调味粉，2条快速女士棒（Lady Speed Stick）牌止汗膏。

经历透露出多重要的讯息。在面谈将近结束之际,那位小姐为她几乎忘记我告诉她的一切而向我道歉(包括我有车子、住在汽车旅馆里等等),因为她把我跟另一个也在沃尔玛工作的人搞混了,那个人几天前才刚到这里寻求过协助。我当然注意到许多同事都是穷人,他们有许多很难忽视的特征可供辨识:扭曲发黄的牙齿是其中之一,另一个特征则是不合脚的鞋子。一连工作大约4小时后,我的脚就会开始痛,而我还是穿着舒适的旧锐跑运动鞋,但有一大堆女性是穿着鞋底很薄的廉价软皮便鞋奔忙一整天。此外头发也是另一个阶级线索,她们往往不是扎马尾,就是脸上带着典型沃尔玛员工那种疲惫而无助的表情,头发留到及肩长度,中分后直直垂下,两边用小发夹固定住以免落到脸上。

但现在我又多了解一点。我们在新人培训的时候得知,公司的成功完全仰赖我们这些工作伙伴。我们身上的亮蓝色制服背心上写着这样的话:"在沃尔玛,我们的同事创造非凡。"然而事实上,在这些背心底下,却是在真实生活中需要接受慈善救助的人,有的甚至还住在收容所里。[1]

所以,不管怎样,我在舒适旅馆展开了超现实的生活。我活

---

[1] 1998年,阿肯色州参议员杰伊·布拉德福(Jay Bradford)指责沃尔玛付员工太少薪资,使得他们必须转而向州政府寻求福利协助。然而他没办法使沃尔玛公司公开薪资给付记录,结果使得这项论点无法得到证实。见鲍伯·奥尔特加,《我们信任山姆:山姆·沃尔顿与全球最强大零售公司沃尔玛的秘辛》(Bob Ortega, *In Sam We Trust: The Untold Story of Sam Walton and Wal-Mart, the World's Most Powerful Retailer*, New York: Times Books, 2000),第193页。

在奢华中：房间有空调，门上有锁，大大的房间窗户还有一面完好无缺的纱窗保护着，我简直就像个游客或商务旅行人士。但每天我从那里出发，到一个大多数商旅人士会觉得既寒酸又令人气馁的生活里：在温蒂汉堡吃午餐，在斯巴洛（Sbarro）意大利速食店吃晚餐，还有在沃尔玛工作。若某个舒适旅馆的工作人员正巧来逛沃尔玛，撞见我穿着制服在那里工作，我会觉得很丢脸。当然，我认为自己随时都会离开那间旅馆，只要霍普金斯公园广场一有空房间我就搬。但此时此刻，我为这个住处的华丽陶醉不已，而且我惊奇地发现，这里的单日租金比我在清景旅馆住的那个老鼠窝还便宜 5.05 美元。我不再需要担心笔记本电脑会被偷或被烤焦，我可以安心地睡一整夜，而乱扯东西的病态小习惯也逐渐不再紧缠着我。我感觉自己就像快捷假日酒店（Holiday Inn Express）广告里的男主角，他在酒店里住了一晚之后，感到整个人如此焕然一新，以至于隔天就可以进行手术或指导别人如何使用降落伞。在沃尔玛，我的工作表现也好多了，比我一开始能想象到的好得太多。

转折点在周六来临，也就是各位读者会大采购的日子之一。当我在下午 2：00 抵达店里开始上班的时候，有两大车衣服等着我整理，而在卖场几个主要区域的地面上，四处乱丢的衣物竟堆了好几寸高。这里与其说有人采购过，不如说根本是被人洗劫过。在这种情况下，我唯一能做的就是所有事情同时进行：弯下身体，伸手捞衣服，蹲稳，抱起衣服，推着购物车从一根衣架杆跑到下一根。然后，它就那么发生了。那是一种魔法般的心流状态，每件衣服开始自动回到自己该在的地方。噢，我也有出一点力，但不是有意识地这么做，我不是一面想着"白鹿牌海军蓝斜纹短裤"，一面顽固地找出类似的短裤，而是在脑袋里形成这件衣物的形象，再将这个形象投影到视野前方，然后我的人再移动到现实世界里有东西和那个形象配成对的地方。我不知道这是怎么发生的，也许我的脑袋太忙着处理接收到的视觉数据，所以必须绕过左脑的语言中枢，省略掉累赘的命令："前进到淑女服装部西北角的白鹿牌区，在卡其短裤附近的低层衣架杆找找看……"又或者，其实秘诀在于让自己明白到：每件衣物都想要跟它所属的家族成员团聚，而在每个家族中，每件衣物也想要在颜色／大小的等级秩序中占有一个适当位置。因此，一旦我让衣服掌管一切，明白自己只是促成它们再度团聚的工具，它们就会飞出购物车，回到自己天然的家园里。

就在同一天，可能是因为如此敏捷地完成工作让我有余裕清晰思考，我跟顾客和解了，同时还发现了自己的生命目标——起码是在沃尔玛里。管理层也许认为这个目标就是要卖出东西，但这实在是一种太过化约、太过狭隘的资本主义观点了。事实上，我从来没看到任何东西被卖出去过，因为买卖行为是在我看不到的地方进行的，也就是在店铺前端的收银机那里。我只看到顾客不断把我们小心折好的Ｔ恤打开来，把衣服和裤子从衣架上拿下来，随意看一下，然后就把它们丢在其他地方，留给我们这些工作伙伴捡。对我来说，让我摆脱敌对心态的线索，来自贴在员工休息室附近的一张海报，上面写着：

"你母亲没在这里工作，所以请你自己把东西捡起来。"我曾经走过这张海报许多次，心里想着："哈，这就是我在做的事，跟在别人后面捡东西。"然后我突然醒悟：那些把东西丢下让我捡的人，多半自己就是妈妈。也就是说，我在工作时做的事，正是她们在家里做的事：把玩具、衣服和其他杂七杂八的东西捡起来。所以对大多数来这里购物的女人而言，购物最棒的地方就在于：她们可以表现得像乳臭未干的小孩，不管购物车里大嚷大叫的婴儿，把东西四处乱丢，然后让别人来捡。而如果衣服不是井然有序地排列在那里，这么做就一点也不好玩了（不是吗？）。所以，这就是我发挥功能的地方，我不断重新为顾客创造出整齐的秩序，让她们可以使劲破坏。以下这点很令人震惊，但确实存在于人们的天性中：只有以仿佛没人碰过的完美样貌展示的东西，才能真正激发人们的破坏欲。

我尝试把这个理论告诉伊莎贝尔，说我们的工作就是不断重新创造一个场景，让女人可以在里面发泄；若没有我们，虐待儿童的案件会急速增加；在某种意义上，我们的功能就像疗愈师，也许还应该参照疗愈师的薪水，以时薪50到100美元来计薪。"你就继续做你的春秋大梦吧。"她说，一面摇摇头。但她脸上带着一抹谨慎的小小微笑，让我觉得这并不是个太离谱的想法。

随着我逐渐胜任工作，脑海里也出现新的不平之鸣：为什么有人要忍受这么低的薪水？当然了，我大多数同事都有比我好一点的开始，跟配偶或已成年的子女同住，或是除沃尔玛的工作之外还有其他兼差。有一天晚上，我和莲妮一起坐在休息室里,那时我才得知,沃尔玛只是她其中一份工作(她的班是6小时),一天中还有其他8小时的时间,她在工厂做时薪9美元的工作。这样难道不会累得要命?她说不会啦,她就是这么过日子的。"广播放送站"的厨师另外还做两份工作。各位读者可能以为我会听到一点牢骚抱怨,或看到一些不安分的迹象(比如,在休息室的励志海报上涂鸦,在例会上暗暗嘲笑),但我完全没看到这类行为。也许,当你用药物检测和人格测验清除掉所有叛逆者之后,得到的结果就是这样:一支完全顺从和异化的劳动力队伍,只希望将来某一天能被纳入公司的分红计划,而且只抱着这样的遥远梦想就满足了。开会的时候规定员工要做"沃尔玛欢呼",他们甚至也都乖乖照办。这件事是晚班的试衣间服务小姐告诉我的,而我很幸运没有目睹这终极的屈辱。[1]

但是,如果说"跳出框架"思考不容易的话,那么跳出一个很大很大的框架思考则几乎是不可能的事。当你身在沃尔玛里的时候,它就是一个整体,一个封闭的系统,一个自成一体的世界。有天下午我坐在休息室里看电视,结果吓出一身冷汗,因为我看到沃尔玛的广告。当一台位于沃尔玛里的电视上又冒出一个沃尔玛,真的会让你怀疑其他世界到底还存不存在。当

---

[1] 根据研究沃尔玛的专家鲍伯·奥尔特加指出,山姆·沃尔顿在1975年的日本之旅后,也想要让员工喊口号:"他看到那里的工厂员工集体做操,并且为公司欢呼,感到印象非常深刻。"奥尔特加表示,沃尔顿想出一种口号:"他会大叫:'给我一个W!'员工们会回应:'W!'而后双方继续下去,直到拼完沃尔玛的名称为止。遇到当中的连接号时(沃尔玛英文原名为"Wal-Mart",中间有一个连接号),沃尔顿会大叫:'给我一个扭扭!'同时一面扭动自己的臀部,而员工们也会朝他扭回去。"见《我们信任山姆》,第91页。

然，你可以开 5 分钟车到另一个地方去，于是你到了凯马特超市、家得宝（Home Depot）[1]、塔吉特超市、汉堡王、温蒂汉堡，或肯德基。无论你往哪里看，都是超大规模企业的秩序，而在这样的秩序之下，所有本地的创造力和主动性都被一个远在他处的总部所禁止。就连树林和草地都无法以没有秩序的自然方式生长，被迫穿上水泥制成的制服。你所看到的就是这些（高速公路、停车场、商店），或者也可以说，这就是一切都被全球化、整体化、铺天盖地的企业化统治之后，我们所仅剩的东西。我喜欢读衣服上的标签，找出我们所卖的衣服是哪里制造的（印度尼西亚、墨西哥、土耳其、菲律宾、韩国、斯里兰卡、巴西），但这些标签的作用其实是在提醒我：这些地方全都不再是"异国"，它们都被巨大而盲目、忙着获益的全球化机器所吞噬。

我唯一能做的事情是去问：你（我们）为什么要在这里工作？你为什么要留下来？因此，当伊莎贝尔（竟然）第二次称赞我的工作表现时，我借机告诉她，我真的很感谢她的鼓励，但我无法靠 7 美元的时薪活下去，她是怎么做到的？我得到的答案是，她和已成年的女儿一起住，女儿也有工作，再加上伊莎贝尔已经在这里工作了两年，薪水"高升"到时薪 7.75 美元。她劝我耐心一点：这样的事情也可能发生在我身上。梅丽莎有丈夫还在工作这项优势，她说："唔，反正工作就是这样。"是没错，她当服务生的时候几乎可以赚到两倍薪水，但那个地方关门了，而

---

[1] 美国著名家居建材用品零售商。——译者注

且以她如今的年纪，一些小费高的地方根本不可能雇用她。我看得出一种不太想动的感觉，她不愿意再去经历一遍应聘、面试和药物检测的过程。她认为自己应该做一年看看。一年？我跟她说，我连是否能再做一个星期都没把握。

几天后发生一件事，使得仁慈又温柔的梅丽莎勃然大怒。她被驱逐到文胸区，那对我们来说是一个全然未知的领域，巨大的成排架子上挂着看起来几乎都一样的双罩杯物体，而她得在那里一次连续工作3小时。我了解她的感受，因为我曾经有一次被派到男性服饰区好几个小时，结果我在陌生的衣架杆丛林里徒劳无功地徘徊着，被同样的颜色和款式弄得脑子都快糊掉。[1] 这时就考验你是真的在工作还是假装在工作了。你可以把购物车推个几米远，然后停下来，刻意把衣服拿在手上，对四周的衣架杆皱起眉头，然后把车子继续往前推，再重复这些动作。"我不想浪费他们的钱，"梅丽莎被允许回到女装部之后这么告诉我，"我是说，他们付了我薪水，但我在那里根本没做好任何事情。"对我来说，她生气的对象似乎根本错了。她难道认为，沃尔顿家族住在某个藏在店后方的小房间里，极尽节俭之能事，会因为一名劳工浪费掉价值21美元的劳力而垮掉吗？我正要开始就这个主题发表意见的时候，她突然躲到一排衣架杆后面，那排衣架杆正好把我们所在的裘达奇、无界限服饰区和褪色荣耀服饰区分隔开

---

[1] "你在沃尔玛的职业生涯中，有可能会在店铺内的其他部门接受交叉训练。这将使你面对新领域的挑战，并有助于你成为更面面俱到的工作伙伴。"《沃尔玛工作伙伴手册》，第18页。

来。我担心自己讲了什么冒犯她的话,于是紧跟着她躲到后面去。"是霍华德,"她小声对我说,"你没看到他经过吗?我们是不准一起聊天的。"

"重点是,我们的时间便宜成这样,就算我们浪费掉,他们也不在乎。"我继续说。但我说的时候也意识到,这些话并不正确,否则他们干吗一直监视我们有没有"偷时间"?但我还是口沫横飞地继续讲:"这才是最侮辱人的地方。"当然,我在如此大放厥词的时候,完全没有注意到当时的整个情况:两个年纪已达中年、非常努力工作的女人,一起藏身在一排衣服后面,就为了躲避一名26岁的蠢经理。这幅景象连评论的价值都没有。

阿莉莎是我鼓吹改革运动的下一个目标。当她又一次过来询问那件7美元的马球衫时,她发现上面有一块污渍。这可以让她争取到多少减价空间?我想可以打9折,若再加上员工本来就可打的9折,就有可能用5.6美元买到这件马球衫。我正跟试衣间的小姐商量可否打到8折的时候,没想到运气背到家,霍华德竟然出现。他当场宣布,清仓拍卖的商品不能再有任何折扣,也不能用员工价购买,这是规定。阿莉莎看起来颓丧不已,等霍华德走开之后我告诉她,如果你赚的钱还不够买一件沃尔玛的衣服,而且还是一件有污渍的清仓大甩卖商品,那一定有什么地方不对劲。"我懂你的意思。"她说。而且她也承认,如果工作的目标是维生,那沃尔玛的工作也同样养不活她。

后来我变得有点鲁莽。那天下午,扩音器里传出要召开工作伙伴会议的声音,虽然我大多数同事都留在原地没动,但我决定去参加。每3天左右就会开一次这样的会,而且大部分时间都花在点名上。我不明白这些会议的目的何在,而我想到的只有一个,就是霍华德要让我们看到:跟我们这么多人相比,他是多么唯一而独特。我原本只是很高兴能借机坐下几分钟,不过今天是在园艺部开会,所以我们是靠在一些肥料袋上,跟来参加的人闲聊。今天有一个来自光学用品部的女子来开会,她的发型和体态都比大多数女性工作伙伴来得好。她告诉我,她是因为最近离婚才被迫接受这份工作,但她发现这里的医疗保险真是糟糕透顶,如今很后悔来这里。接着她冗长地告诉我她的既往病史、免赔额和她的 COBRA[1] 保险已经快到期等等。我心不在焉地听着,因为跟大多数同一批次接受新人培训的员工一样,我没有选择加入医疗保险,员工负担部分的金额似乎太高了。"你知道我们这里需要什么吗?"我最后终于响应她,"我们需要一个工会。"

就这样,我把这个词说出来了。如果我的脚不是那么痛,也许我不会讲出这句话;而如果公司允许我们偶尔说"要命"和"该死",或甚至最好是"狗屎"的话,我也不会这么说。但没有人直接公开禁止"工会"这个词,而且这是眼前最有效的两个字。"我们是需要某些东西。"她回答道。

在这之后,没有任何东西能阻挡我了。我现在肩负着一项使命:提出问题!播下种子!终于,休息时间不只是为了歇脚而存

---

[1] 一种失业后仍可自费办理保险的法案,使原本的团体医疗保险不致中断,等找到下一份工作时就可继续累计保险。——译者注

在。这里有数百名员工（我从来没算出到底实际有多少人），而且早晚我都能全部见到。出于这个原因，我拒绝待在休息室里，因为那里的谈话会老绕着电视打转，而就我所知，这就是休息室存在的目的。最好是走出店外，到店门前方有围墙的吸烟区。在处处禁烟的美国，吸烟者比较具有反叛性，至少在女佣公司是如此。在女佣公司里，不吸烟的人往往会待在办公室里，沉默地等工作开始，而在外面人行道上抽烟的人，则总是会喧闹一会儿再进去。除此之外，你总是可以用向对方借个火的方式打开话匣子，气氛比较紧绷的时候我都会这么做。开始交谈后，下一个问题是："你在哪个部门工作？"接着是："你在这里做多久了？"从这里就可以开始转入正题。几乎每个人都很渴望倾诉，所以我很快就变成一个会走动的牢骚贮藏室。我得知在沃尔玛，没人加班曾领到加班费，但员工经常面临需要加班的压力。[1]许多人觉得不该付那么多钱才能加入医疗保险，也有很多人被排班表弄得感

---

[1] 有4个州的沃尔玛员工控告沃尔玛公司不付加班费，包括西弗吉尼亚州、新墨西哥州、俄勒冈州及科罗拉多州。原告指称，他们被迫加班，但公司却把加班时数从他们的工作时数记录上消掉。在西弗吉尼亚州的原告之中，有两人在离职前已升到经理职位，他们表示自己曾参与篡改工作时数记录及消除加班时数。沃尔玛公司不付给员工加班费，而是让员工"改成他们想要的排班表、得到升迁和其他利益"，改用这种方式来奖赏他们。至于拒绝在没有加班费的情况下加班的员工，公司则"以列入不良记录、降职、减少工作时数或减薪等手段威胁他们"。见劳伦斯·梅西纳，《哈里森县前沃尔玛员工提出加班诉讼》（Lawrence Messina, "Former Wal-Mart Workers File Overtime Suit in Harrison County"），《查尔斯顿公报》（Charleston Gazette），1999年1月24日。在新墨西哥州，一起由110名沃尔玛员工提出的诉讼案，在1998年达成和解，公司同意付加班费，见《沃尔玛同意解决工资纠纷》（Wal-Mart Agrees to Resolve Pay Dispute），《艾伯克奇日报》（Albuquerque Journal），1998年7月16日。沃尔玛发言人威廉·沃茨（William Wertz）曾在寄给我的一封电子邮件中声明："沃尔玛的政策就是对员工的工作表现提供适当报酬，并完全遵守一切联邦与州的薪资和工时规定。"

觉非常挫败。特别是一名福音派女士，无论她怎么恳求，公司就是不给她在周日早上排休假。除此之外，大家对经理也都有满腹牢骚：有个经理出了名的会把新人弄到哭着回家；还有一个经理会拿着一把尺巡视，只要是他认为凌乱的架子，就把上面所有东西全扫到地上，而员工必须把东西从地上捡起来，然后整个重新整理一遍。

我最喜欢谈的主题是工资太低，但有时候我发现，这似乎是一个痛苦的话题。举例来说，斯坦是一名20多岁的小伙子，满口极度歪扭的牙齿，他是那么渴望能向人倾诉，以至于当我坐在吸烟区的一条长椅上时，他几乎等于猛扑到我旁边的座位上。但当话题转到工资上时，他的脸整个一垮。说实话，原本他想一面工作一面上学（他说出一个两年制技术学院的名字），但工作严重干扰到他的学习情况，结果他只得退学，而现在……他凝视着丢满烟蒂的地面，宛如眼前的一片狼藉就是永恒。我说我们需要一个工会，但从他脸上的表情看来，我还不如说需要口香糖或百忧解。对啊，也许他会去第一媒体（Media One）应聘，他有一个朋友在那边工作，而且工资也比较高……再试着去上学看看，嗯……

推到另一个极端，则有像玛琳这样的人。我当时正坐在那里跟一个像洋娃娃一样的金发女孩谈话，我以为她是个高中生，结果她从11月开始就是全职员工了，如今正烦恼自己是否买得起一辆车。此时玛琳走出来休息，她点起一根烟，直截了当地支持我对沃尔玛薪资的看法。"他们老是在谈什么精神，"她说，意指那些管理层,"却不给我们半点理由保有一丝属于自己的精神。"在她看来,沃尔玛宁愿一直雇用新人,也不想好好对待原本的员工。你自己去看,每天都有十几个新人进来接受新人培训(这是真的)。沃尔玛就像一个对人类躯体贪得无厌的怪物,公司甚至鼓励我们把自己认识的凯马特超市员工挖过来。玛琳继续说,他们才不在乎已经训练好你或怎么样,只要你抱怨,他们永远找得到替代你的人。她的热烈发言使我壮起胆子,再次冒险说出那个烫嘴的词。"我知道这违反整个沃尔玛哲学,但我们其实可以组织一个工会。"她露齿而笑,所以我进一步说:"这不只关系到钱,而是有关尊严问题。"她用力点点头,然后用握成拳状的手点燃第二根烟。我离开的时候,向我想象中的同伙们命令道:立刻把她安排进组织委员会!

好吧,我根本不是组织工会的料,就跟我不是沃尔玛管理层的料一样,尽管伊莎贝尔曾暗示我可以去当。事实上,我不像许多工会成员一样相信工会是万灵丹。确实,在这种情况下,几乎任何老派的工会都会鼓吹提高工资和还给劳工尊严,但我知道,即便是最有活力和最民主的工会,也被成员们小心观察着。在下午两次休息之间那段漫长如沙漠的当班时间里,我不得不承认一个真相:我这么做只不过是在让自己痛快,而且是以一种看起来似乎无害的方式进行。这里弥漫着一片假象,说我们"是一个大家庭",说"工作伙伴"和"服务型领导"完全是为了服务"客人"而结合在一起。必须有人戳破这片假象,因为毕竟,当一个家庭中只有某些人能在桌子上吃饭,而其他人(包括"工作伙伴"，以及分散在世界各地，替我们制造商品的所有暗肤色女裁缝和工厂工人）却只能趴在地上，舔食滴下来的食物残渣时，我们会需要一个比"失能"强烈许多的字眼才足以描绘这所谓的"家庭"；"病态的"这个词还比较接近一点。[1]还必须有人把制服背心上那句"我们的同事创造非凡"上神秘的"我们"二字，丢到马桶里冲掉。这个人可以是我，因为我没有什么好失去的，事实上，比没有还少。若我无法找到更便宜的住处，就等于一天花49.95美元换取在沃尔玛收拾衣服的特权，而我已经天天如此。照这种速度下去，不到一周，我就会完全花光为了在明尼阿波利斯生活所准备的1200美元。

我可以苦中作乐一下。我发现一项适用于低薪工作（可能还有很多中等收入工作）的大真相：无事发生，或者该说，同样的事情一直发生，日复一日，最后等于什么都没发生。这项法则无法完全套用在先前的服务业工作上，因为当服务生的时候，总会有新客人可以研究，甚至在当家庭保洁的时候，每天总有成列的房子可以巡礼探索。但是在这里，各位读者已经知道我都做些什么，我完成的事情如何被破坏一空，以及我又得如何整个从头再做一遍。我怎么会以为自己能在工厂生存下去？那里的每一分钟跟下一分钟都一样，可不只是每一天而已。这里不会有任何危

---

[1] 1996年，全国劳工委员会（National Labor Committee）美国中部劳工与人权教育促进会（Education Fund in Support of Worker and Human Rights in Central America）揭露，某些凯西·李的服装，是在洪都拉斯一座血汗工厂里由年纪小至12岁的童工所缝制的。拥有该品牌的电视演员凯西·李·吉福德（Kathie Lee Grifford）曾在电视上声泪俱下地否认这项指控，但后来却承诺她会不再倚赖血汗工厂。

机出现，除了圣诞节前涌现购物人潮的时候。这里不会有"代号M"的危机（即"人质危机"），也许大概也没有代号F或T的危机［即火警（Fire）或龙卷风（Tornado），我是按照字母开头来猜的，因为新人培训时的笔记没写清楚，反正那也有可能是公司的大机密］。不会有机会让人展现勇气，完成出众的成就，或突然有疏散店铺的需要。电视新闻专题报道上的那些事件，例如某位心有不满的前任员工开枪扫射店铺，或者一些人被叠得太高而坍塌的商品压倒，都是百年难得一见的插曲。我的生命全系于购物车：先是满满的，接着是空空的，然后又是满满的。

在这里，你可能会老得很快。事实上，如果没有任何小小的意外事件发生，使时间无法因此分成可被记忆的几个大段，时间会对人做出很滑稽的事，我感觉自己比刚进来这里的时候老了好几岁。在女装部一面全身镜前，一名中等身高的人正俯身在一个购物车上，她的脸因为可笑的专注而皱在一起，那肯定不是我。还要多久，我会变得跟艾莉一样白发苍苍，跟罗达一样脾气古怪，跟伊莎贝尔一样枯槁？而再过多久，即便每天吃咸得要命的快餐，我还是每隔一小时就得去尿尿，看脚痛花的医药费足以供某个医生的小孩读完大学？没错，我知道自己随时都有可能回到身为芭芭拉·艾伦瑞克的真实生活，重新拥抱多彩多姿和戏剧性，但这项事实能支持我的程度，大概就像未来可能上天堂这个愿景之于一个病入膏肓的人吧！意思是，知道这点颇令人欣慰，但对于要如何度过当下的每分每秒，则实在没有多大帮助。当你开始以小时为单位卖掉你的时间，你可能不一定了解的一点是：

你真正卖掉的，是自己的生命。

后来发生了一件事，这件事既不是发生在我身上，也没发生在沃尔玛里，但仍然具有惊人的意义。那是《明星论坛报》上的一个头条标题：1450名隶属"旅馆员工与餐厅员工工会"（Hotel Employees and Restaurant Employees Union）的旅馆员工在9家旅馆发动罢工。同时，百事可乐装瓶工厂还发生卡车司机罢工，圣保罗市一家肉品包装工厂的工人则游行要求工会获得承认。《圣保罗先锋报》的一名经济作家对这些事件发表评论，他不可思议地问："这到底是怎么回事？"那天我抵达沃尔玛上班的时候，先去把被丢在店门外垃圾桶里的报纸抢救出来，这项工作并不困难，因为垃圾桶就像往常一样满得溢出来，我不需要翻到太深的地方就找到了。随后我带着那份报纸大步走到休息室，把报纸摊开来放在一张桌子上，以防没人看到报纸标题。这个新角色（真正大新闻的传达者！）使我感到自己既忙碌又重要。我在女装部把这个消息告诉梅丽莎，并向她补充说明，旅馆员工的时薪本来就已经比我们高1美元，而且这点并没有阻止他们发动罢工，要求更高薪资。她眨了好几次眼睛，思考着，就在此时伊莎贝尔走过来宣布，区经理明天要来视察我们分店，所以每样东西都必须分类到完美。今天是我们的大日子。

比起把褪色荣耀的牛仔裤有组织地排在架子上，我心里忙着想更多事情。大约晚上6:00的时候，我应该打电话给两家每晚只收40美元的汽车旅馆，它们也许会有空房间，但我那时才发现自己把电话号码忘在车子里了。我不想浪费任何宝贵的休息时间跑去拿回来，至少不是今天这个有罢工新闻可以谈的日子。我敢不敢犯下一桩重大的偷时间罪行呢？我又如何能在不让伊莎贝尔发现的情况下出去？她先前已经抓到我用错误的方式折牛仔裤（要折三折，脚踝部分朝里，不是朝外），而且还跑回来检查了一次。结果，在那么多人之中，竟然是霍华德给了我一条出路，他突然出现在我旁边，说我"上机学习"的进度严重落后。新人若要离开卖场去"上机学习"，必须先得到卖场督导者同意。我曾经不太用心地学习过一次，学了如何打开硬纸盒、如何装卸货盘，以及压缩垃圾，直到电脑突然死机。他说现在电脑修好了，我必须立刻回去学习。这让我能逃出女装部，但离店门出口却更远。我打开一个文件，山姆·沃尔顿在里头对无止境的库存系统唠叨不已，接着我小心地从电脑前站起身，察看霍华德是否仍在附近。好，逃跑路线畅通。当我暗藏鬼胎地朝店铺前方走去时，从眼角看到霍华德就在我左边30米处，也往同一个方向走。我躲到鞋子区，探出头，看到他仍然以一条跟我平行的路线继续走。为了闪避他，我先跑进文胸区，接着又转入女装部尾端。我曾经在电影里看过类似的情景，好人会在某种复杂的公共空间里巧妙躲避坏人，但我从来没想过要自己亲自来一回。

我带着电话号码回到店里，决定再多偷几分钟，用公司时间在预购处附近的公共电话处打。第一家汽车旅馆没有人接电话，这在低价旅馆很平常。我一时兴起，打电话问凯洛琳有没有参加罢工。她说没有，罢工的不是她任职的旅馆。但她笑着跟我说，昨天晚上她在电视上看到一个人，那人在她以前工作的一家旅馆当经理。这名白人老爱提醒她：这可是旅馆第一次"破例"让非裔美国人不用担任保洁，而是担任更高级的工作。如今他降格扫地的样子上了电视，因为原本的扫地人员跑去参加示威了。当我拨打第二家汽车旅馆的电话号码时，霍华德又出现了。他想知道我为什么没在电脑前面，还对我亮出一副讨人厌的招牌笑容。"我在休息。"我说，并迅速对他露出一抹灵长动物学家所称的"恐惧的露齿笑"（fear grin）：半露出牙齿，半是别扭的怪相。若你准备要偷东西，最好也准备好撒谎。当然，若他真的跑去检查我是否有打卡，立刻就能抓到我在说谎。我可能会被呈报上去，被放逐到文胸区，还会被对我深感失望的萝贝塔叫去谈话。但第二家汽车旅馆告诉我，接下来几天都没有任何空房间，因此这也意味着：由于纯粹的经济原因，我在沃尔玛的职业生涯即将戛然而止。

当梅丽莎在晚上6：00准备下班时，我告诉她我要辞职了，可能明天就走。如果是这样，她想她也会走，因为如果我不在，她也不想在这里工作了。我们两个的眼睛都盯着地面。我明白这不是爱的告白，只是一种现实考虑。你不会想跟无法做好自己分内工作的人共事，也不会想一直重新适应新人。我们互相交换地址信息，我把真实和永久的地址告诉她，并跟她说自己正在写的这本书。她点点头，看起来并没有特别惊讶，并表示她希望自己没说太多沃尔玛的坏话。我向她保证她没有，而且我也会好好掩护她的身份。接着她告诉我，她其实有在想，一小时7美元的薪水和我们的辛苦工作实在不成正比，所以她要去一个塑胶工厂应聘，希望能在那里拿到 9 美元时薪。

那天晚上 10：00，我到休息室度过最后一次休息时间，因为我的脚太痛，没办法走到外面吸烟区。我坐着，把脚抬高放在长椅上。充斥着罪行的上一次休息时间是场大失败。这次除了一个来自会计部门的管理层女子，休息室没有半个人出现。我感到一种夜班常有的孤绝感，觉得在大门之外已经没有其他世界存在；除了残留在我购物车底部的神秘衣物，世界上再没有更大的问题。反正休息室里也只有另外一个人，那是个 30 岁左右的白人女子，她正在看电视，而即便手边有丰富的罢工话题，我也已经没有力气再找人攀谈了。

接着，那位向耶稣授令《山上宝训》、照顾梅丽莎和其他芸芸众生的上帝降恩了，电视开始播放本地新闻，内容正是报道罢工。一名带着小男孩的游行罢工者对着摄影机说："这是为了我儿子，我这么做是为了我儿子。"参议员保罗·韦尔斯通（Paul Wellstone）也在现场，他跟那名小男孩握手，并对男孩说："你真该为你父亲感到骄傲。"看到这一幕，休息室里那名唯一的同伴跳了起来，露齿而笑，对着电视机挥舞拳头。我快速以两只食指朝下的手势响应她，意思是："就是这里！就是我们！我们也该这么做！"她冲到我坐的地方，如果我的精神再好一点，我也会往她在的地方冲过去。她对着我的脸说："该死的！就是那样！"我不晓得到底是因为我的脚痛，还是因为她真的说了"该死"，总之我发现眼泪竟然涌上我的眼眶。我们两个谈到远远超出我的规定休息时间，而且也应该超出了她的。她告诉我她女儿的事，还有她如何恨透了必须这么长时间工作，又从来没有足够时间陪女儿。而且，如果你赚的钱根本不够存起来，这样下去到底有什么未来？

我到现在仍然认为，如果当初经济上允许我在沃尔玛工作得更久一点，她和我是可能一起采取一些行动的。

第四章　成果评估

身为一名低薪员工，我的表现到底如何？请容我以一段简短的赞许开始：我的工作表现本身并不差，我引以为荣。各位读者可能会认为，对于一名拥有博士学位、原本的工作就需要经常学习新事物的人而言，做那些不需要技巧的工作必定易如反掌。并非如此。我发现的第一件事就是：无论多低阶的工作，都没有任何一个真的"不需要技巧"。我在这个计划中从事的6份工作里，每一份工作都需要专注力，而且大多必须要掌握新术语、新工具和新技能（从学习用餐厅电脑点餐，到顺利装备背包式吸尘器）。这些事情全都不像我希望的那么简单，没有人曾对我说："哇，你学得好快！"或"你相信她才刚开始做吗？"无论我在生命的其他部分成就了什么，在低薪工作的世界里，我都只是一个能力普通的人，有能力学习如何工作，同时也有能力搞砸工作。

我确实也有一些闪光时刻。在女佣公司工作的时候，我完成分内工作的速度可以快到还有时间减轻他人的负担，而这让我感觉很好。我在沃尔玛也有所突破，我真的相信，若我能一直闭上嘴巴，想必能在一两年之内晋级到时薪7.5美元以上。除此之外，我一辈子都会在记忆中回味木冠的那一天，我一个人喂饱整个阿尔茨海默病院区的病患，完成事后清理，而且在过程中还能让住户们空茫的脸上露出几抹笑容。

在每份工作的情境里，要学习的都不只是工作本身而已。每份工作都是一个自成一体的社会化世界，有自己的特质、阶序关系、约定俗成的习惯，以及共同标准。有时候我能得到一些零碎的社会观察数据来做准备，例如"小心某某人，他是个混蛋"。但我更常需要自己发现一些基本要点，例如谁才是老大，谁很好共事，谁开得起玩笑。我多年的旅行经验在此派上用场，虽然在通常的生活里，我往往是以某种受到尊重的，甚至受人注意的角色进入新情境的，例如以"客座演讲者"或"工作坊主导者"的身份。我发现，当你是从一个小型社会体系的底层往上看时，要弄清楚这个体系会变得困难许多，但同时也更有必要。

"共同标准"是另一个棘手问题。若你本身要成为"好共事的人"，做事就必须迅速而彻底，但不能迅速而彻底到让别人难做。我很少造成抬高共同标准的情况，但在炉边餐厅的时候，安妮特曾经责怪我把展示的甜点重新挤上鲜奶油，说："往后他们会希望每个人都这么做！"所以我就不再做这件事，就像每当有经理跑来观察员工效率，我就会把步调放慢到仿佛得了关节炎一样。在沃尔玛也有一名同事对我提出忠告：虽然你有很多事情要学，但不要"懂太多"也很重要，永远别让管理层了解你到底多有能力，因为"他们越认为你做得到，就会越利用和剥削你"。这些对我提出忠告的前辈并不是懒散，只是很清楚英雄式的表现几乎不会有任何回报。诀窍在于如何好好分配你的精力，以便还能剩下一些给明天用。

这些工作全都非常耗费体力，有些工作若月复一月做下去甚至会造成身体伤害。我有好几年的举重跟有氧训练基础，身体已经是不寻常的结实，但我学到了健身房里没人告诉过我的事：我们之所以觉得自己还有力气，往往很大部分是因为知道如何面对疲惫。在上班时间的后半程或下班之后，你会感受到疲惫正在逼近，这时你可以用平常的角度看待它，认为这可能表示自己体力不行了，赶快休息一下就会好。或者你也可以用另外一种观点看待它，认为它表示你到目前为止已经完成了多少沉重的工作，所以证明了你还能继续做多少事。在后面这种情况里，疲惫成了某种固定断骨的夹板，帮你强撑下去。显然，这种自我欺骗的幻觉有其限度，而若我跟许多女人一样，做完这些工作回家后还必须追着学步的小孩跑，跟在家人后面捡东西，那我的幻觉一定很快就撑不下去了。但我确实以几近六十之龄撑了过来，从来没有崩溃或需要中断计划以便恢复体力，这是我感到骄傲的一件事。

此外，我也时常展现出准时、利落、乐天、服从等表示一个人能胜任工作的基本特质。那些"从福利到工作"（welfare-to-work）职业培训项目都反复强调以上这些特质，但我想大多数原先接受福利救济的人本就拥有这些品质，或者说，若他们的孩子照护和通勤问题能解决的话，他们就能展现出这些特质。我所做的，只是遵守自己在计划一开始就立下的规则，并尽最大努力保住每份工作。别以为这只是我自夸，我的督导者有时候也会说我做得不错（"做得好"甚至"很棒"）。总而言之，我确实搞砸过一些事情，但也有可嘉的表现。我想，在身为一名劳工和努力保住工作这方面，给我乙或乙上的分数应该不为过。

但真正的问题不在于我的工作表现如何，而是饮食、居住等生活层面的表现。我必须强调，工作和生活是两个分开的问题。在提倡福利制度改革的说辞中，有一种普遍存在的假设，认为工作是脱离贫穷的途径，而接受福利救济的人面临的唯一阻碍就是他们自己不愿意出去找一份工作。我找到一份工作，有时候甚至还不止一份，但我在生活事务方面的成绩远不如工作方面的。我在小处都非常节俭，完全不花钱痛饮、买华服，或浪费在一般人幸灾乐祸地认为穷人会胡乱花钱耽溺的事情上。确实，在基韦斯特花30美元买下的裤子，以及在明尼阿波利斯买的20美元皮带都算是奢侈品。我现在知道，其实在救世军或沃尔玛可以找到更便宜的。不过在食物方面，我发展出一套精打细算的做法：当我有厨房可以煮东西的时候，就用大量碎肉、豆子、奶酪和面条做饭；若没有厨房，就吃快餐，而且把预算控制在一天大约9美元。但让我们看一下数字记录。

在基韦斯特时，我一个月赚1039美元，其中517美元花在食物、汽油、洗漱用品、洗衣、电话及日用品上。房租是打破收支平衡的祸首。如果我一直住月租500美元的经济房，就应该能付得出房租，并结余22美元（但还是比那个月刚开始时身上的钱少78美元）。若我试图再继续过几个月，这会是一个很险恶的局面，因为迟早我会需要花医药费、看牙医或买布洛芬之外的药品。但我搬到拖车公园后（各位也许记得，这是因为要做第二份工作），一个月光是租金就要付625美元，其他用品还不包含在内。也许我可以不开车，花50美元买一辆二手自行车或走路上班来节省开支，但无论如何，两份（或者说一份半）工作都是必需的，而我发现，我无法在同一天做两份都非常耗费体力的工作，至少无法称职地做好。

我在缅因州波特兰的时候最接近收支平衡状态，但之所以能如此的唯一原因是：我一周工作7天。我做两份工作，一周扣掉税后的收入大约是300美元，一个月付480美元房租，等于把收入的40%花在房租上，这个比例算是可接受的。除此之外，我的房租包含燃气费和电费，每周我还能在养老院免费吃两到三餐，这些也有帮助。但我在当地的时候，淡季才刚开始，若我待到2000年6月，就得面对蓝港一周高达390美元的夏季租金，这当然是我完全负担不起的价格。所以，若要能一年到头钱都够用，我就必须在1999年8月到2000年5月之间存到足够的钱，累积到承租一套真正的公寓所需的押金和第一个月租金。若我的车不出任何问题，我也不生病，应该能存得到800至1000美元。然而我不确定自己能否月复一月每周工作7天都不休息，也不确定自己会不会跟家政业的同事们一样遭受工作伤害。

至于在明尼阿波利斯的情况，我想我们有很多想象空间。若我能找到一间月租400美元或更低价的公寓，那么我在沃尔玛的薪水（每月税前金额是 1120 美元）也许够用，但在寻找这种公寓的期间，我必须住在汽车旅馆里，这些时候的花费可能使我根本存不到押金和第一个月的租金。若我能在周末找到第二份工作（就像差点得到的那份超市工作），赚到时薪 7.5 美元，这也会有帮助，但我无法保证沃尔玛会一直排我在周末休假。若我去麦那兹工作，而且那边的薪水确实是时薪 10 美元，每天工作 11 小时，那么一周扣掉税后我能赚到约 440 美元，这就足以支付汽车旅馆房间费用，而且还能剩下一些存起来支付租公寓的最初花费。但他们的时薪真的是 10 美元吗？而我是否能一天站 11 小时，每周站 5 天？所以，是，没错，若我做出一些不同选择，也许有可能在明尼阿波利斯生存。但我可不想回去再战一回合了。

好吧，我是犯了错，特别是在明尼阿波利斯的时候，而在当时，这些错误是因为挫败感和羞耻感而犯下的。我应该振作起来，去从事薪水比较高的工作，应该搬进最后找到的宿舍里（虽然以沃尔玛的薪水而言，一晚 19 美元的宿舍床位都算奢侈）。但我必须为自己说句话，很多人也会犯同样的错误——在沃尔玛而不是其他薪水较高的地方工作（我想通常是因为通勤问题），以及住在一周 200 到 300 美元的长住型汽车旅馆。所以问题不只是我个人的失败和计算错误。一个身体健康（而且额外拥有车子）的单身人士，竟然几乎无法靠眉间流下的汗水养活自己，那么一定有哪里出了错，而且错得很严重。就算是没有经济学学位的人也看得出来：薪水太低，而租金太高。

对于不是经济学家的人来说，租金问题很简单，就算是没受多少教育的低薪劳工也知道重点在哪儿：是市场，笨蛋。当富人和穷人在开放市场里竞争住房时，穷人根本没有任何胜算。富人永远出得起比他们高的价钱，把他们的住家或拖车公园买走，拿去盖公寓大厦、豪宅、高尔夫球场，或其他任何想盖的东西。拜股价高涨和高层人员领高薪之赐，富人数量越来越多，于是穷人必然被迫要住进更昂贵、更破败或离工作场所更远的屋子。回想在基韦斯特的时候，对旅馆员工而言交通比较便利的拖车公园，一个月光是只有普通规格一半大的拖车屋就要价625美元，迫使低薪劳工必须到更远而条件更差的地方找住处。但是在旅游业不发达的明尼阿波利斯市，租金同样一飞冲天，仅剩那一点点勉强负担得起的住房位于市区深处，但增加的就业机会却在市区边缘地带，紧邻着这些租房者根本负担不起租金的市郊地区。只要穷人必须在富人的住处附近工作（许多服务业和零售业工作就是如此），他们就无法逃离长距离通勤或高得吓人的房租。

社会上对低收入者的住房危机似乎普遍抱着不以为意的态度，部分原因就在于这种情形根本没有反映在官方公布的贫困率上，这项数字在过去几年来都令人欣慰地停留在13%左右。穷人面临的真实住房噩梦，之所以跟官方定义的"贫困"之间存在巨大落差，原因很简单：官方的贫困等级仍然采用过时的方式计算，即以给定大小的家庭的基本食物成本乘以3。但食物相对而言是不会通货膨胀的，至少跟租金比起来是如此。这项贫困计算方式产生于20世纪60年代早期，当时食物费用在平均家庭预算中占24%（甚至在当时都没到33%，这点应该注意），而住房费用占29%。在1999年，食物费用只占家庭预算的16%，但住房费用则攀升至37%。[1] 因此，现在还用食物费作为计算家庭预算的基础实在没道理，若硬要这么算，不如干脆把平均花在买漫画或牙线上的费用当成基准来加乘，以此作为维持生计的预算，然后（至少在纸面上）彻底消除贫困。

当市场无法提供某些攸关生死的商品（例如住房）给所有急需它的人，自由派及温和派的期望会是由政府介入并提供协助。在医疗保障方面，我们接受这个大原则（虽然还是带着犹豫），让政府对老年人提供医疗照顾，对极度贫困者提供联邦医疗补助，对相当贫困者提供各种州级补助计划。但在住房的情况里，市场极端上行的同时，公共部门却懦弱地逃避责任。自从20世纪80年代开始，建筑公共住房的支出就在降低，而公共租房补助的增长也在20世纪90年代中期突然停滞。同时，对拥有房屋者的住房补助（这些人往往远比租房者富裕许多）却一直保持在非常丰厚的状态。身为一个暂时的低收入者，我注意到自己在真实生活中通常得到的房屋补助（通过扣除抵押贷款利息的方式，每年获得超过2万美元的补助），其实足够

---

1 贾里德·伯恩斯坦（Jared Bernstein）、乔纳·布洛许（Chauna Brocht）与玛姬·史派德-阿基勒（Maggie Spade-Aguilar）合著《多少才够？劳工家庭的基本家庭预算》（How Much Is Enough? Basic Family Budgets for Working Families），经济政策研究所，华盛顿，2000年，第14页。

让一个真正的低收入家庭过上相对现状来说很富足的生活。若我在明尼阿波利斯的时候能够以每月补助的方式得到这笔款项，那么我就可以搬进那种有桑拿浴室、健身房和游泳池，还有专人管理的公寓。

但若说房租对市场力量极度敏感的话，那么工资显然不是。我在这项计划期间工作过的每一个城市，都存在被当地生意人称为"劳力短缺"的情况。不只当地报纸频频有这类评论，无所不在的"急聘"字样，或姿态比较高的"接受应聘"之类的布告，也都透露出这种情况。然而，劳工市场底层的工资却一直相当低，甚至可说是"停滞不前"的。《纽约时报》在2000年3月曾如此表示："无疑，全国工资统计数据中未见明显的通胀带来的增长。"[1]联邦储备委员会[2]主席艾伦·格林斯潘（Alan Greenspan）把时间都花在焦急扫视地平线上是否有这种"通胀型"工资增长的苗头，他在2000年7月很高兴地向国会报告：未来前景似乎基本没有问题。他甚至还大胆暗示，认为低失业率和工资上涨相关的经济法则可能已经不再适用，而这有点像在说供需法则已经被推翻了。[3]有些经济学家主张，之所以出现这种看起来不符合法则的悖论，是缘于一种劳力短缺的幻觉，但实际上并没有"劳

---

1 《企业更深入影响劳动力市场》（"Companies Trying Dipping Deeper into Labor Pool"），《纽约时报》，2000年3月26日。
2 美国联邦储备系统（Federal Reserve System）的理事会机构，主导美国的银行相关规章与政策。——译者注
3 《悼念一条顽固不灭的法则》（"An Epitaph for A Rule That Just Won't Die"），《纽约时报》，2000年7月30日。

力短缺"，而是缺少愿意在现有工资下工作的人。[1]若按照这个道理，那你也可以说有一种"雷克萨斯[2]短缺"，如果有任何人不愿意花4万美元买一辆车，都可以算在内。

事实上，在1996年到1999年，工资确实有上涨，或者该说曾经有上涨。我在2000年夏季四处打电话给经济学家，向他们抱怨入门级劳工的薪水太不合理，以下是他们的第一反应："但工资有上涨啊！"根据经济政策研究所的数据显示，全美收入最低的10%劳工的时薪，从1996年的5.49美元（按1999年的币值计），上涨到1999年的6.05美元。顺着社会经济阶梯上移一层的那10%的美国人（我担任的低薪劳工大约位于这一块），时薪则从1996年的6.8美元上涨到1999年的7.35美元。

显然我们正面临类似于半杯水到底算半空还是半满的问题，但似乎使许多经济学家感到安心的工资上涨幅度，在我看来却没有那么大的效力。把过去4年来的薪资增长放在一个没那么乐观的角度下看，我们会发现，其实现今低薪劳工的薪资比27年前（1973年）还不如。在2000年第一季度里，收入最低的10%劳工所赚到的薪资，只等于他们在遥远的水门事件和迪斯科音乐时代所赚到的91%。不只如此，比起1973年，在全部劳工之中收入最低的那10%，其薪资的增加幅度也最低。再往上两级，也

---

[1]《事实或谬论：劳力短缺其实是工资不景气》("Fact or Fallacy: Labor Shortage May Really Be Wage Stagnation")，《芝加哥论坛报》，2000年7月2日；《是工资短缺，不是劳力短缺》("It's a Wage Shortage, Not a Labor Shortage")，《明尼阿波利斯明星论坛报》，2000年3月25日。
[2] Lexus，一种顶级豪车品牌。——译者注

就是倒数第三位，相对来说手头较为宽裕的那10%劳工，他们现在赚到的时薪大约是20美元，等于1973年薪资的106.6%。当我对那些经济学家坚持我的吹毛求疵时，他们普遍会稍微让步一点，承认虽然底层劳工的薪资有上涨，但涨得谈不上多快。我跟经济政策研究所的劳伦斯·米歇尔（Lawrence Michel）谈话时，他一开始采取杯子是半满的观点，而当他观察到的生产率（理论上与薪资挂钩）一直在以如此健康的速度增长时，又神秘地表示，"劳工的薪水应该会增长得更多才对"。[1]

为何实际上劳工的薪水却没有增长？最显而易见的一个理由是：雇主绞尽脑汁想出各种手段，用上每一分力气，就是拒绝加薪。我在缅因州工作的时候，曾经有一次机会当面问我的雇主这个问题。各位也许记得，在女佣公司的时候，我上司泰德曾有一次开车15分钟载我到另一个房子去，要我协助一个人手短缺的小组。他一面抱怨自己多命苦，一面说若他能找到够多可靠的员工，就可以一夜之间让生意扩张两倍。我尽可能礼貌地问他，为什么他不直接加薪，结果这个问题仿佛直接从他身上滑过，他说："我们有妈妈时间。"虽然这个时间的意思应该是工作会在下午3:00就结束。他的样子仿佛在说："有这种好福利，怎么还有人抱怨薪水太少？"

事实上我猜，他提供给我们的免费早餐，代表了他愿意对劳力短缺所做的唯一让步。同样地，我工作的那家沃尔玛也会每周

---

[1] 个人访谈，2000年7月18日。

一次提供免费甜甜圈，但员工还得恰好把休息时间排在免费甜甜圈的供应时间之内，才享受得到这个福利。正如路易斯·尤奇特尔（Louis Uchitelle）在《纽约时报》上所指出的，许多雇主几乎愿意提供任何东西（免费餐点、班车、员工购物折扣），但就是不愿加薪。引用一名雇主的话来说，他们之所以这么做，是因为当市场的改变使这些福利变得不那么必要的时候，这些额外福利会比加薪"更容易取消"。[1] 在同样的逻辑下，汽车制造商宁愿提供顾客现金折扣也不愿降价，因为折扣的好处是：它看起来像一份额外赠礼，而且能够不需要解释就停止实施。

但雇主的抗拒使我们想问第二个比较棘手的问题：为什么这种抗拒没有遭遇到员工更有效的反制？雇主规避和阻挡加薪的这些动作是符合经济理性的行为；他们分内的事不在于使员工更舒适和安定，而在于将底线拉到最低。因此，为什么劳工不展现出同样的经济理性行为，要求雇主付出更高薪资，或自行去找更高薪的工作？当我们认为供需法则也适用于劳工的状况时，背后的假设是劳工会自己把事情想清楚，他们就跟斜坡上的弹珠一样，会自然地顺着地心引力朝更高薪的工作去，要不甩掉那些冥顽不灵的雇主，要不迫使雇主增加薪资。就"经济人"[2]这个伟大的经济学概念来看，人应该会在有限的条件下，尽可能取得最大经济利益才对。

---

[1]《企业更深入影响劳动力市场》，《纽约时报》，2000年3月26日。
[2] Economic man，一个经济学概念，指向一种完全理性的人，会以自己的最大利益为目标，行使各种理性判断与行为。——译者注

一开始我相当不解，为什么我的同事们似乎缺乏奋起反抗的能力？为什么不干脆离开那里去找更高薪的工作？就像我离开炉边餐厅去杰瑞餐厅工作一样？答案有一部分在于：比起弹珠，人类体验到的"摩擦"会多一点，尤其当人们越穷困，他们的行动力通常也越受限。没有车子的低薪人士往往必须依靠一名有车子的亲戚，那名亲戚得愿意每天载他们上班和下班，有时候还得顺便去保姆家或日托中心接小孩。若你改变工作场所，就可能面临无法解决的交通问题，或者至少得说服一名不情愿的司机来帮你。在基韦斯特和明尼阿波利斯的时候，我有一些同事是骑自行车上班的，这显然会限制他们的行动范围。至于有车的人，也还是存在油钱问题，更别说要四处去填写应聘表格、参加面试和药物检测这些麻烦事了，这些事对于没有车子的人而言更是麻烦百倍。先前我也提过一种人之常情：你往往不愿意拿已知的魔鬼去交换未知的魔鬼，即便后面这个端出更好的薪资福利来诱惑你。做每一份新工作的时候，你都必须在毫无头绪也毫无朋友的情况下重新开始。

低收入劳工和"经济人"之间还有另一方面的不同。要使经济法则发挥作用，行动者必须充分了解自己有哪些选择。理想中的情况是，消费者可以通过掌上设备掌握每一家餐厅和店铺的菜单和价格表（我曾读到文章，说这种科技已经指日可待）。就算没有这类科技协助，手头较宽裕的应聘者也能研究雇主所提供的薪资福利方案，观看财经新闻，借此检视这些方案是否跟其他地区或领域的一样，甚至还能在接受工作之前先讨价还价一下。

但低薪工作的应聘者没有掌上设备、有线电视或网站可供获取忠告。她只有招聘看板和广告可以看，但它们大多对数字避而不提。因此，谁在哪里赚了多少钱都必须靠口耳相传，而由于一些费解的文化因素，这是一条非常缓慢而不可靠的传输渠道。双子城的就业市场分析师克丽斯汀·雅各布斯（Kristine Jacobs）精确指出，她称之为"金钱禁忌"的这项因素，正是阻止劳工以正面态度看待自己薪资的一大要素。"人们绝口不提跟个人收入有关的话题。"她告诉我："在我们的社会里，大家会坦承其他所有事情，包括性生活、犯罪和疾病。但没有人想告诉别人自己赚多少钱，或怎么赚到的。雇主永远可以拿金钱禁忌当靠山。"[1] 我猜这项"禁忌"在最低收入的人身上发挥了最大效用，因为，在一个无尽赞扬身价上亿的互联网大亨和运动员的社会里，时薪7美元甚至10美元的收入会让人觉得自己是个天生的"次等人"。所以，即便你有一名妯娌就在街角的塔吉特超市工作，你也可能不知道那里的薪水比沃尔玛高。

当然，雇主们也不鼓励员工增加经济知识。他们也许会叫顾客来"比较我们的价格！"但他们可不希望员工们也对自己的薪水这样做。我曾经提过，在一些例子里，雇用员工流程的设计似乎是为了防止员工讨论薪水，甚至是要避免告知员工确切的薪水金额。应聘者通过面试后，就被迅速派去认识工作环境，根本来不及提起金钱这个粗鄙的话题。有些雇主做得更彻

---

[1] 私人谈话，2000年7月24日。

底，他们不依赖非正式的"金钱禁忌"来防止员工讨论和比较薪资，而是明确禁止员工这么做。《纽约时报》最近报道了几件诉讼案，一些违反这项规则而遭开除的员工决定提出控告，例如有一名女子从男性同事那里得知，虽然两人所从事的工作内容完全一样，但她的薪资却比那名男性员工少非常多，因此她要求雇主提高她的薪水。在1935年制订的《全国劳工关系法》(National Labor Relations Act)里就明文规定，因劳工将自身薪资透露给另一名员工而惩罚该劳工，此举违法。但这种做法似乎仍然持续至今，而且还必须靠法律诉讼一家公司一家公司地去铲除它。[1]

但是，如果说很难要劳工像经济法则所说的那样去检视一切可能选择，转而从事较好的工作，那为何没有更多的人在现有的位置上坚持立场？比如以个人或团体的方式要求更高的薪资和更好的工作环境？这是一个巨大的问题，甚至很可能是工业心理学的许多研究论文的主题，我在此只能就我所观察到的状况做评论。其中之一是管理层的拉拢力量，这种力量展现在一些如"工作伙伴"和"服务型领导"之类的婉转用语之中。在女佣公司里，身为我们当中的唯一男性，那名上司施展出一种令人毛骨悚

---

1 《最大的企业机密：劳工挑战雇主的薪资保密措施》("The Biggest Company Secret: Workers Challenge Employer Practices on Pay Confidentiality")，《纽约时报》，2000年7月28日。

然的家长式力量,他竟然能说服我的某些同事,让她们相信他正在艰难的困境里挣扎,因此值得她们无限制地对他宽容忍耐。沃尔玛则有许多更不个人化,而且也许更有效的方式,使员工感到自己像是某种"伙伴"。一个是分红制度,沃尔玛的股价会每天公布在休息室附近的一个醒目位置。还有一个是沃尔玛广为宣传的爱国主义,购物楼层上挂着许多横幅,敦促员工和顾客支持建造第二次世界大战退伍军人(山姆·沃尔顿也是其中之一)纪念碑。此外还有"伙伴"会议,内容实际上是对员工激励喊话,辅之以沃尔玛欢呼"给我一个W",等等。

让员工有机会认同一个有权力和财力的整体(公司或上司),这是利诱部分,除此之外则还有威迫部分。低薪工作场所最令我感到震惊和愤怒的地方(没错,我所有的中产阶级特权在此暴露无遗),就是它们如何严重剥夺一个人的基本公民权,以及最终的自尊。我从一开始担任服务生工作时就认识到了这一点,当时管理层警告我,我的皮包随时有可能被他们搜查。我并没有在皮包里夹带偷来的盐罐或其他有害物品,但是皮包有可能无端被人搜查这一点,会莫名地使女人感觉到仿佛身上衣服的扣子少了几颗,无法安全地穿好。那天下班后,我打电话四处询问,结果竟然发现这项行为是完全合法的:若那个皮包位于老板所有的财产上(它当然在),老板就有权利检视皮包内容。

药物检测是另一项例行的侮辱之举。"公民自由权拥护者"(Civil Libertarian)认为,这种检测侵犯了我们的自由,因为在《美国宪法第四条修正案》中规定,我们有免于接受"不合理搜查"的自由。至于在职者和应聘者本身,大都认为这项检测非常令人困窘。在某些检测的过程中,女性员工必须在一名助手或技师面前脱到只剩内衣,并尿进一个杯子里。好在我比较幸运,还能穿着衣服并且把厕所门关上,但即便如此,排尿仍然是一项隐私行为,而它却被降格到必须在某个握有权力的他人命令下强行进行。我也会把入职前测验列为有辱人格的侵犯行为之一,至少它们的大部分常见内容都该列入。也许是有理由问一些假设性的问题(例如若有机会出现,你是否会偷窃,或者是否会把一名偷窃的同事呈报上去,等等),但关于你的"自怜情绪",你是否生性不合群,或是否相信自己常常被人误会,这类问题就没有权利问。你的自我怀疑和你的尿液,应该只有在心理治疗或医疗的情境下才能让陌生人知道和取得,若硬要人把这些事情在其他场合告诉陌生人,无论从哪个角度来看都是令人极度不舒服的。

还有其他更直接的方式使低薪员工乖乖留在原位。禁止"讲闲话"甚至"交谈"的规定,使你很难把委屈让有同样经历感受的人知道,也很难(如果你够大胆的话)组织其他员工形成集体力量,例如通过工会组织集会来促进改革。逾越这些规定的人往往会面临一些没来由的惩罚,例如班表或工作内容被上司单方面地更改,不然就是被开除。大多数低薪劳工都是在没有工会契约[1]的情况下工作的,他们"自愿"工作,其实意思是在雇主的意愿

---

1 Union Contract,员工以集体方式与公司交涉提出的工作契约,其内容通常较能保护员工权益。——译者注

下工作，也因此会在没有得到解释的情况下遭到解雇。美国劳工联合会-产业工会联合会（AFL-CIO）估计，每年有大约1万名劳工因为参加工会集会而遭到解雇，而且由于因员工参加工会而解雇他们是违法行为，我猜雇主通常会以一些与此无关的轻微违规行为为由解雇他们。那些反抗沃尔玛的员工（参加工会集会或控告公司不付加班费），后来被公司以违反不说脏话的规定解雇。[1]

因此，如果说低薪劳工并非总是以经济理性的方式行动，亦即不以一个在资本主义式民主中的自由能动者的身份行动，其实是因为他们处在一个既不自由又毫无民主可言的位置。当你进入低薪工作场所（以及许多中低薪工作场所）的时候，你会把公民自由寄放在门口，把美国和所有它应该有的立场抛在身后，然后学着在整个上班时间里把嘴巴闭紧。这种日常例行的投降举动所造成的效果已经超过薪水和贫穷问题，如果有极大数量的公民把自己醒着的一半时间都花在屈服于独裁之下（说坦白点就是如此），那么我们实在无法以世界上最民主的国家自居。

任何独裁政权都会对其臣民造成精神上的伤害。若你被当成一个不值得信任的人对待（一个潜在的懒虫、瘾君子或小偷），你可能也会开始觉得自己比较不值得信任。若那些经理或一大堆所谓客观规则一直不断提醒你，你在社会阶序内处于一个多么低的位置，你就会开始接受这个不幸的社会地位。借助我生命中另一个完全不同的角落，也就是我的生物学背景来看，有充足的证据

---

[1] 鲍伯·奥尔特加，《我们信任山姆》，第365页；《哈里森县前沃尔玛员工提出加班诉讼》，《查尔斯顿公报》，1999年1月24日。

显示，被迫在自己所生存的社会体系中落入屈从位置的动物（例如老鼠和猴子），会根据该位置而改变脑部化学作用，结果变得跟人类相似地"沮丧"。它们的行为焦虑而退缩，脑中的血清素（有些抗抑郁药物会增强这种神经递质）水平也会降低。而且（这点在此特别重要），它们也会不愿意斗争，即便是为了自卫也一样。[1]

人类的情况当然复杂得多。即便是在极度屈从的情境里，我们还是可以通过想着家人、宗教或对未来的希望来提升自我评价。但就跟其他社会化的动物一样，或者其实比许多其他动物更甚的是，我们也仰赖自己周围的人类来形成自我形象，甚至会改变自己对世界的解读以便能和他们的相符。[2] 我的猜想是，加在众多低薪劳工身上的种种羞辱（药物检测、不断地被监视、被经理"痛斥"），是工资保持低迷的原因之一。如果你感到自己很没有价值，可能就会认为自己只配领到那么点薪资。

我很难想象这种职场专制主义还有什么其他功用。经理们可能真的相信，若没有他们坚持不懈的努力，所有工作很快就会陷入瘫痪，但我得到的印象却不是如此。在从事这些工作的过程中，我曾遇到过一些愤世嫉俗的人，以及很多学着将自己的精力

---

[1] 可参见薛佛立（C. A. Shively）、拉伯-莱尔德（K. Laber-Laird）与安通（R. F. Anton）合著《社会压力与沮丧在雌猕猴身上造成之行为与心理》("Behavior and Physiology of Social Stress and Depression in Female Cynomolgous Monkeys"），《生物精神医学》(*Biological Psychiatry*)，第 41 卷第 8 号，1977 年，第 871—882 页；以及布兰查德（D. C. Blanchard）等著《作为慢性社会压力模型之可见潜穴系统：行为与神经内分泌之相互关联》("Visible Burrow System as a Model of Chronic Social Stress: Behavioral and Neuroendocrine Correlates"），《心理神经内分泌学》(*Psychoneuroendocrinology*)，第 20 卷第 2 号，1995 年，第 117—134 页。
[2] 可参见戴维·迈尔斯（David G. Myers）所著之《社会心理学》(*Social Psychology*) 第七章"从众"（Conformity），麦格劳希尔出版社（McGraw-Hill），1987 年。

善加分配的人，但我从来没有遇到过一个真正的懒虫，更没遇到过瘾君子和小偷。相反地，我很惊讶甚至有时难过地发现，即便薪水微薄，得到的社会认同又如此少，许多人仍然以从事那些工作为荣。事实上，这些人所遇到的管理阶级才是阻碍，使其无法以应有的水平完成工作。服务生们因为经理对顾客的吝啬而苦恼不已；家庭保洁员厌恶经理定下的时间限制，那有时候逼得她们不得不偷工减料；零售店员希望卖场能看起来很美观，而不是必须像经理所要求的那样挤着过多的库存。若让他们自己做主，他们会发展出合作和分工系统；当危机出现时，他们会挺身而出。事实上，我往往看不出除强行索取员工的服从之外，经理阶层到底有什么功用。

这里似乎有一种恶性循环在运作，使我们的经济不再是单纯的经济，而成了一种极度不平等的文化。大企业的决策者，甚至像我在女佣公司遇到的那种二流企业主，他们在经济体系里占据的位置远高于其雇用的低薪劳工，而他们的企业却仰赖这些劳工的劳动才能运营。出于阶级偏见和常见的种族偏见，而不是出于实际接触，他们害怕与不信任自己的员工所属的人群。因此他们认为，高压的管理方式、药物跟人格测验之类的侵入式手段都是必需的。但这些事情很花钱（请一个经理每年要花 2 万美元以上，一次药物检测则要价 100 美元，等等），而为了维持高压管理所需要的高花费，就造成更多必须压低工资的压力。更大范围的社会似乎也落入类似的循环中：削减给贫穷者的种种公众服务（有时被统称为"社会工资"），同时加强投资在监狱和警力上。

在更大范围的社会里，高压管理的成本也是导致真正需要的服务无法增加或恢复的一个因素。这是一个悲剧性的循环，把我们更深地打入不平等之中，而且长远而言，除了这些高压管理的执行者，几乎没有任何人从中获益。

但无论是什么原因使工资一直如此低迷（而我确定自己的评论最多只触及问题的表面），结果都导致许多人的所得远低于真正能活得下去的金额。那个金额到底是多少？经济政策研究所最近回顾数十份有关"生存工资"的研究，得出一个结果：一个由一名成人和两名孩童组成的家庭，每年平均需要3万美元的收入，等于时薪14美元。但事实上这些钱并不足以养活这样的家庭，因为还得支付医疗保险、电话费、合法立案的幼儿园学费，这些都是数百万人负担不起的。此外，在餐厅吃饭、租录像带、上网、买红酒和烈酒、买香烟以及彩票，甚至多买点肉的这些支出也都没被计算在内。令人感到震撼的事实是，美国劳工之中的60%都没有赚到时薪14美元，这是数量非常庞大的劳工群体。他们很多人通过和另一名有工作者合作来过活，比如一名配偶或一名成年子女。有些人则利用政府的协助，包括食物券、租房津贴、劳动所得税扣抵（Earned Income Tax Credit）。至于在较为慷慨的州失去原有福利津贴的人，有些也许还能获得育儿津贴。但其他人（例如单亲妈妈）则除自己的薪水之外，完全没有其他任何补助，无论她们有多少张嘴得喂饱都一样。

雇主会看着这个3万美元的数字（这是他们现在付给新员工薪水的2倍多），感到等在他们前面的只有破产一途。确实，要私营企业单靠薪资（或再加红利）让每个人都获得适当的生活质量是不太可能的，因为太多我们需要的东西（例如可靠的孩童照护）花费都太高，即便对中产阶级的家庭而言也是如此。大多数文明国家通过较优厚的公众服务来补偿工资的不足，例如医疗保险、免费或有补助的托儿服务、住房津贴，以及有效的公共交通。但拥有如此财富的美国却让它的国民自生自灭，单单以自己的薪水面对市场定价的租金。对于数以百万计的美国人来说，每小时10美元（甚至8或6美元），就是他们能得到的全部。

本身并不贫穷的人往往想象贫穷是一种过得下去的生活。尽管很清苦，但穷人们总是想出办法活下来了，不是吗？他们"总是在那里"。并不贫穷的人很难理解那其实是一种极度痛苦的状况：多力多滋或小热狗面包就是一顿午餐，导致在下班之前就饿得快要晕倒；所谓的"家"就是一辆汽车或箱型车；一旦生病或受伤，就得咬紧牙关"用工作撑过去"，因为根本没有病假工资或医疗保险；而只要一天没有薪水，就意味着隔天连几块钱的杂货都买不起。这些经验根本不能被归类为"过得下去"，而是一种经年遭到剥削、受到无情惩罚的生活方式。不管参照哪种生存标准，这都是危急状态。而我们就该如此看待这数以百万计的低薪美国人：他们正处于危急状态。

2000年夏天，我回到自己原本在社会经济网络中的惯常位置（而我有种种理由希望这是永久的）。我会到餐厅用餐，通常是去比我先前工作的地方好许多的餐厅，而且还能在餐桌旁坐下。我睡在由另一个人清理的旅馆房间里，在有其他人会整理的店里购物。从最底层的 20% 移动到最顶层的 20%，就像进入了一个魔法世界。在这里，你的需要能得到满足，问题能够被解决，而且中间几乎不需要耗费任何努力。若你想要很快到达一个地方，只要举手招一辆出租车；若你的父母变得烦人或大小便失禁，就把他们送到别的地方，让别人来处理他们的脏尿布和痴呆；若你是上层中产阶级人士，有雇用女佣或使用女佣服务，回到家就会发现屋子奇迹般恢复了秩序，马桶上毫无屎渍，闪闪发亮，你扔在地上的臭袜子自动飘回它们应该待的地方。在这里，汗水是辛勤工作的象征，但很少会是辛勤工作的结果。每天有数百件小事情可靠又例行地被完成，而且没有迹象显示是有人帮你做好的。

最顶层的 20% 人口还在世界上例行行使其他更具影响力的权力。这个阶层包括我在之前一本书中称为"专业化管理阶级"（professional-managerial class）的人士，而我们社会的决策者、意见领袖、文化创造者（包括教授、律师、主管、娱乐从业者、政治家、法官、作家、制作人和编辑）就属于此类。[1] 当他们开口说话时，会有人倾听。当他们抱怨的时候，通常会有人迅速跑去改正问题，并为此道歉。若他们抱怨得够频繁，就会有某些财富和影响力远不及他们的人被惩戒甚至被开除。政治力量也集中

---

1 《跌落的恐惧：中产阶级的内在生活》(*Fear of Falling: The Inner Life of the Middle Class*, Pantheon, 1989)。

在这最顶层的 20% 人口上，因为其成员远比贫穷者（甚至中产阶级）更可能洞悉那些再细微不过的区别，看出哪些候选人会使他们的捐赠、参与和投票显得值得。通过以上这一切方式，富裕者对较不富裕者的生活施展着过分庞大的权力，而且对于贫穷者的生活影响更大，因为是富裕者决定要实施哪些福利措施，甚至最低工资是多少，以怎样的法律来规定如何对待劳工。

虽然我逗留在穷人世界的时间很短暂，方式也很刻意，但我一回到上层中产阶级，那个曾通往底层生活的兔子洞[1]便如此突然而完全地在我身后闭紧，这点仍令我相当不安。你说你之前在哪里？做了什么？在我们这个高度两极化而不平等的社会里，存在某种诡异的光学特性，使得经济地位高的人几乎看不到穷人。然而穷人却可以轻易地看到富人，比如在电视里或杂志封面上。富人很少看穷人，即便他们确实在某些公共空间中瞥见穷人，也很少明白自己看到的是什么。因为，拜一些寄卖店和沃尔玛（没错）所赐，穷人们往往能把自己乔装成生活更舒适的阶层。40 年前，最红的报道题材是在本地老城区和阿巴拉契亚地区的"零星贫困区"里"发现穷人"。在今日，你更可能发现有人讨论他们的"消失"，而且把这种消失当作人口统计学上的既成现实，或用中产阶级错误的想象去解释。

2000 年有一篇文章关于"消失中的穷人"，作者詹姆斯·法洛斯（James Fallows）指出，从互联网新贵们的制高点往下看，

---

1 在《爱丽丝梦游仙境》中，爱丽丝跟着兔子跳入洞中后，进入奇幻世界，因此兔子洞在此有通往另一个世界的意涵。——译者注

"他们很难理解有人觉得100万美元算一笔财富……更别提有人会接受246美元就是一整周的薪水"。[1]他和另外数人引述了几项富人为何如此盲目的理由,其中之一就是这项事实:他们越来越不想跟穷人分享空间和服务。随着公立学校和其他公共服务日趋恶化,负担得起的人就会把孩子送到私立学校,并且在私人空间里度过闲暇时间,例如到健身俱乐部,而不是到当地的公园。他们不搭乘公交车和地铁,而且从居民混杂的普通小区搬到遥远的市郊,去住有门禁的小区或有警卫的豪华大厦。顺应时下流行的"市场细分",他们去专门面向有钱人的超市购物。就连富裕的年轻人也越来越不想在暑假期间学习"另外那一半的人"怎么生活,他们不会去担任救生员、服务生等工作,也不在度假酒店做客房清洁。根据《纽约时报》报道,他们如今比较偏好从事跟未来职业有关的活动,例如上暑期学校或在适当的专业机构实习,而不愿从事"让人满身大汗、低薪又使脑袋麻木的差事,那些早就不是他们想做的事了"。[2]

除此之外,当前的政治节点可以说在鼓励对贫穷和穷人议题采取"沉默的共谋"。民主党自认现在这个"前所未有的繁荣时期"是他们的功绩,因此对于在这当中找碴并不积极;共和党在"我们都知道的那个福利制度"完结后,则已经对穷人失去兴趣。福利制度改革本身,正是阻碍我们审视穷人状况的一大因素。两

---

[1]《看不见的穷人》("The Invisible Poor"),《纽约时报》,2000年3月19日。
[2]《暑期打工已非年轻人所爱》("Summer Work is Out of Favor with the Young"),《纽约时报》,2000年6月18日。

党都衷心赞同它，而若承认低薪工作无法使人脱离贫穷，就等于承认这项改革对人类是个灾难性的大错误。事实上，鲜少人知道先前曾被纳入福利制度的人如今命运如何，因为1996年的福利改革法规就那么轻率地没纳入任何监测这些人脱离福利制度后的经济状况的条款。媒体只报道后续发展的光明面，把偶尔出现的成功故事大加发挥，对已知越来越多的饥饿状况淡化处理，有时候甚至还刻意欺瞒。[1] 2000年6月，媒体纷纷急着对一项研究表示喝彩，认为该项研究显示明尼苏达州的"从福利到工作"计划已大幅削减了贫困，而且如《时代》杂志所言，这项计划是"改革的胜利者"。[2] 这些报道都忽略了一项事实：它们所褒扬的计划是一个试点项目，所提供的育儿和其他补助远比明尼苏达州实际实施的福利改革慷慨许多。也许这项错误是情有可原的，因为那个在1997年就结束的试点计划，跟后来在明尼苏达州持续实施至今的更大范围的福利改革计划名称相同，都是"明尼苏达州家庭投资计划"（Minnesota Family Investment Program）。[3]

你必须非常仔细地阅读数量庞大的报纸头条，才能看出其中的苦难迹象。例如你会发现，1999年马萨诸塞州的食物发放站表示，在过去1年中，需要免费食物的人数增加了72%；得克

---

[1] 《国家期刊》（National Journal）的报道指出，"好消息"是自从1996年以来，已经有近600万人脱离福利制度行列，然而"其他消息"则包括"这些人有时候会没有足够的东西吃"。参见《福利制度改革第二条法案》（Welfare Reform, Act 2），2000年6月24日，第1978—1993页。
[2] 《明尼苏达州福利改革大获全胜》（"Minnesota's Welfare Reform Proves a Winner"），《时代》，2000年6月12日。
[3] 法律与社会政策中心（Center for Law and Social Policy），《更新》（Update），华盛顿特区，2000年6月。

萨斯州的食物银行则在四处"乞求"食物，即便食物捐赠数量跟 1998 年的一样，亚特兰大的捐赠量甚至还超过了上一年。[1] 你可能会得知，在 2000 年 1 月，圣迭戈天主教会的收容所已经无法再收容无家可归者，因为该收容所的收容人数已达正常容纳量的 2 倍，而这个收容所正是圣迭戈最大的一所。[2] 你可能会偶然看见一项研究的相关报道，该项研究指出，在过去 10 年中，威斯康星州以"极度贫困"（其定义是收入低于联邦贫困线的 50%）家庭身份申请食物券的百分比增加了 2 倍，达到 30%。[3] 你可能会发现，全美各地的食物银行都面临着"它们无法满足的需求狂潮"，而且根据一份由美国市长会议（U. S. Conference of Mayors）开展的研究指出，在要求紧急食物协助的成人之中，67% 是有工作在身的人。[4]

之所以没有人愿意费事把这些新闻汇总在一起，宣布各地正陷入紧急状态，理由之一可能在于：那些看报纸的美国中产阶

---

1 《研究显示：福利制度改革后有更多人挨饿》（"Study: More Go Hungry since Welfare Reform"），《波士顿先锋报》（Boston Herald），2000 年 1 月 21 日；《慈善团体无法在福利改革下喂饱所有人》（"Charity Can't Feed All While Welfare Reforms Implemented"），《休斯敦纪事报》（Huston Chronicle），2000 年 1 月 10 日；《饥饿情况增加，食物银行试图跟上进度》（"Hunger Grows as Food Banks Try to Keep Pace"），《亚特兰大新闻宪政报》（Atlanta Journal-Constitution），1999 年 11 月 26 日。
2 《无家可归家庭增加，圣迭戈援助资源拉警报》（"Rise in Homeless Families Strains San Diego Aid"），《洛杉矶时报》，2000 年 1 月 24 日。
3 《饥饿问题据传将更为恶化》（"Hunger Problems Said to Be Getting Worse"），《密尔沃基新闻卫报》（Milwaukee Journal Sentinel），1999 年 12 月 15 日。
4 引述德博拉·勒芙（Deborah Leff）之言，她是饥饿救援组织"美国第二次丰收"（America's Second Harvest）的主席暨执行长，原文刊载于《国家期刊》，与前次引述同；《在美好时代，饥饿仍在美国持续蔓延》（"Hunger Persists in U. S. Despite the Good Times"），《底特律新闻》（Detroit News），2000 年 6 月 15 日。

级专业人士,往往把贫穷视为失业的结果。在里根政府全力缩减各项机构规模的时期,通常情况确实如此,如今对于许多住在老城区的居民而言也是这样,因为他们根本不可能到城市外围争取蓬勃发展的就业机会。当失业造成贫穷的时候,我们知道如何表述问题——典型的说法会是"经济发展不够快速"。大家也知道传统的自由主义解决办法是什么——"充分就业"。但当我们已经有充分或几近充分的就业,任何想找工作的人都有工作等着他们做的时候,问题就藏得更深了,并开始侵蚀构成"社会契约"基础的期待网络。近期,一份由"就业未来"(Jobs for the Future)这个波士顿就业研究公司所进行的民意调查显示,有94%的美国人同意:"从事全职工作的人,应该能赚到足以使自己家人免于贫穷的薪资。"[1]我在成长过程中不断听到"努力工作"是成功之道,例如"努力工作就会出人头地",或者"我们就是努力工作才有的今天",听到我几乎厌烦的地步。没有人告诉你,就算你"努力工作"(努力到超乎自己的想象),还是有可能发现自己仍然深陷在贫穷和负债中,甚至还越陷越深。

当贫穷的单亲妈妈可以选择靠福利生活的时候,中产和中上阶层人士往往会以某种不耐烦(甚至是鄙夷)的态度看待她们。福利制度内的穷人往往遭到社会严厉的责难,说他们懒惰,执意在不良情况下生孩子,都有某种瘾头,而且最主要的是,他们"依赖成性"。所以他们在大众眼中就成了这副样子:满足于靠

---

[1] 《美国人对低薪劳工与福利改革所持态度之全国调查》("A National Survey of American Attitudes toward Low-Wage Workers and Welfare Reform"),就业未来,波士顿,2000年5月24日。

"政府的施舍"过日子，而不是像其他人一样通过一份工作"自给自足"。他们必须学会振作起来，学会如何把闹钟设好，走出门去工作。但如今政府大幅收回它的"施舍"，结果数量庞大的穷人在沃尔玛或温蒂汉堡长时间辛苦工作，我们此时又该怎么看待他们？我们已经不能用否定和高高在上的态度看待他们了，所以哪种态度才站得住脚？

罪恶感，你也许会小心翼翼地这么想。我们应该有这样的感受，对不对？但罪恶感根本不够，我们真正该有的感受是羞愧，对我们如此依赖他人以过低薪资出卖的劳力感到羞愧。当某个人为了一份养不活自己的薪资而工作时（例如她必须挨饿才能让你能吃到更便宜而方便的食物），那么她是为你做了极大的牺牲，她用自己的能力、健康和生命的一部分为代价，给了你一份赠礼。这些被称为"穷忙族"（working poor）的人，实际上才是我们社会的大慈善家。他们忽视自己的孩子，好让其他人的孩子能有人照顾；他们生活在次等的屋子里，好让其他人的住家能闪亮而完美；他们忍受穷困，好维持低通货膨胀率和高股价。成为一名"穷忙族"，就是成为一个匿名捐赠者，一个无名的恩人，向自己以外的所有人奉献。正如我在餐厅的同事盖儿所说："你不断地付出。"

当然，总有一天（而我不会预测到底是哪天）他们必将对回报永远这么少感到不平，挺身要求得到应有的报偿。当那天来临时，会伴随着很多愤怒，还有罢工和暴动。但天不会塌下来，而最终，我们都将过得更好。

2008年版后记

本书刚完稿时，正值一个貌似无限繁荣的时代。技术创新者和风险投资人一夜暴富，购入一座座大豪宅，就跟我在缅因州打扫的那些差不多，甚至还要更大。连一些高科技公司的秘书都靠着股票期权发了财。人们开始大放厥词，说商业周期已经被永久征服。美国资本主义染上了一种时髦的新精神。

到2001年5月，《我在底层的生活》正式出版时，互联网泡沫即将破裂，股市也开始下行，但这本书仍然令人大感意外，对很多人来说甚至披露了前所未知的东西。在书出版后的头一两年里，一次又一次有人走到我面前，开口就是"我从来没想过……"或者"我都没意识到……"出乎我的意料，《我在底层的生活》迅速登上畅销书榜单，并陆续开始获奖，其中我要很自豪地提一下"克里斯托弗奖"（Christopher Award），这是一个天主教团体颁发的奖项，表彰那些"肯定了人类精神最高价值"的书。A&E频道以它为灵感，拍摄了一部叫《薪水奴隶》（*Wage*

Slaves）的纪录片。这本书还被改编成了一部轻松明快的话剧，在全国各大剧院和许多小剧场上演。它入选了全国几十个地方的"社区读物"，包括在明尼苏达州的罗切斯特、威斯康星州的阿普尔顿、新罕布什尔州的康科德和伊利诺伊州的皮奥里亚。

这本书面世时，我做好了迎接批评的准备，但它几乎没收到什么实质性的批评，唯一一次引发争议还荒腔走板得可笑。2003年，北卡罗来纳大学教堂山分校将《我在底层的生活》列为新生必读书，惹得一群保守派学生和州议员召开新闻发布会，谴责本书是一部"一无是处的意淫之作"。这群人接着又在《罗利新闻与观察家报》（Raleigh News and Observer）上刊出一整版广告，对书本身几乎只字不提，却说我是马克思主义者、无神论者和美国家庭的死敌。最后这项指控的证据是我一向坚信单亲妈妈当家的家庭与已婚夫妇当家的家庭同样值得支持。在北卡罗来纳州的电台脱口秀上，主持人以一堆颇具挑战性的问题招呼我，比如："成为北卡罗来纳的反基督者感觉如何？"

不过在我享受着免费宣传的同时，教堂山分校的勤杂工们也对这场风波善加利用。他们穿戴特制的T恤和徽章出现在工作场合，上面印着"来问我什么叫底层生活"。原来，这些勤杂工多年来一直在争取工会认可（union recognition）[1]，抗争的对象正是批准将《我在底层的生活》列为新生必读书的学校管理层。我在整件事中的角色迎来了一个光荣的谢幕，勤杂工和研究生雇

---

[1] 工会认可是指雇主正式承认某个特定的工会代表其员工的权益，并同意与该工会就工资、工作条件等事项进行协商。——编者注

员们邀请我来到校园——当然是我自掏腰包——在校工集会上发言,尽管很遗憾,这些也没能带来工会认可。

在本书出版后的这几年里,有个问题我被问过上百次:你怎么解释它的成功?我总是回答,多亏我的出版方给每个购书者返现100美元,言下之意,谁知道啊?但认真说来,我想我部分可以理解为什么这本书受中产人士欢迎,至少比我写的其他贫困题材作品更受他们欢迎。在《我在底层的生活》中,较富裕的读者能够代入主人公,也就是我的视角,想象我是跟他们差不多的人——一个拥有权利的人,习惯受到些许尊重。他们会为我犯下的错误而畏缩,因我遭受的羞辱而窘迫,并间接体会到我的筋疲力竭。

毫无疑问,这本书使优渥阶层中的一些人转变了想法。有位佛罗里达州的女士写信告诉我,没读这本书的时候,她总是很不爽肥胖的穷人,觉得那完全是自找的。现在她明白了,健康饮食并不总是一种选择。另一位女士告诉我,她一直以为"非技术型"工人的时薪至少是15美元,也就是她付给管家的工资。我在科罗拉多州的姐姐,自己也谈不上"富裕",但看到我写的那些无家可归的劳工后深受触动,组建了一个仁人家园(Habitat for Humanity)的本地分会。而如果每当有个人跟我说,他或她现在给小费更大方了,我就能为此得到25美分的话,那我都能成立自己的基金会了。

更让我欣慰的是,这本书还在低薪劳工内部收获了大量读者。过去几年,成百上千人写信向我讲述自己的故事:刚刚被强制断

电的新手妈妈,刚刚确诊癌症又没有医疗保险的女士,用图书馆电脑写来邮件的无家可归的男士。仅摘录最近收到的几封电子邮件:

《我在底层的生活》绝非虚构,它几乎就是我的生活。我手握两个大学文凭,一直在拼命努力,没有医疗保险,欠了一屁股债。我比经历过大萧条的父母混得还糟。我们的政府说能找到工作,但那些都是没福利的低薪工作,不是能赚够生活所需的工作,不是能给你一栋房子和退休积蓄的工作。这片尘埃中看不见一丝微光。

你好,芭芭拉,我是一名被裁掉的联邦雇员,不是白领那种,是收入不足 2 万美元的蓝领……我曾在国税局和数据打交道 20 年,时薪 10 美元,401K 账户[1]里有拿不到的 6000 美元,之后我找了份直接护理顾问(Direct Care Counselor)的工作,有点像你在《我在底层的生活》里做过的护理助手岗。我刚做 4 个月就伤到了,这份摧残身体的恐怖工作基本上就是跟在精神病患者或残障人士后面收拾,同时还要"拿住"我们所说的暴力客户。我弄坏了膝盖,做了 3 次手术,需要换膝盖。我现在已经失业快 5 年了,每周从工伤保险领 65.75 美元,从第一次手术后的每周 256 美元降到了这个数。

---

1 401K 计划是美国从 20 世纪 80 年代开始实行的补充养老保险计划,账户由企业雇主和雇员共同缴存。因其为美国 1978 年《国内税收法》新增的第 401 条 K 项条款的规定,故名。——编者注

现在我必须找一份用坏膝盖也能做的工作，因为实在活不下去了。

我刚读完你的书《我在底层的生活》。感激你愿意亲身体验我们许多人日复一日的生活……你见证了穷忙族每天经历的"贱民"综合征。很少人有机会深入这另一个世界，在这里，你感到自己只要活着就低人一等。

写作《我在底层的生活》的时候，我不确定它直接适用于多少人。只参照官方定义中的贫困根本不够准确，因为根据这个标准，以我平均能挣到的7美元时薪，早就脱离贫困了。但在本书出版3个月后，位于华盛顿的经济政策研究所发布了一份题为《美国困境：工作家庭的真实故事》（"Hardships in America: The Real Story of Working Families"）的调查报告，发现有惊人的29%的美国家庭生活在可以被更合理地定义为贫困的条件之下。至少，这一比例数量的家庭，其收入不足以覆盖包括住房、育儿、医疗、食品、交通和税收开销在内的最基本家庭预算，而且应当指出，这还没算上任何娱乐、外出就餐、有线电视、网络服务、度假或节日礼物的开销。29%的确是少数，但并没有少到让人宽心的地步，而后续的其他研究也给出了类似的数据。

7年后，一个大问题是，位于收入分配体系底层那1/3的人，那些打扫酒店客房、在仓库干活、在餐厅刷盘子、照护幼儿和老人、整理商店货架的人，他们的状况究竟是改善了还是恶化了？真希望我能跟各位读者同步书中与我有过交集的人们的近况，即便她们未必是有意义的样本，但我留下的地址和号码大都在几个月内就失效了，多半是由于搬家或很难保障固定的电话。我后来确实见过"盖儿"，在我们不做同事6个月之后；她还在当服务生，而且谢天谢地，终于长胖了一点。最后一次听到"凯洛琳"的名字时，我得知她追随一无是处的丈夫去了加利福尼亚州，和孩子们住在一个无家可归者收容所里。两年前，"梅丽莎"还在沃尔玛工作，但在整理货架时从梯子上掉下来摔伤了，并因此面临与管理层的纠葛。

对于低薪工人来说，大趋势是下行的，因为雇主们有越来越多的魔鬼手段来压低他们本就微薄的收入。例如，2007年初，电路城公司（Circuit City）解雇了3400名员工，因为他们工龄太长，时薪已经涨到了10—20美元。这些人可以重新应聘旧工作，但要在10周的"冷静"期之后，大概是要利用这段时间克服一下对裁员的怨念，但他们的新工资将按照最低标准发放。

沃尔玛，全美最大的私营雇主，表现好坏参半，但在很大程度上令人泄气。21世纪头几年，沃尔玛被曝滥用员工，那些手段是我供职沃尔玛期间想都没想过的。一位同事曾警告我，公司不付加班费，但我当时还不明白，这可能意味着工作数小时却没有任何报酬。在《我在底层的生活》出版后的两年里，许多州的沃尔玛员工起诉该公司伪造工时记录，甚至半夜把员工反锁在商场里，迫使他们继续无偿工作数小时。从任何合理的标准来看，这些都是血汗工厂级别的工作条件，我们可能还以为它们只会出现在第三世界的沃尔玛供应商工厂里。新的压力团体应运而生，像是"沃尔玛守望"（Wal-Mart Watch）和"醒醒沃尔玛"（Wake-Up Wal-Mart）。在芝加哥、洛杉矶和全国其他地方，社区开始激烈抵制沃尔玛新店进驻。

使沃尔玛更添压力的是，各州政府厌倦了对它的间接补贴，不再将其员工纳入联邦医疗补助。2007年，公司做出让步，扩大了医疗福利的范围。但是跟电路城公司一样，沃尔玛也设置了长期员工的工资上限，并开始着力将兼职员工的占比从20%提升到40%。据一些沃尔玛"工作伙伴"报告，为了淘汰可能身体欠佳的长期员工，"经理们会突然不准背部或腿脚有毛病的年长员工坐在凳子上"。[1]

过去，美国工人有时可以从联邦政府那里获得救济，或者靠政府制衡滥权的公司。但在布什政府中，无人倾听他们的声音。传统上，助学贷款为一些"穷忙族"提供了一条出路，但它在2006年被砍掉了127亿美元，这也是史上最大幅的削减。其他项目则遭到了更微妙的削减。仅仅因为人手短缺，现在可能要等3年之久才有资格领取残障津贴，而在漫长的等待期中，申领人可能会失去生命或无家可归。我只能祈祷我在女佣公司的同事琼妮[2]，

---

[1] 保罗·克鲁格曼，《工资战争》（Paul Krugman, "War against Wages"），《纽约时报》，2006年10月6日。
[2] 据前文，此处"琼妮"似应为"宝琳"。——编者注

在做完膝盖手术之后能获得残障津贴的领取资格。要说还有什么更恶劣的，当局把矛头对准了劳动所得税扣抵政策，该政策能为低收入家庭提供退税。2003年，美国国税局收紧了劳动所得税扣抵的资质，要求提供结婚证书、既往租约、教育和医疗记录，这些材料没哪个是好获取的。比如，在加利福尼亚州官方网站上，州政府提示民众，受"预算限制"，补办的结婚证书可能需要2到3年才能发放。[1]

自本书首次出版以来，还发生了一件事：面向穷人的宽松信贷有过一次短命的扩张。家具"先租后买"骗局和发薪日贷款已经存在了很长一段时间，其利息可能膨胀至原始金额的好几倍。而在20世纪后几年和21世纪头几年，像全国贷款公司（Countrywide Mortgage）和富国银行（Wells Fargo Bank）这样的大公司也一头扎进了《彭博商业周刊》在2007年5月的封面故事中所说的"穷人生意"（the poverty business），诱导低薪劳工甚至失业者参与可疑的抵押贷款和贷款重组计划。宽松信贷成了某种体面工资的替代品。曾经，人们或许可以攒够钱买房子，现在，他们只能寄希望于借够钱，而贷款利率似乎会随着时间的推移而肆意乱涨。我们已经看到了这一切的下场：大规模断赎和全球金融市场的混乱。迄今还没有人评估过次贷危机对美国穷人的影响，但可以肯定，2005年国会通过的一项法案对他们没有任何帮助：

---

[1] 玛丽·威廉斯·沃尔什，《美国国税局收紧低收入所得税扣抵规则》（Mary Williams Walsh, "I.R.S. Tightening Rules for Low-Income Tax Credit"，《纽约时报》，2003年4月25日。

在那之后，个人通过宣布破产来消除债务的难度大大增加。

最后，物价持续上涨，油价只是其中一例。去年，汽油价格上涨了37%，进一步限制了低收入人群的流动性和择业范围。在本书最后一章里，我批评联邦政府对贫困的定义过于依赖食品价格，当时我说，食品价格已经相对不受通货膨胀的影响了。但这种稳定已然被打破：食品价格突然飙升，一年之内，牛奶价格上涨21%，鸡蛋价格上涨36%。[1] 与此同时，租金并没有因为房地产泡沫破裂而出现显著下降。也难怪在2007年12月我写下这篇文章的时候，大多数美国人对经济表示悲观，57%的人认为我们已经处于衰退之中。当然了，低薪劳工早就陷在他们自己的经济衰退里很多年了。对这些人来说，处境只是从绝望变得更绝望而已。

但至少从一个层面上，可以说过去几年是一个越来越有希望，甚至略有成效的时期。《我在底层的生活》刚出版时，联邦最低工资为每小时5.15美元，并且从1997年起就一直停滞在这个抠门的级别。由于对联邦层面的改变不再抱任何希望，加之工会的软弱无能，活动家们开始将施压的目标转向城市和州，要求市议会通过"生存工资"条例，并呼吁各州立法机构提高本州的最低工资。这些活动人士是一伙松散的草根群体，包括工会工作者、教会成员、学生、目前的低薪劳工，以及一些全国性的团体，比如 ACORN（即刻改革社区组织协会）[2]，一个为穷人争取

---

[1] 尼尔·欧文，《家庭状况》(Neil Irwin, "State of the Household")，《华盛顿邮报》，2007年12月16日。

[2] 全称 Association of Community Organizations for Reform Now，一家基于社区自发组织的非政府机构。——编者注

利益的斗志昂扬的组织。然而到了1999年，这群人已经强大到被《纽约时报》冠以"运动"之称，并成功使纽约、洛杉矶和巴尔的摩等城市通过了生存工资条例。最初的生存工资条例保护的工人极少，只涵盖那些与市政府有业务往来的公司的雇员；但工作所得至少应该足够维持生计，这一理念开始赢得公众的广泛支持。

过去我只是其中一个支持者，但这本书将我深深地卷入了这场生存工资之战。地方联盟批量采购本书，分发给当地的市议员和州议员；在有些城市，由本书改编的话剧的首映式，成了生存工资运动或可负担住房促进会的接待处。但书并不能带来社会变革，运动才能做到，而我很高兴能够帮助到这样一场运动。得益于《我在底层的生活》，我收到很多邀约，去生存工资集会和筹款活动上发言。在俄勒冈州的波特兰，我再度扮作服务生，在一场午餐会上端盘送菜，那场午餐会的举办初衷是巩固民意对提高该州最低工资的支持。在圣莫尼卡的街角，我向酒店员工发表演说，那些人在这里集会，呼吁提高该市最低工资。在圣达菲，超过800人满满挤在剧场里听我演讲，光是这种规模本身就有效动摇了当地商界对提高最低工资的抵制。在迈阿密，我拜访了迈阿密大学的罢工清洁工搭建的帐篷城，这些人经过数周的露营和绝食之后赢得了工会认可、医疗保险，并提高了此前只有6美元多一点点的时薪。

随着越来越多的大学课堂把《我在底层的生活》用作阅读材料，我也踏上了巡回讲座之路，其间我常常强调："你不必离开校园就能找到穷忙族。"2001年4月,哈佛大学的学生们占领了一栋行政大楼,抗议学校清洁工的低工资。越来越多的大学中出现了"学生劳工联盟",学生们与收入过低的勤杂工、维修工、餐饮服务工和其他校园雇工联起手来,争取更好的待遇。以我所处的位置,很适合帮他们做些宣传,只不过有时候会惹大学行政部门的东道主们不开心。在俄亥俄州的迈阿密大学,我发表完新生开学典礼演讲后,心潮澎湃地跟着一群人走出礼堂,投入支持校工的集会。在耶鲁大学,我跟100名校工一同被捕,因为抗议校方不提供儿童照管服务。在我当时生活的城市,弗吉尼亚州的夏洛茨维尔,人们为了支持校工争取生存工资,接管了弗吉尼亚大学的一栋楼,引起轩然大波,而我加入了学生们的行列,在城里分发传单。对于像我这样的老活动家,这些都是洋溢着团结与希望的巅峰时刻。

商业利益集团,特别是酒店和餐饮业主,顽固地抵制生存工资运动,甚至说服一些州立法机构通过法律禁止州内城市采纳生存工资标准。他们的观点被许多学院派经济学家表达得很清楚了,那就是,试图提高底层工资只会造成适得其反的后果,因为雇主们将被迫裁员以削减成本。对此,生存工资推动者们的回应(在经济学家眼中或许很儿戏)基本上就是:"去他的后果吧!"圣达菲生存工资网络(Santa Fe Living Wage Network)的卡罗尔·奥本海默(Carol Oppenheimer)如是告诉《纽约时报》:"真正戳中对方的其实是这样的话:'付给别人5.15美元就是不道德啊,靠这点钱根本活不下去……'这让商界人士暴跳如雷。然后我们就意识到，这肯定说中了一些什么，所以我们一遍又一遍地说。别管什么经济学论点了。这是个道德论点。这让他们抓狂。"[1]

今天，围绕工资上涨可能带来什么可怕影响的学术辩论已失去了实际意义。29个州将最低工资提高到了联邦标准以上，超过100个城市通过了生存工资条例，其中一些城市将条例适用范围扩展到了全体本地劳工，而并没有哪个地方因此陷入经济困境。就拿圣达菲来说，这里每小时9.5美元的最低工资标准来之不易，而它创造了比邻近的阿尔伯克基更多的就业机会。再看爱达荷州，该州还没有上调最低工资标准，而当地企业主被迫为自家雇员涨薪，以防他们转投华盛顿州更高薪的岗位，那里的州内最低工资有每小时8美元。2007年7月，联邦政府终于效法了各州的做法。国会通过并由总统签署了一项法案，将联邦最低工资标准从每小时5.15美元提至5.85美元，并计划在2009年达到7.25美元。在这个劳动人民失去太多却收获太少的时代，这不只是一次胜利，而堪称一场大捷。

但当然，这些收获是远远不够的。据国家低收入住房联盟（National Low-Income Housing Coalition）调查，2006年，参照租房市场的行情，一名劳工需要赚到16.31美元的时薪才能负担一个两居室的住房单元。通过这个数字，我们可以粗略估计全国范围内真正的生存工资标准应该是什么样的。可负担的住房供给正在萎缩；有资质的儿童照管服务严重短缺；4700万美国人

---

[1] 约翰·格特纳，《什么是生存工资？》（John Gertner, "What Is a Living Wage?"），《纽约时报杂志》，2006年1月15日，第38页。

没有医疗保险，通常是因为他们的工作不予提供。生存工资活动家们将继续为提高工资而奋斗，与此同时，他们也意识到，任何可预见的收益都不足以弥补这个国家在社会基础设施方面的明显欠缺。住房、交通、医疗和育儿保障，这一切都需要公共部门的果断行动，以及一场蓬勃的社会运动来推动实现。

我最喜欢从《我在底层的生活》的读者那里听到这样一个问题："我能做什么？我能参与些什么？"通常，答案就在身边：几乎每个社区都有自己的生存工资运动或可负担住房促进会，更不用说无家可归者收容所和食品救济站了，所有这些都需要志愿者的力量。在各级政府中都能找到值得支持的候选人和立法提案。你可以加入州级团体，比如弗吉尼亚组织计划（Virginia Organizing Project），它致力于解决很多影响贫困劳工的问题；或者是全国性组织，比如ACORN、就业正义（Jobs with Justice）或工薪美国（Working America）。你可以敦促自己的教会、企业或学校为穷人提供更多服务和机会。如果你是商界人士，你可以以身作则，改善自己员工的待遇，并与其他的社区领导人一起为改变现状而努力。

但速成的方法是不存在的。没有哪项措施或哪项立法能够一劳永逸地纠正一切偏差，使"穷忙"这个词变成真正意义上的语义矛盾。奖励和奉承有钱人，惩罚和侮辱穷苦人，不论他们工作有多努力，这是我们经济文化中的条件反射。扭转这一局面需要一辈子的努力，可能还不够。

2011年版后记[1]

危机后的贫困人群

需要提醒诸位读者的是，我在调研本书期间见证的艰辛生活，包括吃了上顿没下顿、没有医疗保障、有时要在汽车或货车里过夜，通通发生在最好的时代。经济正在增长，而工作，即使薪水不高，至少数量不缺。

2000年，可以说我走上大街就能找到大把工作。不到10年之后，这些工作大多消失了，剩下的那些则面临激烈的竞争。我哪怕再有心，也不可能重复《我在底层的生活》里的"实验"了，因为我大概根本找不到工作。

过去的几年里，我试图弄明白在这样一个经济衰退期里，穷忙族经历了什么。这一次，我用的是传统的报道技巧，比如采

---

[1] 原2011年版后记的开头部分与2008年版后记的高度重复（参见本书第234—238页），故予略去。——编者注

访。我从自己的亲戚入手，他们当中有很多人没有工作或没有医疗保险。此外，我继续尝试追踪《我在底层的生活》中与我有交集的几个人。

这并不容易，因为我存的大部分地址和电话在几个月内就失效了，大概率缘于搬家和电话停机。这些年来，我与"梅丽莎"一直保持联络，她还在沃尔玛工作，时薪从 7 美元涨到了 10 美元，但与此同时，她丈夫却丢了工作。"凯洛琳"现年 50 多岁，因糖尿病和心脏病落得半残疾，她离开了游手好闲的丈夫，偶尔做做保洁和餐饮工作维持生计。经济衰退似乎没太困扰到这些人，但那只是因为他们长期以来的生活环境已经跟永久性的经济萧条差不多了。

媒体的注意力都放在了"新穷人"身上，就是那些在 2008 年金融危机和随后的经济衰退中失去工作、房子和／或投资的前中产阶级，甚至中上阶层人士，这固然可以理解；但经济衰退的主要冲击是由蓝领工人阶级承受的，这些人自 20 世纪 80 年代国家开始去工业化以来就一直在下滑。

举例来说，在 2008 年和 2009 年，蓝领失业率的增速达到白领失业率的 3 倍，而非裔和拉丁裔工人失业的可能性是白人工人的 3 倍。像我在本书中共事过的人们那样的低薪蓝领工人，遭受的打击尤为沉重，原因很简单：当工作消失时，他们微乎其微的资产和积蓄根本靠不住。

那么"旧穷人"是如何应付日益恶化的经济状况的呢？一个明摆着的办法是减少医疗开支。《纽约时报》2009 年的报道称，

1/3 的美国人再也没钱依照处方治病，大幅减少了医疗服务的使用。其他人，包括我的很多亲戚，已经断掉了医疗保险。

事实证明，食品开销是另一项在困难时期易受影响的支出。乡村贫困人口越来越多地求诸"食品拍卖会"，从这种途径买到的产品可能已经过了保质期。至于那些偏好新鲜肉类的人，还可以选择城市狩猎。在威斯康星州的拉辛市，一位51岁的失业机械师告诉我，他的膳食补充方法是"射杀松鼠和野兔，然后炖、烧或烤来吃"。在常住人口下降、野生动物激增的底特律，一位退休卡车司机靠浣熊尸体做起了大买卖，这种食材他推荐用醋和香料腌着吃。

不过最常见的应对策略，就是简单增加为每平方米居住空间分摊费用的人：不是多挤一些住户，就是招租沙发客。

我们很难获取关于住房超员的确切数据，因为谁也不愿意把这种情况透露给人口普查员、记者或任何可能与当局有一丁点联系的人。

在洛杉矶，住房专家彼得·德雷尔（Peter Dreier）表示，"失去工作，或至少是失去第二份工作的人，他们的对策只能是在严重超员的公寓里多挤一倍或两倍的住户，或是把收入的50%、60%乃至70%花在房租上"。据弗吉尼亚州亚历山德里亚的一名社区组织者称，在一栋主要由日结工居住的综合大楼中，每套标准公寓有两间卧室，其中每间都住着一整个家庭，最多时候有5名成员，另有一名沙发客。

谁也不能把自杀称作一种"应对策略"，但这的确是一些人回应失业和债务的方式。尚无全国性的统计数据表明自杀与经济困难时期的相关性，但美国国家自杀预防热线（National Suicide Prevention Lifeline）报告称，2007年至2009年，来电数量增加了3倍多，而在失业率格外高的地区，如印第安纳州的埃尔克哈特，自杀率呈现出令人忐忑的激增。丧失抵押赎回权往往是自杀的导火索，更糟时还会导致杀人后自杀的案例，摧毁一整个家庭。

"对贫困家庭的折磨和凌辱"

当然，我们有集中力量改善个人和家庭苦难的方式——一张防止穷人跌入赤贫的政府安全网。但它对过去几年经济紧急状态的应对，顶多算差强人意。食品券计划较好地响应了危机，目前已触达大约3700万人，比经济衰退前增加了30%左右。但福利——传统上是穷困潦倒者最后的救命稻草，直到在1996年遭到"改革"——在经济衰退的头两年里仅仅扩张了6%左右。

这两类计划有什么不同呢？领取食品券是一项权利。你去政府办事处申领，若符合法定条件，就会得到帮助。福利计划就不一样了，街道一级的官僚们基本上可以自行决定，想拒绝你就拒绝你。

以特拉华州居民克里斯汀和乔·帕伦特夫妇为例，他们从前还以为只有"不想工作"的人才会跟政府求助。麻烦早在经济衰退之前就开始了。乔是家族里的第四代管道工，自从背部受伤，他连最轻微的负重都无力完成。经历了几个月的重度抑郁之后，他参加了一个由州政府资助的计算机维修再培训课程，并以优异的成绩结业，出来后却发现市场不再需要这些技能了。残疾福利是明摆着的退路，但矛盾来了：乔在申请时被告知，如果没有最近的核磁共振扫描，他就无法取得资格。可是做扫描要花800—900美元，帕伦特家拿不出这笔钱；乔也不像家里的其他人那样能获得联邦医疗补助。

帕伦特夫妇十几岁时便结了婚，原计划是克里斯汀留在家里照顾孩子。但眼看乔丧失工作能力，又有三个孩子要养，克里斯汀前几年便当起了服务生，最终在2008年来到一个"非常豪华的水上场所"工作。接着经济衰退来袭，她被解雇了。

克里斯汀聪明、漂亮，从她掌管自己小厨房的熟练程度来看，她大概可以精准又优雅地同时招待12桌客人。过去，她总能在几天内就找到一份新工作；而现在，她无事可做。像当时44%的被裁员者一样，她无法满足苛刻甚至刁钻的失业救济金申领资格。他们的车也快散架了。

因此，帕伦特夫妇转而求助福利制度的残余——TANF（Temporary Assistance to Needy Families，贫困家庭临时救助）。TANF在1996年取代了"有子女家庭援助"（Aid to Families with Dependent Children），但并不像后者那样直接提供现金支持。它是一项面向工作父母的收入补充计划，基于一种乐观的假设，即只要人们足够进取，总能找到大把的工作机会。

克里斯汀提交申请之后6周都杳无音信——没收到钱，也没接到电话。在学校，老师让7岁的布丽安娜·帕伦特写下希望精灵实现的愿望,如果真的有精灵出现的话。布丽安娜许愿要妈妈找到一份工作,因为家里什么吃的都没有。老师认为这个愿望太令人不安了,以至于不能和其他孩子的愿望一起贴到墙上。

终于,帕伦特夫妇被纳入"系统",开始领到食品券和一些现金援助,这时他们才明白为什么一些受助者喜欢把 TANF 称为"对贫困家庭的折磨和凌辱"。与 TANF 打交道的经历从一开始就是"羞辱性的",克里斯汀说。社工们"像对待流浪汉一样对待你。就像你得到的每一美元都是从他们自己的工资单上抠出来的"。

帕伦特夫妇发现,按照预期,他们每人每周应申请40份工作,哪怕他们的车都快报废了,也没钱支付汽油费、过路费或保姆费。这都不算,克里斯汀每天还得驾驶56千米去参加一家名为 Arbor 的私营企业提供的"就业准备"课程,这些课程在她看来,"说白了就是个笑话"。

放眼全国,根据康涅狄格大学法学院的卡琳·古斯塔夫森(Kaaryn Gustafson)的说法:"申请福利就像接受警察登记。"可能要拍一张嫌疑人大头照,采集指纹,以及被长时间问讯以确认孩子的真实父亲身份。表面目的是防止福利欺诈,但其心理影响是将贫困本身变成了一种犯罪。

安全网如何变成天罗地网

在研究经济衰退中穷忙族的命运时,我了解到的最令人震惊的事情是，贫困在美国的确被有罪化了。

或许当年我在低薪工作场所持续遭受的对吸毒和偷窃行为的怀疑，应该提醒我这样一个事实：当离开中产阶级这一相对安全的处境时，你可能同时放弃了自己的公民身份，定居到了一个充满敌意的国度。

例如，大多数城市都有法令，通过禁止坐、闲逛、睡觉或躺下等必要的日常活动，将穷人赶出街道。城市官员大言不惭地表示这类法律不带任何歧视性。"如果你躺在人行道上，不管你是流浪汉还是百万富翁，都是在违反法令。"佛罗里达州圣彼得斯堡市的一名市政律师在 2009 年 6 月表示，完美呼应了阿纳托尔·法朗士[1]的不朽名言："法律，以其庄严的平等，禁止富人同穷人在桥底睡觉……"

国家贫困与无家可归问题法律中心（National Law Center on Poverty and Homelessness）最近的一项研究表明，随着经济衰退导致贫困加剧，对贫困的刑事定罪有增无减，全然不念及情理。该研究发现，自 2006 年以来，针对赤贫人口颁布的法令数量不断上升，同时，赤贫人口也越来越多地因为乱穿马路、乱扔垃圾或携带打开的容器等"中性的"违规行为而遭到为难。

该报告列出了美国十大"最卑鄙"城市，其中最大的包括洛杉矶、亚特兰大和奥兰多，但新的竞争入围者每天都在涌现。科罗拉多州的大章克申市议会正在考虑禁止乞讨，亚利桑那州的坦

---

[1] Anatole France（1844—1924），法国作家、文学评论家、社会活动家，1921 年诺贝尔文学奖得主。——编者注

佩市在6月底对穷人开展了为期4天的镇压。你怎么知道一个人是不是真穷人呢？正如拉斯维加斯的一项法令所说的那样，"一个穷困者，就是会被一个通情达理的普通人认为有资格申请或接受"公共援助的人。

那有可能是吹干头发和画好眼线之前的我，而那无疑是一天中任何时候的阿尔·塞凯利。这位62岁的老人头发花白，栖居在一辆轮椅上，经常现身华盛顿特区的G街——1972年在越南富拜（Phu Bai），一颗子弹击中了他的脊椎，而说到底，华盛顿这座城市该为这颗子弹负责。

他原本享有一张室内床铺的奢侈待遇，直到2008年12月警察半夜搜查收容所，排查存在未执行逮捕令的人。结果，塞凯利这位不喝酒、不吸毒、不在女士面前说脏话的被任命的牧师，确实有一个未执行的逮捕令——"非法侵入罪"，因为睡在大街上有时会被法律冠以此种罪名。所以他被拖出收容所，投进监狱。

"你能想象吗？"无家可归声援者埃里克·谢普托克（他自己也住在收容所）问道，就是他把塞凯利介绍给我的，"他们因为无家可归的问题而在收容所逮捕了一个无家可归的人？"

官方对穷人的恶意触目惊心。几年前，一个名为"要食物不要炸弹"（Food Not Bombs）的组织开始在全国各地的公园向饥饿的人发放免费素食。结果以拉斯维加斯为首的许多城市通过法令，禁止在公共场所向穷人分享食物，导致几名中年白人素食者被捕。

奥兰多的一项反分享法刚刚被推翻，但打击非法施舍的战争仍在继续。奥兰多正在对这一决定提出上诉,而在康涅狄格州的米德尔敦,相关打击行动正如火如荼。更近些时候,佛罗里达州的盖恩斯维尔开始推行一项规定,将施粥场每天可提供的餐食限制在130人份之内,而亚利桑那州的凤凰城则一直在利用分区法来阻止当地教堂向无家可归者供应早餐。

对于尚未落入无家可归境地的人,有罪化的途径主要有两条,其一是债务。任何人都可能陷入债务,而尽管我们很自豪自己废除了债务人监狱[1],但在至少一个州,也即得克萨斯州,那些无法为车检贴纸过期等事项支付罚款的人,可能会被迫去监狱里"补票"。

比较常见的情况是,通往监狱之路始于你的一个债权人通过法院向你发出传票,而你由于某种原因,比方说地址变更,根本没收到传票,从而未能接受传唤。好的,这下你就触犯了"藐视法庭罪"。

或者,假使你错过一期付款因而汽车保险失效,然后你因为车头灯损坏(仅灯泡费用就高达130美元)之类的原因被交警拦下。那么现在,根据该州规定,你的车可能会被扣押,或者面临高额罚款(或两者并罚)——这又可能导致你接到法院传票。"这种循环一旦开始就无从终止,"耶鲁大学法学院的罗伯特·所罗门(Robert Solomon)说,"它只会不断加速。"

---

1 债务人监狱(debtor's prison)是历史上关押无力偿还债务的人的监狱。直到19世纪中叶,债务人监狱都是西欧处理未偿债务的常用方式。在美国,根据1833年的联邦法律,债务人监狱被废止。150年后的1983年,美国最高法院认定,根据宪法第十四条修正案,将赤贫的债务人投入监狱是违宪的。——编者注

第二种因贫获罪的途径，也是迄今为止最可靠的一种，就是生错了肤色。当某位声名赫赫的教授屈从于种族定性（racial profiling）时，人们会义愤填膺，可实际上，人们却在依据深肤色和贫穷的可疑组合给整个社区"定性"。弹个烟头，你就在"乱扔垃圾"；穿错T恤颜色，你就在展示帮派忠诚。不过是在一个可疑的社区闲逛，就可以把你标记为潜在嫌疑人。千万别为此发脾气，否则你可能就在"拒捕"。

政府一方面停止资助能帮到穷人的服务，一方面又加强执法力度，这已成为一种司空见惯的模式。关闭公共住房，然后将无家可归定为犯罪；不创造公共领域的就业机会，然后惩罚陷入债务的人们。穷人，特别是贫穷的有色人种的经历，就像笼中的小白鼠挣扎着躲避不规则的电击。如果你试图靠药物诱发的快感短暂逃离一下这噩梦般的现实，那你又"中招"了，因为这样做明摆着也是违法的。

结果之一就是我们令人咋舌的监禁率，达到全世界最高。今天，住在监狱里的美国人的数量，恰好与住在公共住房里的相同——230万。而仅剩的公共住房也变得越来越像监狱。警察会随机搜查，并且越来越多的城市还建议对其中的居民进行药物检测。安全网，或者说它残存的部分，已然变成了一张天罗地网。

经济困难期能否最终迫使我们打破贫困与惩罚的疯狂循环，目前尚不清楚。随着官方贫困率的攀升——2010年超过了14%——一些州开始放宽对贫困的刑事定罪，比如采用替代性判决方法，缩短缓刑期，减少因技术性违规（如错过法庭约定时间)而入狱的人数。但另一些可恨的州却变本加厉：不仅增加了"罪行"数量，还向囚犯收取食宿费，确保他们获释时可能背负着足以构成犯罪水平的债务。

那么，怎样才能解决这么多美国劳动人民的贫困问题？10年前，《我在底层的生活》首次出版时，我经常用标准的自由主义愿望清单作答：更高的最低工资、全民医疗保障、经济适用的住房、好学校、可靠的公共交通，以及其他一切只在我们发达国家中才遭到忽视的事物。

而今天，答案似乎更朴实无华，却又更富挑战：如果我们想减少贫困，就必须停止那些导致人们贫穷并使他们无法翻身的事。别再为他们所做的工作支付过低的薪资。别再将劳动人民视为潜在的罪犯，并允许他们有权利组织起来，以争取更好的工资和工作条件。别再制度性地骚扰那些向政府求助或流落街头的人。或许我们的国家确实负担不起能真正减轻贫困的公共项目，就像今天许多美国人所相信的那样(尽管我不这么认为)，但至少我们应该确立一个最起码的原则：当别人倒下的时候，不要再去踢上一脚。

出版后记

失业必然导致贫穷，工作就一定能改善生活吗？数百万美国人一年到头工作，却只赚得微薄的薪水。1996年，美国克林顿政府实行福利制度改革，迫使将近400万名妇女重新进入劳动力市场，她们要如何依靠6至7美元的时薪生存，又是否可能走向成功呢？1998年，专栏作家芭芭拉·艾伦瑞克隐藏起自己的身份与地位，潜入美国的底层社会，去体验底层民众如何挣扎求生。

艾伦瑞克为自己的底层生活制定了严苛的标准，在衣食住行各方面做出相应调整，力求贴近低薪阶层的生存实态。她摒弃了一般的记者街头采访，或是流于表象的想当然猜测，采用了这种亲身参与、体验与观察相结合的方式，真实记录了自己在低薪阶层生活中的所见所闻、所思所想，从内部为我们揭开了底层社会的真实情况，这构成了本书的特色之处。

在化身底层劳工的这段时间，艾伦瑞克流转于不同的城市、不同的行业，先后当过服务生、旅馆客房服务员、清洁女工、养老院助手以及沃尔玛的售货员，也遇到了许多来自不同背景、个性迥异的上司与同事。作者将自己在基本生活线上挣扎的经历描述得惊心动魄、扣人心弦，又出乎意料地幽默，展现了底层劳工在薪资、住房、医疗、雇佣关系等各方面的生存实态。在本书最终章的"成果评估"中，她还引用了大量的统计资料和文献，来佐证自己在底层体验时所遭遇的问题，引领读者以一种更广阔的视角去了解底层生存问题。

在一个全球化的时代，"穷忙"一族不再是局限于某一国某一阶层的单一现象，劳动所得难以维持生计、实际薪资增幅过低是普遍的现象，贫穷也已然成为全球化的一环。比如，书中所凸显的房价过高问题，不只在美国存在，在中国也是普遍情况，很多工薪阶层都在因为住房的问题而苦苦挣扎着。所以，本书的写作背景虽然为美国，但这不仅是美国底层人民的故事，也是一个属于"我们"的故事。

本书引进的是台湾译者林家瑄的译本，文字生动，与原作者幽默与辛辣并存的描写风格也较为贴合，可读性较强。本书不仅仅描摹了底层民众的生活，也折射出了社会众生的面貌。此次精装新版修订了译文中的一些遗留问题，并增补了作者撰写的两版后记。期待此次的阅读之旅，能启发诸位读者的深思。

图书在版编目（CIP）数据

我在底层的生活：当专栏作家化身女服务生 /（美）芭芭拉·艾伦瑞克著；林家瑄译. -- 北京：九州出版社，2024.7

ISBN 978-7-5225-2918-9

Ⅰ.①我… Ⅱ.①芭… ②林… Ⅲ.①社会问题—研究—美国 Ⅳ.①D771.28

中国国家版本馆CIP数据核字(2024)第104219号

NICKEL AND DIMED
Copyright © 2001 by Barbara Ehrenreich
ALL RIGHTS RESERVED

本简体中文版翻译由左岸文化事业有限公司授权。
著作权合同登记号：01-2024-2721

我在底层的生活：当专栏作家化身女服务生

作　　者	［美］芭芭拉·艾伦瑞克　著　林家瑄　译
责任编辑	周　春
出版发行	九州出版社
地　　址	北京市西城区阜外大街甲35号（100037）
发行电话	（010）68992190/3/5/6
网　　址	www.jiuzhoupress.com
印　　刷	北京盛通印刷股份有限公司
开　　本	880毫米×1194毫米　32开
印　　张	8.5
字　　数	176千字
版　　次	2024年7月第1版
印　　次	2024年8月第1次印刷
书　　号	ISBN 978-7-5225-2918-9
定　　价	66.00元

★ 版权所有　侵权必究 ★